国家社会科学基金重点项目成果
（项目编号 10AGL006）

中国西部资源型中小企业技术创新管理模式研究

揭筱纹　等　著

科学出版社

北　京

内 容 简 介

  本书以西部资源型中小企业为研究对象，应用复杂性理论和协同理论分析并揭示了企业技术创新活动的特征和技术创新管理行为的特点，研究了企业技术创新管理的影响因素、发展动因、运行机制等综合性管理要素，从三个子系统层面分别构建了基于典型资源行业特征的四类企业技术创新管理模式；基于企业间合作动机和绩效的九类企业间合作技术创新管理模式；基于企业能力组合的三类技术创新管理模式，并提出了综合性的集成优化路径。本书突破了现有技术创新管理研究领域中关于研究对象与研究范畴的局限，多角度系统性的探索具有现实适用性。西部资源型中小企业技术创新管理模式，为西部地区资源型中小企业通过技术创新实现集约式成长的战略性转变提供了坚实的理论依据和方案支撑，具有较强的理论前瞻性和现实针对性。

  本书适合从事技术创新管理领域研究的学者、企业管理者、政府相关部门管理者、经济管理专业的研究生以及其他相关人士阅读参考。

图书在版编目(CIP)数据

中国西部资源型中小企业技术创新管理模式研究 / 揭筱纹等著.
—北京：科学出版社，2014.7
  ISBN 978-7-03-041308-6

  Ⅰ.①中… Ⅱ.①揭… Ⅲ.①中小企业-技术革新-研究-中国
Ⅳ.①F279.243

  中国版本图书馆 CIP 数据核字（2014）第 142866 号

责任编辑：杨 岭 孟 锐 / 封面设计：墨创文化
责任校对：王 翔 / 责任印制：余少力

科学出版社 出版
北京东黄城根北街16号
邮政编码：100717
http://www.sciencep.com

成都创新包装印刷厂
科学出版社发行 各地新华书店经销

*

2014 年 7 月第 一 版 开本：787*1092 1/16
2014 年 7 月第一次印刷 印张：15.25
字数：360 千字
定价：59.00 元

前　言

　　自然资源是经济社会发展的物质基础和基本要素。自然资源的合理开发和有效利用是经济社会发展和人类文明进步的基础，而人类社会的科技创新与经济发展又使自然资源的开发和利用更具效率和深度，二者相辅相成，建立起社会与自然的基本共生关系，形成了人类社会演进与自然资源开发利用共同发展的历史。在当前以先进技术为主导的知识经济时代，人类发展与自然资源开发利用的这种基本关系仍未发生根本性的变化。

　　西部地区是中国自然资源相对富集的区域，土地、矿产、能源、动植物以及自然景观等资源十分丰富，许多企业位于产业链中上游，依托丰富的资源从事高消耗生产，被称为资源型企业。在西部资源产业领域中占相当数量的是中小企业，它们在西部地区特殊的地理条件、历史原因、文化传统和资源禀赋的综合作用影响下，形成了具有鲜明地域特征和共同经营特性的企业群体。西部资源型中小企业直接关系到西部经济发展的质量与速度，是推动西部区域经济全面发展的重要力量。

　　由于历史、区位、环境等多方面主客观因素的影响，西部资源型中小企业大多以获取短期经济效益为目标进行低水平、重复性的资源开发利用。长期以来，企业粗放式的生产方式已经严重透支了西部的自然资源和恶化了人类的生存环境，使西部资源型中小企业面临资源枯竭的重大危机。随着低碳经济时代的到来，我国提出以建设资源节约型和环境友好型社会为目标优化经济结构和转变经济增长方式的政策方针，这为西部地区农业、矿业、能源业和旅游业等资源型产业的结构优化和可持续发展带来了重大的战略机遇。而西部资源型中小企业作为区域经济发展的重要推动力量，如何在已有的资源优势下，通过技术创新管理优化资源配置，促进生产方式的转变，实现企业与环境的协调发展，已成为当前西部资源型中小企业发展亟待解决的问题。

　　本书通过查阅和梳理企业技术创新管理和资源型企业发展的已有研究成果，结合复杂性和系统协同理论，构建了资源型中小企业技术创新管理的系统研究框架，并基于典型行业特征、企业间合作和企业能力三个层次的子系统，分别研究和构筑西部资源型中小企业技术创新管理模式，并提出综合性的集成优化路径，为西部地区资源型中小企业通过技术创新实现集约式成长的战略性转变提供理论依据和方案支撑。

　　主要内容包括：

　　(1)通过广泛的问卷调查和典型区域、企业的实地调研，结合统计年鉴和研究文献的相关数据，梳理西部资源型中小企业发展现状以及企业技术创新管理中存在的问题。

　　(2)研究西部资源型中小企业技术创新管理活动的复杂性和协同性特征，按照从宏观到微观的逻辑思路分析企业内外部影响要素和作用机制，基于协同理论的序参量思想，以行业环境特征、企业间合作以及企业内部核心能力三个层面要素为结构主体构建协同技术创新管理系统，形成本书的理论框架。

（3）分别从行业特征、企业间合作和企业能力三个视角，通过相关文献梳理和问卷调研分析，深入探讨西部资源型中小企业的技术创新管理的本质特征、构成要素、作用机制等，并分别应用专项问卷调查和实地调研获取数据，进行实证检验，构建适用于不同行业领域、不同合作创新水平以及不同能力结构下的西部资源型中小企业技术创新管理模式。

（4）探索各视角下技术创新管理模式的本质特征和影响因素，归纳模式优化要点提出优化实施路径，并构建技术创新管理模式集成系统，深入探讨西部资源型中小企业技术创新管理模式的综合性集成优化路径。

本书创新性地应用复杂性理论和协同理论分析并揭示了资源型中小企业技术创新活动的特征和技术创新管理行为的特点，针对西部资源型中小企业成长中面临的资源困境与技术创新管理中存在的诸多问题，基于典型行业特征、企业间合作、企业能力三个视角研究提出技术创新管理模式，以及模式的优化实施路径，为我国西部地区不同行业领域、不同发展阶段、不同技术水平的资源型中小企业实现技术创新管理的科学化、高效化和集约化发展提供全面的指导，具有重要的现实意义和广泛的应用前景。目前，研究成果已经在四川省成都、资阳、雅安等以及甘肃省陇南、定西等地区企业试行，并取得了阶段性的成果和效应。

本书是 2010 年国家社会科学基金重点项目的最终成果（批准号：10AGL006）。

本书作者团队（课题组）以科学严谨的研究态度，经过两年的努力，通过对国内外中小企业成长、技术创新以及技术创新管理等相关理论的梳理，以及大量的问卷调查、企业访谈和实地调研，对西部资源型中小企业技术创新管理的现状与问题进行了深入研究，以此为基础完成相关课题。之后通过课题成果的广泛应用进行实践验证，补充调研与数据修正，并斟酌专家意见后继续修改整理得以成书。

课题负责人为揭筱纹，课题组主要研究成员有赵露、周贵川、李菁、张方、徐彬、陈佳莹、曹兴平、徐洁、杨斌、李小平、赵长轶、李强等；田磊、顾兴树、姜科、宋宝莉、董秋云等在课题研究的理论梳理、企业访谈和实地调研工作中做出了重要贡献。

我们感谢国家社会科学基金的资助。

我们感谢四川大学商学院、四川省社会科学规划办公室和四川大学社会科学研究处给予的大力支持和帮助。

我们感谢杜肯堂教授对本课题的关心与支持，感谢国家社会科学基金委成果评审专家提出的宝贵意见。

我们感谢参考文献中的所有作者，是他们的真知灼见给了我们极大的启示。书中引用的标注若有遗漏，仅此致歉。

我们感谢科学出版社对本书出版给予的支持。

中小企业技术创新管理的研究博大精深，本书所及内容仅是冰山一角，在本书完成之际，正有大量的研究成果不断涌现。由于作者知识结构的局限，本书中所构建的框架体系与分析等还存在不尽人意之处，尚待进一步深入与完善。

若有不当或错误之处，敬请各位专家、学者和广大读者提出宝贵意见！

揭筱纹

2014 年 3 月于四川大学

目　　录

第一章 绪 论

随着国家西部大开发战略加速发展阶段(2010~2030年)的继续推进,西部地区通过培育区域特色产业、促进产业生态化发展以及推进产业科学化布局等措施促进西部区域经济有序发展。西部资源型中小企业作为区域经济发展的重要推动力量和提高就业比率的重要保障,在西部大开发战略实施的进程中扮演着非常重要的角色。本章将简要介绍本书的研究背景和意义,明确研究对象与关键特征,并对研究内容以及研究方法进行简要概述。

1.1 研究背景与意义

我国西部地区拥有丰富的土地、矿产、能源、动植物以及自然景观等优势资源,因此依托区域资源禀赋发展特色经济是西部地区长期以来经济发展的主要方式。在西部地区特殊地理条件、历史原因、文化传统和资源禀赋的综合作用影响下,以自然资源的开采、初级加工和初级原材料产品为最终产品的西部资源型中小企业,构成了西部地区企业群体中具有鲜明地域特征和共同经营特性的主体,是推动西部区域经济全面发展的重要力量。但粗放式的增长方式、无序的开发状况严重透支了西部的自然资源和生态环境,由此带来的资源禀赋不平衡、资源消耗速度过快、资源综合利用水平低等问题使该类中小企业正面临资源枯竭的威胁。随着低碳经济时代的到来,我国提出以建设资源节约型和环境友好型社会为目标优化经济结构和转变经济增长方式的政策方针,为西部地区农业、矿业、能源业和旅游业等资源型产业的结构优化和可持续发展带来了重大的战略机遇。因此,西部资源型中小企业作为区域经济发展的重要推动力量,如何在西部区域显著的环境优势和资源优势下,通过技术创新合理利用自然资源,强调环境友好,追求效率的大幅提升以及生产方式的优化转变,以集约高效为目标实现企业的综合效益最大化以及可持续发展,并满足下游产业的多方需求,已成为当前西部资源型中小企业发展亟待解决的重要问题。

根据熊彼特的创新动力系统论观点,资源型企业的内在持久力取决于资源型企业技术创新的持续性。西部资源型中小企业长期以来主要依托于资源禀赋的优势,长期以资源的开采与初级加工来实现企业的成长。但由于自然资源不可能和其他生产要素一样成比例地增加,而只能是越来越少,西部资源型中小企业为了实现持续发展,就要投入更多的人力、物力和技术,以应对资源成本上升所造成的企业发展迟滞和产业萎缩。把技术创新作为企业产品结构、技术结构、经济与组织结构有机化运作的核心动因,是资源型中小企业发展的原动力，也是企业当前和今后获得竞争优势的源泉。

本书在梳理国内外资源型中小企业发展现状和技术创新管理研究的基础上，有机地融合了中小企业成长、技术创新、技术创新管理、区域创新系统、协同理论、复杂性理论、集成管理等相关理论，以西部资源型中小企业为研究对象，广泛调研并深入剖析西部资源型中小企业技术创新管理的现状与存在的问题，基于典型行业特征、企业间合作以及企业能力等多个视角构筑适用于西部资源型中小企业发展特点的技术创新管理模式，并提出具备可操作性的优化路径。本书拓展和丰富了资源型中小企业技术创新管理的相关理论，为西部地区资源型中小企业更好地应用技术创新提供了理论依据和方案支撑，同时也为政府及相关部门制定政策提供了依据和参考，具有十分重要的理论与现实意义。

1. 丰富和完善资源型企业技术创新管理理论和创新管理模式的研究

本书创新性地应用复杂性理论和协同理论，分析资源型中小企业技术创新活动的特征和技术创新管理行为的特点，为企业技术创新管理的相关理论研究提供了新的方向。复杂性理论认为，系统是在不同层次上的复杂组成，包括系统内部、各系统之间、系统与环境之间存在着相互作用，并由此产生系统在整体结构、功能和行为方面的演化。本书从复杂性系统理论出发，全面深入了解技术创新活动的本质及其运动规律，认为资源型中小企业技术创新管理活动是多种创新要素（如技术、市场、文化、战略、组织、制度等）复杂的非线性相互作用过程。而从协同理论出发，企业技术创新管理活动是一个结构错综、关系复杂、功能多样、目标多重的系统过程，因而作为创新主体的企业或企业家可借助内外部创新源、知识库以及各种中介服务机构，在相应的创新制度环境下，使创新客体转换形态并实现其市场价值，组成由企业、政府、科研机构、金融机构及中介服务机构等相关主体共同参与创新过程的联系紧密、协调合作的协同系统。

本书对中国西部地区资源型中小企业技术创新及其管理活动的复杂性进行了充分阐述，基于复杂系统协同理论的主要思想对资源型中小企业技术创新特征和技术创新管理模式进行剖析，丰富和完善了资源型企业技术创新管理和创新管理模式的研究成果，为建立起科学有效的技术创新管理模式的研究框架提供了理论参考。

2. 为西部资源型中小企业技术创新管理实践提供多角度、多方位的指导

本书从不同的视角研究西部资源型中小企业技术创新管理的主要特征、影响要素和运行机制，多角度构筑资源型中小企业技术创新管理模式，并提出优化路径。从典型行业特征的视角，研究并提出了分别适用于农业、矿业、能源业以及旅游业中资源型中小企业的技术创新管理模式；从企业间合作的视角研究提出了适用于不同技术能力水平和企业间合作关系层次的合作技术创新管理模式；从企业能力的视角研究提出了适用于不同能力维度组合下的技术创新管理模式，为我国西部地区不同行业领域、不同发展程度的资源型中小企业技术创新管理的提升和优化提供了多角度、多方位的指导。

本书综合考虑在行业特征、企业间合作和企业能力三个视角下的西部资源型中小企业技术创新管理模式优化的关键因素，提出可行性的优化路径；通过构建技术创新管理模式集成系统，以系统结构层次中各优化要素的有效集成，实现西部资源型中小企业技术创新管理模式的综合性优化，为企业实现技术创新管理模式的提升和优化及获得可持

续创新发展提供了全新的思路。

1.2　研究对象与概念界定

本书研究对象为我国西部地区的资源型中小企业，通过界定中国西部区域范围、资源型企业概念以及中小企业特征，明晰和确定研究对象的概念和范围。

1.2.1　中国西部范围

中国西部地区的界定不仅仅是单纯的自然地理学中区域划分的概念，而是涵盖了经济地理、文化、生态、政策与社会等多方面内容的新概念。

(1)经济地理性概念诠释。20世纪80年代中期，我国学术界借鉴西方经济学的"梯度推移理论"来分析中国的经济区划问题，并衍生出东、中、西三大地带的划分。1986年，国务院在制定"七五"计划时，把全国大致划分为东、中、西三大经济地带。西部包括四川、贵州、云南、西藏、陕西、甘肃、青海、宁夏、新疆等9个省和自治区。

(2)文化性概念诠释。有学者认为，西部地区不同于东、中部，它聚居的少数民族人口超过全国少数民族人口总数的80%，属于多民族综合性文化区。就工业文明前的传统文明而言，这种多民族综合文化是农耕文明和游牧文明的综合体。

(3)生态、政治和社会性概念诠释。西北工业大学的著名经济学家何炼成教授认为，西部地区包括12个省、市、自治区和3个自治州，绝大部分地区已成为公认的生态遭到严重破坏的地区；其陆地边境线长达2.1万公里，与12个国家接壤，且有30多个民族与国外同一民族毗邻而居，民族地区的发展已成为国家政治安定、社会稳定的重要基础；少数民族人口超过8000万，具有不同的文化底蕴、风俗习惯和宗教信仰，拥有异常明显的社会性特点。

(4)政策性概念诠释。2000年12月，中共中央发布了《国务院关于实施西部大开发若干政策措施的通知》，其中明确指出：西部开发的政策适用范围，包括重庆市、四川省、贵州省、云南省、西藏自治区、陕西省、甘肃省、宁夏回族自治区、青海省、新疆维吾尔自治区、内蒙古自治区和广西壮族自治区。而在具体实施过程中，又将湖南省湘西土家族苗族自治州、湖北省恩施土家族苗族自治州和吉林省延边朝鲜族自治州纳入了西部范围。

不同学者对西部地区有着不同的诠释，本书主要研究对象的所属区域是国家在西部大开发过程中所规定的范围。

1.2.2　资源型中小企业

为了明晰资源型企业的概念，首先需要结合现有的文献资料对资源的概念进行界定。迄今为止，资源尚未有能够被人们普遍接受和认同的定义，较具代表性的文献对资源的解释如表1-1所示。

表 1-1　资源概念的代表性解释

类别		主要观点	出处
一般意义		资源是资财的来源,一般指自然的财源。资源可区分为两个范畴:自然界赋予的自然资源和经过人类开发利用和改造的自然资源	辞海(中册)[M].辞书出版社,1979,第1版
经济学代表性学派	一般经济学	经济资源,分为自然资源(土地、水、气候、矿产及生物等)和社会资源(人力、技术、信息与管理资源)	蒙德尔,等.经济学解说[M].经济科学出版社,2000
	生产经济学	生产资源,分为土地、劳动、资本和管理四大类,又称为生产四大要素	曲福田.资源经济学[M].中国农业出版社,2001
	政治经济学	劳动力和土地是形成财富的两个原始要素,是一切财富的源泉,自然界为劳动提供材料,劳动把材料变成财富	马克思.马克思恩格斯全集[M].人民出版社,1976
	资源经济学	资源是由人发现的有用途和有价值的物质,自然状态的、未加工过的资源,可被输入生产过程变成有价值的物质,或可以直接进入消费过程满足人类需求而产生价值	阿兰·兰德尔.资源经济学[M].商务印书馆,1989
联合国环境规划署		资源是指一定时间、地点的条件下能够产生经济价值、以提高人类当前和未来福利的自然环境因素和条件的总称	刘书楷.农业资源经济学[M].西南财经大学出版社,1989

资料来源:王峰正.生态经济视角下西部资源型企业自主创新能力的培育机理[D].

　　从表 1-1 中可以看出,在不同的研究领域和研究视角下,存在对资源概念的不同理解。表中各类代表性观点大致可以分为两类:一类是广义的资源概念,即凡是稀缺且有价值的,能够为人类提供所需要的有形的自然资源,和以人类劳动为产品形式的无形的社会资源共同形成资财来源的物质;另一类则是狭义的资源概念,即自然界所提供的具有一定价值且直接进入人类生产过程的有形的自然资源。出于研究主题和研究内容的考虑,本书选择狭义的资源概念,即在一定的社会经济技术条件下,人们所发现的或经过人类初加工的,具有种植价值或观赏价值的地上资源和具有开采价值的地下自然矿产资源等自然资源。从资源类别的角度分析,结合西部区域主要资源禀赋特征,本书中自然资源主要包括农牧类资源、矿产类资源、能源类资源以及旅游类资源。

　　自然资源具有一定的经济价值,因此,以特色自然资源为原材料直接销售或进行初级加工的资源型企业,依托于区域多样化的资源禀赋形成了具有鲜明地域特征的企业群体。资源型企业在推进人类社会从农业社会到工业化社会再到知识经济社会的进程中,都承担着举足轻重的作用。然而,作为一种已诞生将近 250 余年的最基本的企业类型,资源型企业的概念至今在学术界和实业界都没有明确的界定。目前,相对比较集中的观点主要有资源使用强度论、加工对象论和资源开采论等,如表 1-2 所示。

表 1-2　资源型企业概念的代表性观点

主要类别	代表观点	出处
使用强度论	以消耗不可再生自然资源为主,且资源使用强度为30%~40%的企业	张凌,等.资源型产业结构现状及合理化策略的思考[J].科技与管理,2001(2)

续表

主要类别	代表观点	出处
加工对象论	指像钢铁企业、有色金属企业、建材企业等以利用矿产资源为主的基础资料企业	李希琼. 中国资源型产业怎样顺应全球化闭 [J]. 矿业快报, 2003(2)
	以石油、煤炭、矿产资源等地下资源为加工对象的垄断企业	杨和平. 资源型企业对当地经济和环保的带动效应 [J]. 发展论坛, 2003(2)
	从事资源生产、流通、交换、运输、资源技术研究与开发、资源信息服务等资源经济活动的厂商,也就是在社会化大生产与分工发展过程中分支出来的专门或主要从事资源生产及其相关经营企业的总称	杨艳琳. 资源经济发展 [M]. 科学出版社, 2004
	主要从事矿产资源生产与经营的矿山企业	黄娟. 资源型企业可持续发展战略研究 [M], 2005
资源开采论	指生产煤炭、石油、有色金属、非金属矿藏等产品的企业	张月侨. 资源开发型企业战略发展模式探讨 [J]. 陕西煤炭, 2002(4)
	指从事不可再生资源开发的企业	张米尔. 资源型城市产业转型研究 [M]. 国家图书馆, 2002
	以自然资源开发为主,辅以初加工和一些后续工序,尽可能利用区域内资源条件来实现经济增长的企业	潘文宇. 浅析信息技术对资源型企业作用机理 [J], 2000
	集合各种生产要素,主要以开发矿产资源为主,为社会提供矿产品以及初级加工,以盈利为目的,具有法人资格,实行自主经营、独立核算的盈利性经济实体	王林清, 等. 论循环经济发展模式下资源型企业核心竞争力的培育 [J]. 企业改革与发展, 2007(1)
开采与加工论	是指从事煤炭、石油、有色金属等不可再生资源开发和初级加工的企业	国务院西部发展研究中心. 西部应建立十大特色产业基地 [R]. 西部地区经济结构调整和特色优势产业发展研究, 2005
	从事化石资源(如石油、煤及金属、非金属矿产等不可再生资源)的勘探、挖掘、开采、加工、冶炼和销售的资源制约企业,其直接作用于自然资源与环境	陈光亚, 钱勇. 中国资源型企业与城市的协同演化 [J]. 工业技术经济, 2006(6)
核心能力论	以特定的自然资源为主要劳动对象,生产、加工和经营人们生活所需要的基础原材料的相关企业,如矿山、油田、风力发电、海洋资源提取、森林砍伐等企业	李烨, 等. 资源型企业产业转型的相关研究综述 [J]. 资源与产业, 2009, 8(11)
	通过对资源的垄断性占有或独占,以生产的资源型产品为最终主导产品形态,在产品价值构成中,自然资源对产品的价值贡献占据主体地位,尽可能利用区域内存在的自然条件,依靠资源的消耗,通过有效管理和适时创新来实现迅速成长,形成以资源占有优势为核心竞争力的企业	陈明政, 方思敏. 我国资源型企业可持续发展制约因素分析 [J]. 企业改革与发展, 2008(4)
	是相对于劳动密集、资金密集、技术密集和知识密集而言,有别于制造型企业、技术型企业、服务型企业的一类企业,是指基于自然资源(主要是地下的矿资源和地上的动植物资源)的占有或独占(数量和成本),以自然资源的开采和初级加工为基本生产方式,依靠资源的消耗来实现企业的增长,以资源占有优势为核心竞争力的企业类型	王锋正, 等. 西部地区资源型企业应走自主创新之路 [J]. 工业技术经济, 2006.7(25) 吉海涛, 等. 基于资源基础理论的资源型企业社会责任特殊性分析 [J]. 辽宁大学学报(哲学社会科学版), 2009, 7(37)

　　目前,学者们对资源型企业的界定主要形成了五种观点,分别是使用强度论,加工对象论,资源开采论,资源开采、加工论和核心能力论。本书立足于核心研究客体,认为应该以劳动对象的资源禀赋为出发点,从行业特征、技术合作和企业能力结构为主题界定资源型企业。结合资源的概念,本书认为,资源型企业是指以具有种植价值或观赏价值的地上资源和具有开采价值的地下自然矿产资源为禀赋,并通过对这些资源进行开发、利用、采选、加工来创造价值的一类企业的总称。基于上述定义,本书从行业特征的视角对资源型企业做了归类,主要包括农业资源型企业、矿产资源采选和加工类企业、

能源资源开采和加工类企业以及旅游资源开发管理类企业和生活方式型旅游资源企业四个类别，具体分类如表 1-3 所示。

表 1-3　基于行业的资源型企业归类

行业类别	企业
农业	农业种植类企业、农业育种类企业、农业产品加工制造类企业
矿产资源采选和加工业	黑色金属矿采选类企业、有色金属矿采选类企业；黑色金属冶炼及压延加工业类企业、有色金属冶炼及压延加工业类企业
能源业	石油、煤炭和天然气开采企业，石油、煤炭加工企业，电力、热力的生产和供应企业，燃气生产和供应企业
旅游业	旅游资源开发管理类企业、生活方式型旅游资源企业

西部地区依托于农业、矿产业、能源业和旅游业四类典型资源的开发和利用，形成了多种工艺、多个类别的资源型企业。

对于中小企业的界定，美国、欧盟和日本等国家和地区存在较大的差别，未形成国际公认的标准。本书采用中国工业和信息化部、国家统计局、发展改革委、财政部 2011 年 6 月公布的《中小企业划型标准规定》，对中小企业标准进行界定。我国依据企业从业人数和营业收入指标，对不同行业的中小企业进行界定。根据国家相关部门通过的法律法规，本书沿用对工业类中小企业概念的界定：从业人员 1000 人以下或营业收入 40000 万元以下的为中小微型企业。其中，从业人员 300 人及以上，且年营业收入 2000 万元及以上的为中型企业；从业人员 20 人及以上，且年营业收入 300 万元及以上的为小型企业；从业人员 20 人以下或年营业收入 300 万元以下的为微型企业。

基于上述对中国西部区域、资源、资源型企业以及中小企业等概念的界定，本书认为，凡是符合上述资源型企业特征和中小企业特征的企业，都是本书的客体，也即资源型中小企业的概念。既有 5 个典型特征(表 1-2)，又可以归属为上述 4 类(表 1-3)，同时位于中国西部 12 个省(自治区、直辖市)区域的企业，就是西部资源型中小企业。西部资源型中小企业概念的详细界定，为本书的研究确定了明晰的对象。

1.3　研究内容

本书剖析了我国西部地区资源型中小企业技术创新管理的特征和问题，基于复杂系统协同理论，分别从行业特征、企业间合作和企业能力的视角，构筑西部资源型中小企业技术创新管理模式，并从集成管理的理念出发，研究和提出技术创新管理模式的优化路径。本书研究的主要内容包括以下五个部分。

1. 西部资源型中小企业技术创新管理系统的构建

本书根据西部资源型中小企业技术创新现状和技术创新管理行为模式的特点，基于复杂性和协同性理论，构建西部资源型中小企业技术创新管理系统。对西部资源型中小企业而言，因其地域、资源禀赋特征，以及自然资源等环境因素的影响较为显著，资源型中小企业在创新的技术、层次、过程、环境等多个方面表现出复杂性特点；同时，由于管理活动本身所具有的复杂性，导致技术创新管理的复杂性更为突出。资源型中小企业技术创新管理的复杂性主要表现在创新决策管理的复杂性、创新过程管理的复杂性、创新要素管理的复杂性、创新组织管理的复杂性、创新机制管理的复杂性和创新知识管理的复杂性。本书从技术创新及其管理的复杂性特征展开深入分析，为研究技术创新管理以及探索复杂性问题应对的有效办法提供新的思路。

技术创新管理的关键就是搭建有机的系统，即构建协同创新网络。其中创新环境、创新主体和主体内部的各个层次、各个环节间联结互动、整合贯通，在企业内外部环境因素影响下，以协同为手段，通过捕捉企业内外部的技术机会对企业资源进行高效利用和重新整合。上述三个层面的影响因素决定了资源型中小企业技术创新管理系统的构成，它们之间有着明显的互动关系，并且它们的变化对创新管理系统运行起着重要的作用，从而以技术创新管理系统为基础，形成由上述三个层面的子系统共同构成的一个复杂系统，构成本书的理论基础和分析框架。

2. 基于行业特征的西部资源型中小企业技术创新管理模式的研究

本书根据不同行业资源型中小企业技术创新管理关键驱动因素的差异，研究资源型中小企业技术创新管理模式。我国西部地区资源型企业所处的典型行业主要包括农业、矿业、能源业和旅游业四大类型。本书从上述四个典型行业出发，基于研究支撑、激励和保护技术创新的各种内外部环境因素的视角，厘清促进资源型中小企业技术创新的自然资源、技术氛围、市场竞争与需求、组织能力、环境保护、政策等要素对于企业技术创新及其管理活动的作用机制。通过对 2010～2011 年 200 家西部地区资源型中小企业进行问卷调研和对四川、甘肃等省份部分地区企业的实地调研，应用多元回归模型对典型行业的资源型中小企业技术创新管理驱动因素进行实证检验，从而识别不同行业的技术创新关键驱动因素，提炼出典型行业特征影响下的西部资源型中小企业技术创新管理模式，并为模式优化的相关研究奠定基础。

3. 基于企业间合作的西部资源型中小企业技术创新管理模式的研究

本书通过西部资源型中小企业合作技术创新管理的动机、模式和绩效研究，提出企业间合作技术创新管理模式。结合西部资源型中小企业合作技术创新的发展现状和存在的问题，基于市场结构因素、自然资源因素、技术能力因素和政府政策因素，分析西部资源型企业间合作技术创新的动机；基于市场结构因素、自然资源因素和技术能力因素分析西部资源型企业间合作技术创新的管理模式；基于合作技术创新关系、市场结构因素、自然资源因素、技术能力因素和政府政策因素分析西部资源型企业间合作技术创新绩效，并通过动机、模式和绩效的相关研究，以技术创新管理能力和绩效提升路径为研究维度，提出西部资源型中小企业合作技术创新管理模式。

通过 2010～2011 年对西部地区 103 家资源型中小企业进行的问卷调查，本书建立了逐步回归模型，对资源因素、合作利益、技术能力等三个方面与西部资源型企业间合作技术创新动机间的影响关系进行了实证检验。在此基础上，本书讨论了各级政府的技术创新政策对各影响因素与合作技术创新动机之间关系的调节作用，为我国西部资源型中小企业准确预测其他企业的合作技术创新动机，选择合适的合作伙伴，继而提升企业间合作技术创新绩效提供了理论和实践依据。

4. 基于企业能力的西部资源型中小企业技术创新模式的研究

本书通过构建西部资源型中小企业能力体系，提出不同能力维度组合下的企业技术创新管理模式。在相关理论文献研究及西部资源型企业实践调研的基础上，本书研究提出西部资源型中小企业的能力体系，即自然资源获取能力为资源型中小企业核心竞争力的根基，技术创造能力为资源型中小企业可持续发展的驱动力，市场整合能力为资源型中小企业实现战略发展目标的保障。本书还基于能力体系结构提出了整体技术创新能力具有市场整合能力、技术创造能力、自然资源获取能力三个维度的研究假设。

在广泛收集资料的基础上，本书通过设计、发放调查问卷，对 309 家西部资源型中小企业进行专项调查，获取 151 份有效的问卷，采用多种统计方法对收回的数据进行了相关分析，通过实证研究识别出自然资源的获取能力、技术创造能力和市场整合能力，认为西部资源型中小企业整体技术创新能力可通过三种能力维度予以反映并解释，而由于每个企业三个能力维度的发展不均衡，故形成了包括类能力组合型、综合能力型等的多种能力维度组合。本书基于能力维度组合提出基础型技术创新管理模式、类能力组合型技术创新管理模式（包括技术突破型和市场引导型技术创新管理模式）和战略规划型技术创新管理模式。

5. 西部资源型中小企业技术创新管理模式的集成优化

本书分别对行业特征、企业间合作和企业能力三个视角分析西部资源型中小企业技术创新管理模式的本质特征和影响因素进行了分析，结合企业实践探析影响技术创新管理模式优化的关键点，并探讨适合企业发展特征的优化路径。西部资源型中小企业根据自身技术创新管理现状以及企业资源的约束条件，考虑短期内对企业技术创新管理有关键影响作用或者能够使企业获得重大技术突破的因素，从行业特征、企业间合作和企业能力中选择适宜的角度，选择并确定适宜当前企业技术创新特征的管理模式，基于此分析模式优化要点和相应的优化路径，实现企业短期内在某一特定方面对自身技术创新管理模式的优化和提升。

出于技术创新管理的复杂性和多样性特征，以及西部资源型中小企业技术创新管理模式在应用实践中的重要性考虑，本书从集成理论出发，综合考虑影响西部资源型中小企业技术创新管理模式优化的宏观环境、企业间合作以及企业内部三个层面的关键因素，构建技术创新管理模式集成系统，并探析集成系统内各个层面的集成优化路径，以系统各层次要素的有效集成实现技术创新管理模式的综合性优化。

1.4　研究方法

研究方法的确定关系着研究的最终效果。本书在现有相关研究文献整理、分析的基础上，探索西部地区资源型中小企业技术创新管理模式，以及每种模式所对应的能力组合、运作机制、提升路径等。根据本书的研究目的和研究内容，研究方法主要为文献研究法、多元统计分析法、理论演绎研究法和案例研究法。

1. 文献研究法

本书的理论部分主要是通过搜集、整理和分析翔实的文献资料进行研究。其中，英文文献的收集主要通过数据库查询的方法，查阅了 JSTOR、EBSCO、ABI/INFORM、OCLC 等重要的英文期刊数据库；中文文献的收集主要是通过查阅有关的中文著作、博士论文、学术期刊、人大报刊复印资料、会议出版物等中文数据库资料。本书涉及的理论内容包括：复杂性理论、协同理论、集成管理理论、系统理论、技术创新理论、技术创新管理理论、合作技术创新管理理论以及资源型企业技术创新管理涉及的相关理论等。在充分查阅文献资料的基础上，本书通过对相关文献的研究及整理，吸收和积累前人研究的成果，为把握西部资源型中小企业技术创新管理的发展脉络和运作机制打下了坚实的基础。这些成果不仅为本书提供了理论基础，而且也具有重要的启示作用。

2. 多元统计研究法

在对相关文献进行整理的基础上，本书主要运用了线性回归分析法、探索性因子分析、主成分分析等进行实证研究。首先，采用线性回归分析分别验证自然资源禀赋、行业技术创新氛围、企业组织能力、市场需求与竞争、政府政策和环境保护六要素对于农业、矿业、能源业和旅游业资源型中小企业技术创新管理的影响机制。其次，采用回归分析法验证资源因素、合作利益、技术能力和技术创新政策等因素对资源型企业间合作技术创新动机、方式和绩效的影响机制。最后，采用探索性因子分析和主成分分析法，验证自然资源获取能力、技术创新能力和市场整合能力对资源型中小企业技术创新管理能力的影响机制。此外，本书每个部分问卷的设计都是通过结构化访谈企业管理者和专家学者，结合本书的理论构思和理论假设，确定了初步调查问卷，进而在小范围内做了试调查。然后经过对试调查结果的分析和筛选，对存在的问题进行有针对性的修改和完善，最终形成了正式调查问卷。

3. 理论演绎研究法

技术创新管理的相关理论研究已经经历了近百年的发展历程，积累了相当丰富的成熟理论和实践经验。因此，在研究过程中，本书借鉴了国内外各学派在技术创新管理理论研究中的学术成果和方法，同时创新性地综合应用了复杂性理论、协同理论、系统理论和集成管理等理论成果和方法，运用逻辑推理、总结归纳等规范研究方法，构建和完善适应中国西部资源型中小企业技术创新管理的研究结构体系。

4. 案例研究法

在完成以问卷调查为主的第一步实证检验基础上，本书通过典型企业案例分别对基于典型行业特征、企业间合作和企业能力视角下西部资源型中小企业技术创新管理模式进行了描述和分析。如企业能力视角下类能力组合中的技术突破型和市场引导型技术创新管理模式的提升路径，是在探求和总结多个案例的一般规律和特殊性的基础上得出的。

而路径优化研究部分，则选用典型的西部农业资源型中小企业，通过其技术创新管理的实践运营，验证课题研究中提出的优化路径的可行性，以具体的企业案例对本书假设和研究成果形成支撑，是对问卷调查数据分析结果的进一步验证和有力补充，研究问题因此具有实践意义。

第二章 西部资源型中小企业技术创新及技术创新管理现状

近年来，随着西部区域经济环境和政策环境的改善，具有明显地域特征和资源禀赋特征的西部资源型中小企业获得了较大的发展，已经形成一定的规模。由于企业所处环境因素的影响及自身生产与运营的特质，西部资源型中小企业生产技术与其他类型的企业存在差异，进而导致其技术创新和技术创新管理独具特征，不同于一般性企业技术创新管理方式。本章通过查阅相关文献和进行实地调研，分析了西部资源型中小企业的发展状况与企业生产技术的现状，剖析其生产技术的特征，探析西部资源型中小企业技术创新和技术创新管理中存在的问题。

2.1 西部资源型中小企业发展概况

目前国内尚未有针对西部资源型中小企业发展状况的专项统计资料，本书主要从2005~2010年统计年鉴以及相关文献的统计数据中查找，并按比例推算西部地区农业、能源业、矿业和旅游业四大行业中资源型中小企业的基本数据。通过较大范围的问卷发放，以及对代表性区域重点企业的深入访谈，了解西部资源型中小企业的发展现状，并详细分析其发展中存在的问题。

2.1.1 资源类型与地域分布

西部地区土地宽广，资源充足，是中国自然资源相对富集的区域，特别是农牧资源、矿产资源、能源资源和旅游资源十分丰富。西部12个省市富集且各具特色和优势的自然资源是资源型中小企业成长与发展的根本，西部资源型企业依据自然资源在各地区的地域特征呈现出区域化的分布状态，而资源型企业地域根植集聚的特性亦形成了具有鲜明地域特征的西部经济发展结构。西部各省市主要优势资源分布如表2-1所示。

表2-1 西部各省市主要优势资源分布

	农、林、牧资源	矿产、能源资源	旅游资源
内蒙古	耕地面积711.5万 hm²，占全国的5.5%；草原面积8666.7万 hm²，占全国的21.7%；森林面积1407万 hm²；具经济价值的畜种资源丰富	有135种已探明矿产资源，其中稀土资源储量8459万 t，占全世界的80%；黑色金属、有色金属、贵金属等金属与非金属矿产储量丰富；已探明煤炭储量2239亿 t，居全国第二位；石油、天然气储量十分可观	有A级旅游景区102家，其中5A级2家，4A级19家，3A级27家

续表

	农、林、牧资源	矿产、能源资源	旅游资源
广西	林业面积为 1319.57 万 hm², 已知的植物种类有 289 科 1670 多属 6000 多种。有一级保护野生动物 24 种, 二级保护野生动物 119 种, 以及大量经济药用、观赏动物	十大重点有色金属产区之一, 已探明储量矿产 96 种, 锰、锡、砷、膨润土等 14 个矿种储量居全国首位; 锰和锡矿保有储量均占全国储量的 1/3	有 A 级旅游景区 161 家, 其中 5A 级 2 家, 4A 级 75 家(超过 70% 以上为自然景区)
重庆	林木种类丰富, 亚热带树木达 1700 多种, 乔木 1000 多种; 全国重要的中药材产地之一; 植物种类 560 多类; 有动物资源 380 余种, 包括多种野生珍稀动物, 有江河鱼类 120 多种	发现矿产 75 种, 已探明储量 39 种, 金属矿产中银矿储量 185 万 t, 居全国第一, 锰矿探明储量为中国第二; 非金属矿产中岩盐为中国最大矿区之一, 储量达 3 亿 t; 煤的保有储量 20 多亿 t; 天然气储量达 3200 亿 m³, 居全国前列	有 A 级旅游景区 98 个, 其中 5A 级 4 家, 4A 级 34 家, 3A 级 35 家
四川	高等植物上万种, 约占全国的 1/3, 其中裸子植物 88 种, 居全国第 1 位; 被子植物 8543 种, 居全国第 2 位; 脊椎动物 1100 余种, 占全国的 40% 以上	已发现矿产 123 种, 探明储量 90 种, 其中 35 种在全国名列前五位。已探明 D 级以上矿产保有储量的潜在价值约为 37020.5 亿元, 占全国总量的 4.14%	有 A 级旅游景区 221 家, 其中 5A 级 5 家, 4A 级 83 家, 3A 级 59 家
贵州	药用植物 3700 余种, 占中国中草药品种的 80%, 是中国四大中药基地之一; 有珍稀植物 70 种, 野生动物资源 1000 余种	已发现矿产 123 种, 查明储量 76 种, 在全国排名前五位的矿产有 28 种, 其中重晶石资源储量居全国第一; 磷矿资源储量居全国第二; 铝土矿资源居全国第三	有 A 级以上旅游景区 28 家, 其中 5A 级 2 家, 4A 级 5 家, 3A 级 7 家
云南	有 1.8 万种高级植物, 占全国总数的一半以上; 野生动物物种和野生经济动物资源丰富, 野生脊椎动物种类 1671 种, 居全国首位	可用矿产 150 余种, 已探明储量 92 种, 矿产地 2700 处。有 13% 的保有储量矿种居全国前列, 其中锌、铅、锡等居全国第一	有 A 级旅游景区 221 家, 其中 5A 级 5 家, 4A 级 83 家, 3A 级 59 家
西藏	森林面积 717 万 hm², 居中国第五; 森林蓄积量 20.84 亿 m³, 列全国第一; 被列为国家和自治区重点保护的野生动物 147 种	已发现矿产 100 余种, 查明储量 36 种, 矿产地 2000 余处, 资源潜在价值约 500 亿元。云母、刚玉等 12 种矿产资源储量居全国前 5 位, 铿矿储量居世界前列	有 A 级旅游景区 21 家, 其中 4A 级 12 家, 3A 级 7 家, 国家级自然保护区 6 个
陕西	森林面积 593 万 hm²; 野生植物 3300 余种, 药用植物近 800 种。有野生脊椎动物 750 多种, 其中珍稀动物 79 种	已探明矿产 91 种, 黄金储量居全国第五位; 铝精矿产量占全国 1/2; 煤炭探明储量 1618 亿 t, 居全国第三; 世界级整装天然气田已探明储量 3500 亿 m³	有 A 级旅游景区 163 家, 其中 5A 级 5 家、4A 级 34 家、3A 级 78 家
甘肃	牧草地 1440.7 万 hm², 是全国五大牧区之一; 有野生植物 4000 多种, 其中药材 951 种, 居全国第二位, 经营 450 种; 有野生动物 659 种	已发现矿产 145 种, 探明储量的有 94 种, 其中镍、钴、铂族等 11 种居全国首位; 矿产潜在总价值为 7983.80 亿元; 发现油田 12 个, 可采储量 2.72 亿 t; 煤炭区已探明 162 个, 保有储量 92.65 亿 t	有 A 级旅游景区 162 家, 其中 5A 3 家、4A 级 41 家、3A 级 47 家
青海	草场面积 3161 万 hm², 天然牧草 940 多种, 其中优良牧草 190 多种, 饲养多种优势草食性畜种, 其中耗牛饲养数量居全国第 1 位; 野生植物群中已发现经济作物 1000 余种, 经济兽类有 110 种, 占全国的 25%	已发现矿产 125 种, 探明储量的矿种 105 种, 其中, 钾、钠、镁等 11 种矿产居全国首位。石棉、蛇纹岩等非金属矿产储量居全国前列, 盐湖 30 多个, 已探明总储量 700 亿 t; 发现油田 16 处, 气田 6 处, 石油资源 12.44 亿 t, 已探明 2 亿 t; 天然气资源已探明 472 亿 m³	有 A 级旅游景区 71 家, 其中 5A 级 1 家, 4A 级 17 家, 3A 级 48 家

续表

	农、林、牧资源	矿产、能源资源	旅游资源
宁夏	有宜农荒地 1067.3 多万亩(1 亩 ≈ 0.0667 公顷);天然草场 4500 多万亩;有 917 种野生药用植物	石英砂岩(硅石)已探明储量 1700 万 t 以上;石膏矿藏量居全国第二,探明储量 25 亿 t;磷、金、铜等矿产储量较大;煤炭已探明储量 313 亿 t,保有储量 310 亿 t;石油年采油能力 100 万 t	有 A 级旅游景区 71 家,其中 5A 级 3 家,4A 级 4 家,3A 级 3 家
新疆	牧草地面积 1521.583 万 hm²,居全国第二位。野生植物 132 科、856 属、近 3569 种,其中有特殊经济价值的罗布麻、橡胶草等 1000 多种,稀有者约 100 种	已发现矿产 138 种,已探明储量 68 种,总潜在价值超过 6 万亿元	有 A 级旅游景区 265 家,其中 5A 级 5 家,4A 级 46 家(50% 以上为自然风景区)

资料来源:根据中华人民共和国中央人民政府门户网站(http://www.gov.cn/)以及各省旅游局网站动态数据资料整理。

　　由表 2-1 分析可知,西部地区拥有得天独厚的自然地理环境和资源优势,西部资源型中小企业依托特色自然资源的开发利用,已成为推动区域经济发展的中坚力量。近年来,西部各省、市、区在制定经济发展战略和规划时,都把资源型企业当作主导企业来支持和培育。例如,新疆的石油、天然气、棉花、畜牧业、特色矿产资源的开发;内蒙古的草原畜牧业、以煤炭为主的能源产业和高耗能原材料产业、以稀土为主的矿产资源开发;云南的水电业、矿产业、特色农业;甘肃的石油天然气与精细化工业、有色冶金新材料业、农畜产品深加工业;陕西的高新技术、果业、畜牧业和能源化工业等。

　　西部大开发战略的实施带来西部区域经济的快速发展,在宽松的经济政策环境中,资源型中小企业以其信息接收的灵敏性、技术创新的灵活性、产品与市场的高度专业化等优势在西部资源型产业中占据了重要地位。从资源类型的角度分析,西部资源型中小企业的地域分布表现出明显的资源属性,依托于各区域的优势资源,集中在农牧产品生产加工、金属与非金属矿产开采与加工、石油与天然气等能源开采以及旅游资源开发等四大行业,形成西部特色优势产业格局。

2.1.2　发展现状

　　当前,依托丰富的自然资源禀赋生存发展的西部资源型企业已逐渐形成了相当的规模,其主要农产品与部分矿产、能源类产品的生产已经在全国范围内占到一定的比重,如表 2-2 所示。

表 2-2　2010 年全国各区域主要农产品和部分矿产、能源类产品产量情况

主要农产品和工业产品产量	西部地区合计	占全国比重/%	东部地区合计	占全国比重/%	中部地区合计	占全国比重/%
粮食/(×10⁴t)	14436.4	26.4	13869.9	25.4	16720.7	30.6
棉花/(×10⁴t)	264.2	44.3	165.0	27.7	166.2	27.9
油料/(×10⁴t)	829.3	25.7	802.7	24.8	1400.6	43.4
原油/(×10⁴t)	5840.7	28.8	8219.1	40.5	584.4	2.9
粗钢/(×10⁴t)	8359.4	13.1	34631.9	54.3	13698.8	21.5
发电量/(×10⁸kW·h)	12230.6	29.1	17443.6	41.5	9720.4	23.1

资料来源:中国区域经济统计年鉴(2010),中国统计出版社。

近年来，在西部较为宽松的经济环境和政策环境中，资源型中小企业获得了长足发展，不仅在数量上成为西部企业的主力，而且对西部区域经济的发展做出了重要的贡献。

1. 西部资源型企业是西部企业的主力

根据现有统计资料分析，整个西部企业中接近半数的企业属于资源型企业，而在西部优势企业中资源型企业亦占据相当数量。无论是从企业单位数还是从资产总计上看，资源型企业都占据了西部企业的半壁江山，如表 2-3 和图 2-1 所示。

表 2-3 西部资源型企业单位数及资产总计

	2006 年	2007 年	2008 年	2009 年
资源型企业单位数/个	15610	16866	19627	21891
所有企业单位数/个	32514	35495	44588	46169
资源型企业单位数比重/%	48.01	47.52	44.02	47.41
资源型企业资产总计/亿元	29499.87	36950.65	43841.14	56365.68
所有企业资产总计/亿元	45437.29	56640.21	73396.50	85513.63
资源型企业资产总计比重/%	64.92	65.24	59.73	65.91

资料来源：根据《中国工业经济统计年鉴》(2007~2010)数据整理，中国统计出版社。

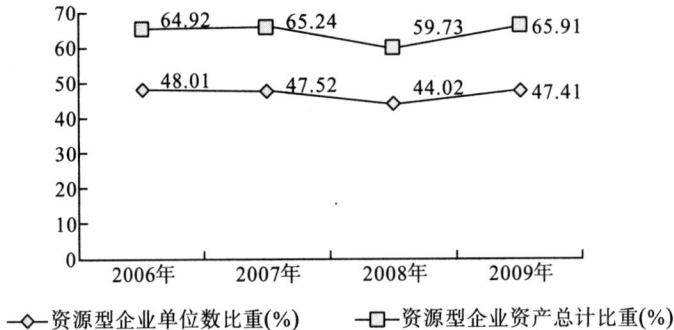

图 2-1 西部资源型企业单位数及资产总计占西部企业的比重

资料来源：根据《中国工业经济统计年鉴》(2007~2010)数据整理，中国统计出版社.

2006~2009 年，西部资源型企业单位数分别占西部地区所有规模以上企业总数的 48.01%、47.52%、44.02% 和 47.41%；企业资产总计分别占西部地区所有规模以上企业资产总计的 64.92%、65.24%、59.73% 和 65.91%，直接反应了西部资源型企业在西部企业整体中所占据的重要地位。

2. 资源型企业对西部地区经济贡献较大

西部资源型企业对西部经济发展的重要性可以通过其对西部地区经济发展的贡献率，即西部资源型企业在计划期内的工业产值占西部地区工业总产值的比重来表示，其中工业总产值是指规模以上工业企业的工业总产值，按当年价格计入。计算公式如下：

$$西部资源型企业贡献率 = \frac{西部资源型企业工业产值}{当年西部地区工业总产值} \times 100\%$$

根据上述公式计算 2006~2009 年西部资源型企业对西部地区经济发展的贡献率，结果如表 2-4 和图 2-2 所示。

表 2-4　西部资源型企业对区域经济发展的贡献率

	2006 年	2007 年	2008 年	2009 年
资源型企业工业产值/亿元	21777.95	28504.49	31379.26	40637.61
西部地区工业总产值/亿元	35248.03	46784.50	61364.37	69883.63
资源型企业工业产值比重/%	61.78	60.93	51.14	58.15

资料来源：根据《中国工业经济统计年鉴》(2007~2010)数据整理，中国统计出版社。

2006~2009 年，西部资源型企业所创造的工业产值分别占西部地区工业总产值的61.78%、60.93%、51.14% 和 58.15%，对西部地区经济发展具有重要作用和影响。

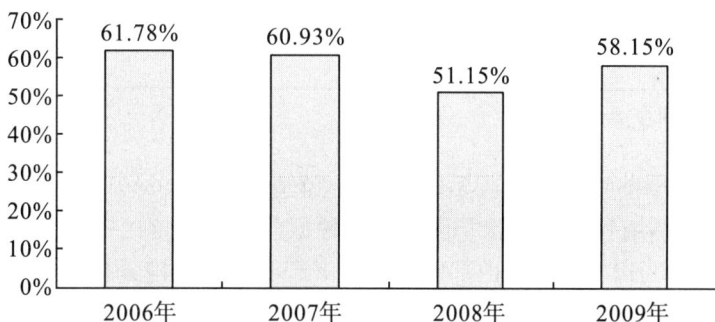

图 2-2　西部资源型企业工业产值占西部地区工业总产值的比重

资料来源：根据《中国工业经济统计年鉴》(2007~2010)数据整理，中国统计出版社。

从图 2-2 能够清晰地看出西部资源型企业对西部地区经济发展的重要贡献，究其原因，主要体现在三个方面：第一，资源型企业通过对自然资源的开发和利用为其他企业提供原材料，是西部地区各方产业链结构的源头；第二，大部分资源型企业都是劳动密集型企业，成为解决西部地区就业的主要力量；第三，资源型企业相对一般企业规模较大，利润较高，增强了西部地区地方政府的财力。

3. 中小企业是西部资源型企业的中坚力量

由于西部地区特殊的地理条件、历史原因、文化传统和资源禀赋等因素的综合性作用，以及经济资源的稀缺性对企业规模扩张的限制，在西部资源产业领域中占相当数量的是中小企业，是推动西部区域经济全面发展的重要力量，如表 2-5 所示。

表 2-5　西部各省市中小企业数量与产值比例

	中小企业数量/个	本地区企业总数/个	比例/%	中小企业产值/亿元	本地区企业总产值/亿元	比例/%
内蒙古	3046	3075	99.06	2719.62	4140.05	65.69
广　西	4026	4051	99.38	2405.63	3356.76	71.67

	中小企业数量/个	本地区企业总数/个	比例/%	中小企业产值/亿元	本地区企业总产值/亿元	比例/%
重　庆	3153	3208	98.29	1850.39	3213.45	57.58
四　川	8912	8995	99.08	5285.83	7934.41	66.62
贵　州	2568	2594	99.00	1143.46	2066.77	55.33
云　南	2571	2602	98.81	2071.18	3393.09	61.04
西　藏	204	204	100.00	33.33	33.33	100.00
陕　西	3295	3375	97.63	1836.91	4442.81	41.35
甘　肃	1707	1733	98.50	902.15	2483.56	36.32
青　海	425	435	97.70	165.07	640.66	25.77
宁　夏	749	761	98.42	497.45	859.70	57.86
新　疆	1457	1481	98.38	926.40	2683.44	34.52

资料来源：中国中小企业年鉴(2006)，经济科学出版社。

西部各省市中小企业在数量上均占有本地区企业总数的 95％以上，西部中小企业的产值也逐渐形成了占有性地位，除了西北部分地区外，其他地区中小企业产值均占本地区企业总产值的 50％以上。结合西部地区各省市产业发展结构分析，中小企业在西部资源型产业中具有举足轻重的地位。

2.1.3　制约因素

由于资源型企业的共性特征和西部地区环境因素的共同影响作用，西部资源型中小企业既具有资源型企业在发展过程中所面临的共性问题，又受到西部地区资源特征、技术水平、宏观经济、政府政策等环境因素的影响。总体而言，西部资源型中小企业的发展主要受到以下五个方面的制约。

1. 自然资源的有限性制约企业的持续发展

西部大开发战略实施以来，依托于丰富的自然资源禀赋，西部地区资源型企业发展迅速，其中中小企业的发展尤为突出。但是，从生产要素规模的扩张结构来看，企业多依赖于简单扩大自然资源开采规模与加工规模，实现企业的粗放式扩张与成长，对自然资源的消耗程度较大，且形成了企业对自然资源的过度依赖，直接表现为自然资源在资源型中小企业产品成本结构中物料比率很高，而其开采成本也占据了较高的比例，例如煤炭企业开采成本占总成本比例达到了 80％以上。另外，相对于大型企业而言，资源型中小企业开采技术、加工工艺技术等相对落后，导致企业劳动生产率较低，因而在物料比率变动不大的情况下，中小企业用于自然资源开采加工的成本在产品总成本中的比率高达 90％左右。但是，资源型企业赖以生存和发展的自然资源是有限的，部分资源具有不可再生性。随着资源型企业的持续扩张，自然资源开采和利用的规模也不断扩大，导

致部分不可再生资源面临着枯竭的危机，深刻影响着资源型中小企业的生存发展（表 2-6
和图 2-3）。

表 2-6　西部地区基础储量下降的矿藏资源

	2006 年	2007 年	2008 年	2009 年
煤炭/亿 t	1658.53	1650.61	1661.26	1610.3
锰矿（矿石）/万 t	14404.76	14126.63	14667.9	10160.1
铬矿（矿石）/万 t	517.34	570.53	570.18	515.6
铅矿（铅）/万 t	904.19	899.89	926.56	906.6
锌矿（锌）/万 t	3256.42	3274.82	3344.16	2961.7
磷矿（矿石）/万 t	19.5	19.14	19.24	16.6

资料来源：根据《中国统计年鉴》（2007~2010）数据整理，中国统计出版社。

2006~2009 年期间，西部地区煤炭、锰矿、锌矿和磷矿等能源与矿产资源的基础储
量均呈现不同程度的下降趋势，尤其是在 2009 年经济危机影响弱化、宏观经济逐渐复苏
的环境下，矿产与能源资源储量明显减少。

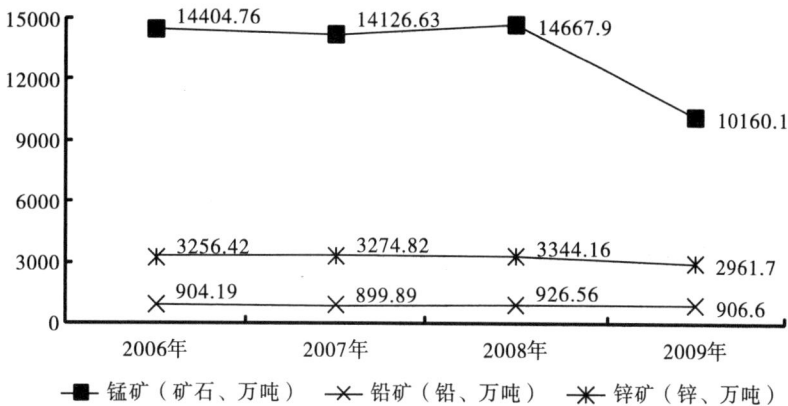

图 2-3　西部地区矿藏资源基础储量下降状况

资料来源：根据《中国统计年鉴》（2007~2010）数据整理，中国统计出版社。

从图 2-3 能够更清晰地看出西部地区部分矿藏资源储量已经呈现明显下降趋势，这
对西部资源型中小企业的稳定和发展影响重大。一方面，由于自然资源的获取是西部资
源型中小企业生存和发展的基础，也是形成企业竞争优势的最主要因素。在资源开采未
能有效管制的资源型企业发展初期，企业为了追求利润，不惜以损害生态系统的平衡与
稳定为代价过度开发自然资源，造成当前自然环境的急剧恶化，对资源供给的数量和质
量均有较大影响，特别是不可再生的矿产资源和能源资源。近年来，随着旅游业的迅速
发展，部分旅游资源有过度开发的趋势，造成景区恶化，有的景区需要几十年的恢复，
甚至形成不可恢复的永久性破坏；而农业种植方面，传统依赖化肥和人力的过度投资已
经达到边际收益的顶峰，受边际收益递减规律的影响，依赖化肥和人力不再可能增加农
作物产量。另一方面，西部资源型中小企业多为粗放式的生产与发展，缺乏对技术因素

的战略性考量,在面临资源危机的当前,应用技术创新优化资源开发和加工的相关生产流程以提高生产效率,以及通过技术创新研发替代性资源产品是企业突破危机的必由之路。

2. 自然资源的不均衡分布影响企业集群效应和规模经济的形成

我国西部地区占全国总面积的56%,农、林、牧类特色资源种类繁多,矿产、能源类资源储量丰富,旅游观赏类资源亦各具特点。以矿产和能源类资源为例,根据目前已经探明的储量,煤炭占全国的36%,石油占12%,天然气占53%;而全国已探明的140多种矿产资源中,西部地区就有120多种。但是,由于西部地区土地辽阔,地形地貌较为复杂,加之自然资源形成条件苛刻性和过程的复杂性,西部地区资源虽然总体丰富,但是自然资源的分布却非常不均衡。各类资源在西部各个区域均有不同程度的分布,陕西、内蒙古、新疆、甘肃、宁夏、青海富有能源矿产、金属和非金属矿产;西藏、云南、四川、重庆、广西、贵州富有动植物资源、风能、水能和旅游资源。

资源型企业对资源的高度依赖性要求企业在选址时要考虑资源丰富性、供应便利性等问题,进而形成对资源丰富或供应便利地区的根植性。以矿产、能源类资源型企业为例,煤炭开采加工企业、铁矿开采企业必须扎根于矿产资源埋藏区,钢铁冶炼企业则需选择矿区资源附近,或者选择河流或其他必备重要资源的附近,因为水对于钢铁冶炼来说,是必不可缺的循环资源。而旅游开发和农业种植型企业则基本上完全依赖大自然的赋予。随着西部大开发战略的实施,西部地区基础设施有了很大的改善,但是与东部地区相比,铁路交通、公路交通、通信网络等条件比较差,这就导致西部资源型中小企业分布零散,无法形成集群经济效应和规模经济效应。

3. 整体技术能力水平影响产品经济附加值的提升

资源型企业属于以利用资源进行生产加工的传统生产领域,较长时期中,产品的属性、形态、层次等特征未出现较大变化,技术投入相对较少,产品附加价值比率很低。《中国统计年鉴》2007~2011年的统计数据显示,从2006年到2010年,煤炭开采和洗选业、石油和天然气开采业、黑色金属矿采选业、有色金属矿采选业的资产报酬率尽管都高于工业企业平均水平,但基本都处于下降的态势,如2006年这4个行业的资产报酬率分别为13.29%、57.65%、20.16%和32.05%,而2010年的资产报酬率分别为17.20%、18.69%、21.85%和19.25%。考虑到资源型企业对资源的严重依赖和低劳动力成本,这些数据充分说明了我国资源型企业的经济附加值较少,技术贡献率较低。

西部资源型中小企业由于地域条件、经营资源等因素的制约,产品技术含量相对经济较发达区域企业和大型企业而言普遍偏低,整体技术能力水平相对较低,尚不能满足生物技术、信息技术、能源技术等高技术领域的重要基础材料,只能处于资源开采、初级加工等低附加值产品生产阶段。以钨制品为例,中国硬质合金大多为中低档产品,出口量占国际市场流通量的20%,而销售收入仅占1.5%。稀土、钛、镁、钨、钼、镓、铟、锗、铋等我国富有有色金属,与当今高新技术发展紧密相连。但是由于技术限制,西部资源型中小企业只能大量加工初级矿产品或初级冶炼产品,产品附加值极低,除少量国内市场需求外,大部分出口国外,资源优势无法变成经济优势。近年来,我国内蒙古稀土资源成为国际贸易中具有稀缺价值的高需求商品，但是内蒙古大量中小企业竞相粗放式开采稀土资源，并以初级矿产原料的方式将珍贵的稀土资源以低价卖给美国和日本等高科技有色金属冶炼企业。这种开采模式，造成了我国稀有金属资源的大量流失和严重的经济损失。

4. 宏观经济环境与产业链下游企业的影响趋于明显

从 2011 年 11 月 1 日起，我国已在全国范围内实施原油、天然气资源税改革，对原油、天然气按销售额的 5%～10%征收资源税，《资源型企业可持续发展准备金管理试行办法》也正在酝酿之中。长期以来，西部资源型中小企业大多是以转移资源价值为主要途径来获取利润，它们以资源占有优势为核心竞争力，以对自然资源的占有或独占为基础，依托资源禀赋形成竞争优势是该类企业最突出的特点。而资源税改革和资源准备金制度对西部资源型企业最直接的影响是税负增加，开采、使用资源成本加大。

我国西部地区的资源型中小企业，依赖区域丰富的资源禀赋和低廉的人力资源成本形成市场竞争中的绝对优势。但是，中小企业有限的经营资源限制了生产设备、技术资本等要素投入，使资源禀赋和人力成本的绝对优势在面对欧美发达国家资金资本、开采加工工艺技术等比较优势时，反而在一定程度上成为制约企业技术创新的因素，使西部资源型中小企业局限于低附加价值的开采与初级加工生产阶段，成为发达国家大型资源型企业的基础材料供应商，限制企业的成长与发展空间。另外，随着现代科学技术的发展以及知识经济的影响所带来的经济形态和市场形态的变化，资源占有优势不再是企业获取利润、参与市场竞争的绝对条件，利用自然资源的占有所形成的利润和市场竞争力正在不断地受到削弱。因此，单纯依靠自然资源的开采与初级加工而存在的西部资源型中小企业，作为产业链的上游源头端企业，受市场环境和产业链下游企业经营活动的影响较大，经营风险系数明显加大。

5. 负外部经济效应导致环境治理成本加大

西部资源型企业发展的过程，也是西部地区环境被严重污染的过程。受 GDP 崇拜和经济利益的驱使，对自然矿产资源、土地资源和旅游资源的过度开发，使生态危机越来越严重，部分地区的煤矿、铁矿在开采过程中未能顾及对森林资源、植被资源、水资源等影响，产生森林被严重砍伐、草原退化、水土流失等现象，直接造成生态平衡的失调和区域环境的严重污染。

表 2-7 西部资源型企业工业产值与西部地区工业污染状况

	2006 年	2007 年	2008 年	2009 年
资源型企业工业产值/亿元	21777.95	28504.49	31379.26	40637.61
工业废水排放总量/万 t	510878	554747	571557	528249
化学需氧量排放量/万 t	406	393	380	372
工业废气排放总量/亿 m³	80285	104519	96537	113640
工业二氧化硫排放量/万 t	787	750	706	819
工业固定废弃物产生量/万 t	44423	53142	55661	59600

资料来源：根据《中国统计年鉴》(2007～2010)数据整理，中国统计出版社。

表 2-7 的数据直观地反应了西部资源型企业 2006～2009 年的工业产值逐年递增的趋势，但是工业废水、废气的排放量以及固定废弃物的产生量随之大幅度增加，为西部地区生态环境带来较沉重的负担。

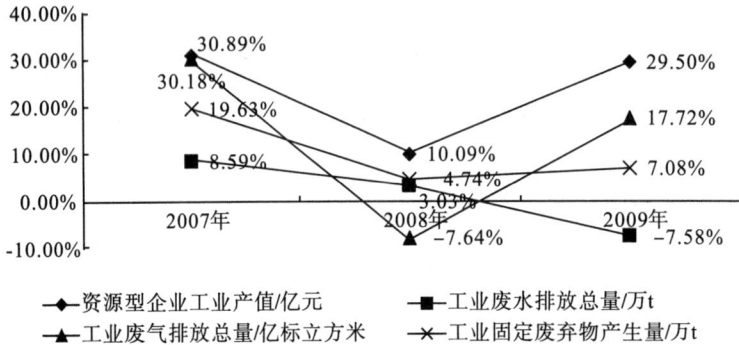

图 2-4　西部资源型企业工业产值与西部地区工业污染增长率

资料来源：根据《中国统计年鉴》(2007～2010)数据整理，中国统计出版社。

如图 2-4 所示，2007～2009 年，西部资源型企业工业产值的增长率分别为 30.89%、10.09% 和 29.50%，但相应的工业废水、废气、固体废物排放量也基本呈持续增长趋势，这期间工业废水排放总量连续三年增长率分别是 8.59%、3.03% 和 −7.58%；工业废气排放总量连续三年增长率分别为 30.18%、−7.64% 和 17.72%；工业固定废弃物产生量连续三年分别为 19.63%、4.74% 和 7.08%，对区域环境造成了严重的负面影响。

随着政府环境保护意识的加强和相关规章制度的出台，西部资源型中小企业最终要承担起对自然环境的破坏和生态失衡的责任。西部资源型中小企业需要为过去和现在的负外部经济效应付出高额的成本，这种为环境破坏付出的代价将在近期内对资源型中小企业的发展产生重要的影响，这也敦促中小企业必须进行技术创新，才有可能实现可持续发展。

2.2　西部资源型中小企业生产技术及特征分析

我国西部地区的资源型中小企业在推动国民经济发展中起着越来越重要的作用，其可持续发展对我国西部地区经济发展有重要意义。随着企业规模扩张对资源需求增加和自然资源存量有限性制约这一矛盾的不断加深，西部资源型中小企业需要明晰企业生产技术与应用以及技术创新中存在问题，并探析改善和优化路径。

2.2.1　生产模式及技术特点

从生产模式和发展路径方面考察，西部资源型中小企业从生产组织方式和生产过程的直观流程中表现出技术应用的不同特征；从资源禀赋和产业链的角度分析，西部资源型中小企业按照不同的价值增值路径、价值流动路径、内部供需关系、空间格局分布搭建成为资源型产业链，形成资源型企业之间的"对接机制"，从而不同程度地呈现出技术应用特征的差异性。

产业链是具有某种内在联系的企业群结构，存在大量上下游关系紧密的企业和进行价值交换的嵌套环节，上游企业向下游企业输送产品及服务，下游企业向上游企业反馈产品、市场等信息。产业链既是产业关联程度的描述，又是自然资源加工深度的表达。当前我国西部资源型中小企业在产业链的不同环节、生产运营模式等方面有较大的差异。按照产业链概念，资源型企业又可以划分为开采主导型、加工主导型、开采-加工混合型。开采主导型即资源采选类企业，主要包括自然资源的开采、挖掘和洗选等作业。加工主导型即资源加工类企业，主要是对初步加工的资源进行深加工，提供技术含量高、经济附加值大的工业高精尖产品。开采-加工混合型即对资源开采、挖掘和深加工，实施纵向一体化的企业。

根据资源型企业生产组织方式和生产过程的直观流程表现，可以将西部资源型企业的生产模式分为直线型模式、螺旋型模式和循环模式。

直线型模式，直观上来看是呈阶梯状直线型分布（▬▬▬），是由于随着资源的开发加工过程，自然资源质量（体积）逐渐"失重"，生产加工组织过程按照直线型排列。应用直线型生产模式的资源型中小企业，依次对自然资源开采挖掘，洗选，最后形成产品，排放废气、废渣、废水等，生产过程有严格的前后顺序。

螺旋型模式，直观上来看是呈"S"形螺旋状分布，由于自然资源的生产加工过程存在反复性和交叉性，生产加工组织过程按照螺旋型排列。应用螺旋型生产模式的资源型中小企业，从自然资源或初级产品进入生产流程开始，按照工艺专业化原则或加工对象专业化原则，经过加工、运送、装配、检验的一系列生产路径，进行精细化生产或加工，同时排放"三废"，有明显但非绝对的先后顺序。

循环模式，直观上来看是呈"○"形环状分布，由于自然资源在生产加工过程中的循环开发利用，生产加工组织过程按照环状排列。应用循环型生产模式的资源型中小企业，基于循环经济生态学理念，在自然矿物资源开采环节，提高资源综合开发效率；在资源利用环节，提高资源利用效率；在废物回收环节，实施资源再循环利用；在"三废"排放环节，实现零排放或无公害排放。应用循环型生产模式的企业在资源投入、生产加工、三废处理的全过程中，不同于传统资源型企业生产模式，实现企业生产加工活动的"资源—产品—再生资源"的反馈式生产流程。相对于循环型生产模式，直线型生产模式和螺旋型生产模式的技术含量、资源综合开发效率、资源利用效率均较低，对环境的不利影响却较大。

西部资源型中小企业的生产运营模式应用分为三个阶段：第一阶段为追求规模效应时期，主要采用直线型生产模式进行生产和加工，成长方式直接表现为规模扩张；第二阶段是企业发展到一定规模后注重技术创新与改革的时期，主要采用螺旋型生产模式进行生产和加工，应用技术创新提升企业经营效率；第三阶段是企业具有较大规模的时期，主要采用循环型生产模式进行生产和加工，通过技术创新实现企业的综合性成长。

2.2.2　技术应用现状

当前，我国西部地区资源型中小企业的生产技术与东部地区相关企业及资源型大企业的技术水平相比，技术资源的投入比例、资本-劳动资源配置以及设备配置等各方面都存在着比较大的差距，主要体现在三个方面。

1. 技术资源投入比例较低，导致企业技术能力水平有限

同中东部地区相比，西部资源型企业为改变自身技术能力结构而进行的技术资源的投入比例相对较低，具体表现为两个方面的特点。

首先，在企业技术投入方面，西部地区企业与中东部地区企业有明显差距，如图 2-5～图 2-8 所示，具体指标数据如表 2-8 所示。

表 2-8　我国分地区企业技术投入经费情况　　　　　　　　　　　　单位：%

	地区	2005 年	2006 年	2007 年	2008 年	2009 年
技术改造经费占全国比重	东部	55.02	53.05	50.68	50.04	51.46
	中部	28.40	30.13	32.07	32.09	27.72
	西部	16.57	16.82	17.24	17.87	20.82
技术引进经费占全国比重	东部	70.42	74.27	79.28	76.17	76.64
	中部	19.38	15.96	11.58	11.96	12.58
	西部	10.19	9.77	9.13	11.87	10.78
消化吸收经费占全国比重	东部	75.96	70.68	71.56	69.84	63.05
	中部	16.91	18.28	16.78	17.70	23.12
	西部	7.13	11.04	11.66	12.46	13.83
购买国内技术经费占全国比重	东部	58.51	66.61	68.07	69.24	68.55
	中部	19.34	15.67	14.90	18.91	16.80
	西部	22.15	17.72	17.03	11.85	14.65

资料来源：根据《工业企业科技活动统计年鉴》(2006～2010)数据整理，中国统计出版社。

如表 2-8 所示，西部地区企业无论在技术改造、技术引进、消化吸收或是购买国内技术方面投入的经费都远远落后于中东部地区企业，而且落后状况没有得到根本性的改变。

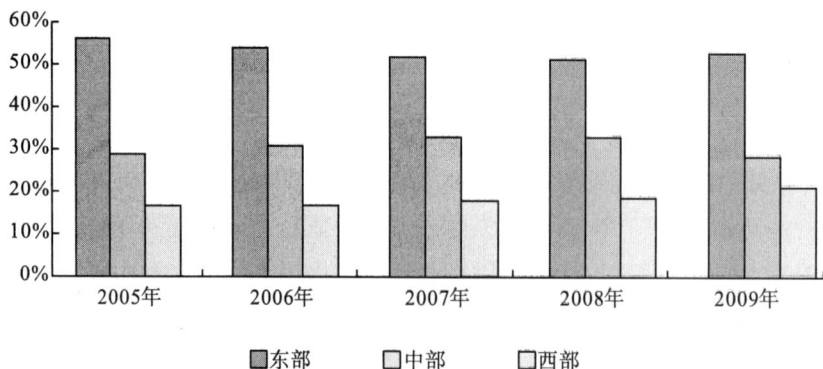

图 2-5　我国分地区企业技术改造经费投入情况

资料来源：根据《工业企业科技活动统计年鉴》(2006～2010)数据整理，中国统计出版社。

如图 2-5 所示，2005～2009 年，我国西部地区企业技术改造经费投入比例明显低于

东部和中部地区，但是就这期间的统计数据而言，西部地区逐年的投入比例呈增长趋势。

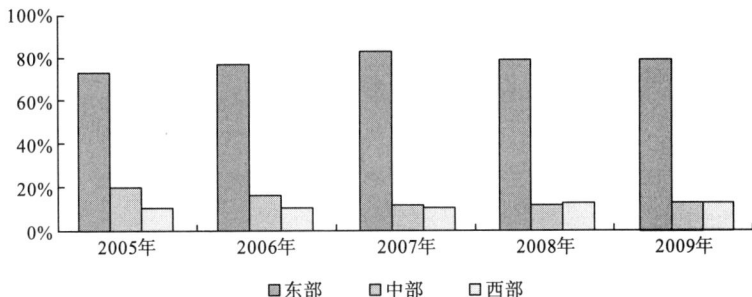

图 2-6 我国分地区企业技术引进经费投入情况

资料来源：根据《工业企业科技活动统计年鉴》(2006~2010)数据整理，中国统计出版社。

如图 2-6 所示，2005~2009 年，我国东部地区企业技术引进经费的投入比例均在 70％以上，但是西部地区的投入比例仅为 10％左右。这一差距的形成是诸多因素综合影响的结果，其中比较直观的原因是西部地区企业整体实力和技术资源有限，企业粗放式的生产经营管理缺乏对先进技术与创新的重视。

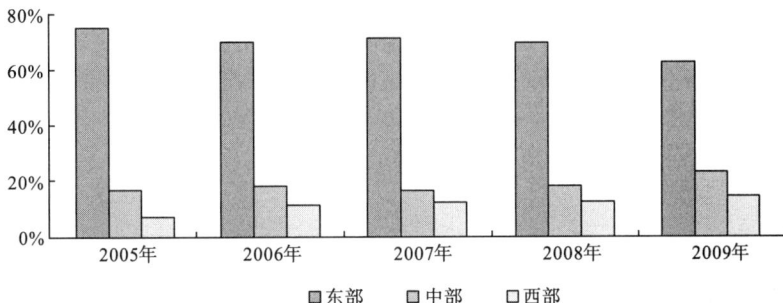

图 2-7 我国分地区企业技术消化吸收经费投入情况

资料来源：根据《工业企业科技活动统计年鉴》(2006~2010)数据整理，中国统计出版社。

技术消化吸收能力直接反应企业的技术实力和水平。如图 2-7 所示，2005~2009 年，东部地区企业技术消化吸收经费的投入比例均在 60％以上，而西部地区的投入比例则不到 15％。但是就这期间的统计数据而言，西部地区逐年的投入比例呈增长趋势。

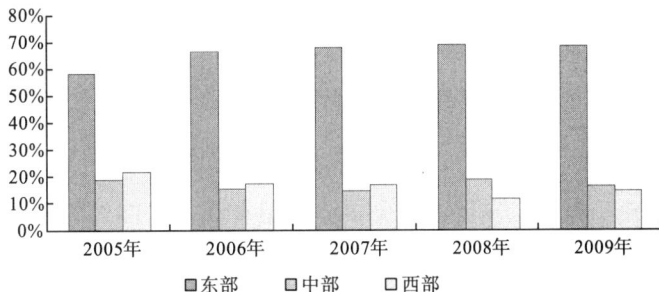

图 2-8 我国分地区企业购买国内技术经费投入情况

资料来源：根据《工业企业科技活动统计年鉴》(2006~2010)数据整理，中国统计出版社。

如图 2-5～图 2-8 所示，西部地区与东部地区在技术投入上差距最大的地方体现在对国外先进技术的引进投入和技术消化吸收投入。受资金条件等限制，西部资源型企业在技术引进方面比较保守。为了节约成本和降低风险，比起引进国际一流的先进技术，企业更倾向于购买国内技术，这是导致西部资源型企业在技术上始终落后的直接原因。

其次，在技术投入经费中，技术改造经费占绝对多数，技术能力结构中的其他能力没有得到相应地重视和提升。表 2-9 是 2005～2009 年西部企业技术投入经费的构成状况，图 2-9 则反应企业技术投入经费的结构分布状况。

表 2-9　西部地区企业技术投入经费构成状况　　　　　　　单位：%

	技术改造经费占全部投入比重	技术引进经费占全部投入比重	消化吸收经费占全部投入比重	其他
2005 年	89.61	5.86	0.96	3.58
2006 年	90.10	5.55	1.60	2.75
2007 年	89.14	5.97	1.76	3.12
2008 年	89.60	6.38	1.62	2.40
2009 年	89.38	4.97	2.65	2.99

资料来源：根据《工业企业科技活动统计年鉴》（2006～2010）数据整理，中国统计出版社。

从表 2-9 和图 2-9 可以清楚地看出，企业在技术投入中的用力是不均衡的，大多数企业都只局限于对现有技术的改造，而这样的技术投入虽然简便易行、成本较低，但无法从根本上改变西部企业在技术能力上的落后局面。

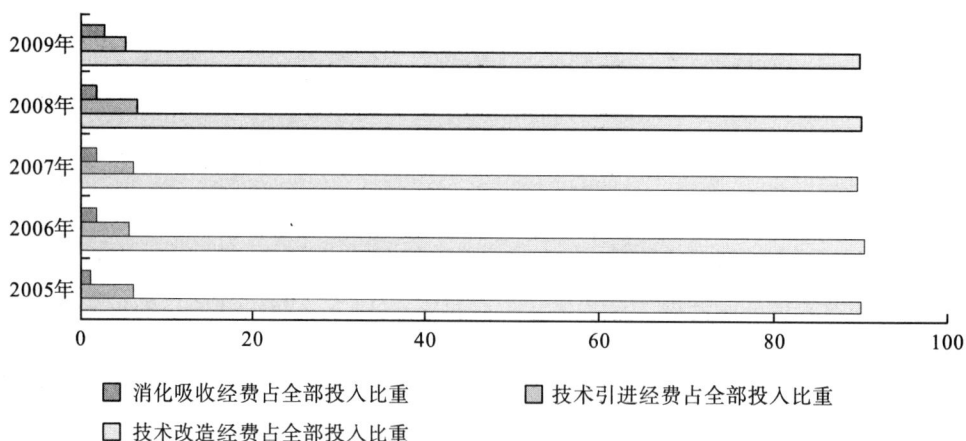

图 2-9　西部地区企业技术投入经费构成状况

资料来源：根据《工业企业科技活动统计年鉴》（2006～2010）数据整理，中国统计出版社。

随着资源型企业的成长与发展，部分企业开始重视技术能力的重要性。从图 2-9 可以看出，企业的技术消化吸收经费在全部技术投入经费中的比重逐年递增，2005～2009年，该项经费所占比重增长了近 2 倍。西部资源型企业的技术投入开始从单纯的"改造＋交易"模式走向"改造＋交易＋学习＋创新"的新模式，技术创新开始成为西部资源型企业提升技术能力的重要手段和最终目标。

2. 资本-劳动资源配置不合理，导致生产设备-生产工艺耗竭

资源型企业多为资本密集型企业，而在我国西部地区，由于历史原因和地理位置等因素影响，资源型中小企业既有资本密集型企业，又有劳动密集型企业，且劳动密集型企业占据多数。在劳动密集的资源型中小企业里，存在典型的资本-劳动资源配置不合理的现象。这种资本-劳动资源配置不合理，必然导致劳动的边际产量偏低，资本的边际产量偏高。从总体上看，由于边际报酬递减规律作用而形成的直接效果是资源型中小企业的生产要素配置不合理，即没有达到最佳的生产要素比例。从生产的结果来看，生产位于边际产量下降、平均产量上升的非最优生产阶段，而不是边际产量和平均产量都下降的最优生产阶段。这种生产要素的配置不合理，一方面会导致生产设备的产能没有得到有效的发挥，另一方面，会造成生产工艺的无谓浪费。因此，从资本-劳动配置的角度来看，西部资源型中小企业没有达到资源的最优化配置。

3. 专用设备和通用设备配置不合理，无法发挥规模经济和范围经济优势

由于资源伴生的特点，资源型企业一般都配置有专用设备和通用设备，以实现自然资源的合理化与综合化利用，实现经济效益的最大化。这是经济发达的区域资源型企业的常规配置。但是，对于我国西部的资源型中小企业来说，远远未达到专用设备和通用设备的优化配置。

资源型企业可以通过专用设备实现单种产品的大规模生产，降低生产成本，带来规模经济的优势；而通用设备的应用则可以实现多种产品的大规模生产，降低每种产品的成本，从而带来范围经济的优势。采用专用设备和通用设备进行生产作业，这不仅是生产加工型企业经济性的要求，也是资源型企业应对资源伴生特性的要求。但是，当前西部地区大多数中小企业采用专用型设备进行产品生产，只有少数企业采用专用和通用结合的生产方式，其中采用专用设备的中小企业中，大多数都没有达到规模经济的要求，而同时采用专用和通用设备的中小企业更偏离了"最小效率规模"，也无法获取范围经济的优势。另外，这种状况亦造成了资源开采的浪费，尤其是对于具有高价值的稀缺资源，更是巨大的损失。从通用设备和专用设备的配置来看，我国西部企业的中小企业没有发挥应有的规模经济和范围经济优势。

2.2.3　技术创新现状与问题

上述研究表明，西部资源型中小企业现有的生产技术水平相对不能满足企业高效率资源利用和高技术规模化生产的需求，因此，通过技术创新提升企业生产技术能力和水平是西部资源型中小企业实现可持续发展的必由路径。西部大开发战略实施以来，西部区域经济实现快速有序的发展，而区域资源型中小企业技术创新也已取得一定的业绩，但是与发达国家和地区的同类型企业以及资源型大型企业技术创新水平比较而言，仍然存在较大的差距。

2.2.3.1　创新方式

一般而言，资源型企业技术创新主要采用一体化创新、占位式创新和发展型创新三种方式。

1.　一体化创新

一体化创新，即企业将技术开发、研究、市场推广及产品的销售放在同等重要的地位，强调技术的改进、生产的管理和市场的紧密配合。一体化创新可以有效规避企业技术创新中因涉及部门众多而不能清晰划分创新职责以及明确责任的障碍，促进企业内部技术创新目标的一致性和内部协同创新的有效性；而创新过程中研发人员、生产技术专家和市场信息的全面反馈也能更进一步地提升产品的品质，促进新技术、新产品、新工艺的产生。

但是，一体化创新需要大量的资金投入，并且要求企业有全面的技术人才和完备的创新协调机制，否则将会导致某些创新环节受阻，进一步导致整个创新系统的失败。这一创新方式的应用要求企业在一种资源产品还没有进行勘探、开发之前先进行市场可行性调研，获得市场认可后再投入大量的资源进行技术开发；着手进行生产、制造和经营等的前期准备工作，一旦产品开发出来马上投入生产、销售；最后通过新产品的各项跟踪研究，形成一套纠正方案进行调整，再重新进行技术创新、生产创新和市场营销策略调整等工作，最终形成一个完整的企业内部技术创新体系。目前我国西部地区大部分资源型中小企业尚不能满足这一创新方式的实施条件。

2.　占位式技术创新

占位式技术创新，即企业根据市场经济中竞争与垄断并存的规律，选取相关技术研发领域中的某一方面，通过局部创新，以超前行动迅速取得对资源产品和市场一定程度的垄断地位，使企业获得持续领先的市场优势；或者通过继续优化企业某方面已经具备一定优势的技术，使其在特定领域拥有绝对优势。当企业自身技术力量能够维持持续发展的需要而又具有资源、资金和管理等方面的优势时，采用技术引进或合资开发等方式，借助外部力量发展关键环节的技术优势。占位式技术创新是企业寻找发展空间、缩短与先进企业技术差距、抢先占位优势领域的主动行为。

但是，占位式创新的实施难度相对较大，所需成本投入相对较高，企业需要拥有优势技术或者有充足的能力引进或合作开发先进技术项目，以此获取企业战略优势。另外，如果所属行业技术发展水平很快，只有进行占位式的技术创新，才能使企业在成本、价格、产品价值等诸多方面处于有利地位。当前，占位式创新在我国西部资源型中小企业中不常应用，但是其他区域有企业应用并取得了成功，提供了一定的经验借鉴。如山东招金集团公司在其矿石采选回收率高、品质稳定、较适合于大规模机械化生产的新城金矿项目中，通过从美国、法国等国家引进具有世界先进水平的井下设备，形成了国内一流的现代化采掘、提升、选冶生产体系，实现了采、掘、运的无轨化，并建设了井下380~580m区段主体工程。通过联合科研院所，研制、提升关键冶炼技术；设计并举办黄金文化活动等，抢占黄金消费类产品的至高点，发展多种类型的金制品，创造品牌效益，成就了招金集团在中国黄金领域的重要地位。

3. 发展型创新

发展型创新，即企业根据自身能力，采用渐进的技术措施以适应市场变化，滚动式地发展企业技术创新优势。发展型技术创新对企业条件和创新机会的约束有较大的宽容性，能使企业创新具有连续性，有效地降低创新失败的风险，并通过阶段性的技术升级，逐步缩小与先进技术之间的差距，优化企业自身的创新资源。

但是，发展型创新的应用要求企业有正确的发展战略指导，并且相对于其他两种方式，不能在短期内获得领先的技术优势和经济效益。在市场经济环境下，即使是实力雄厚的大企业，也不能一味追求高投入、高风险的根本性技术创新。而作为资源型中小企业更要随着企业创新能力的增强和创新经验的积累，利用渐进的技术创新，消化和扩散创新成果，逐步加大创新力度，最终走向创新的良性循环。例如紫金矿业集团股份有限公司是选择该方式的典型。该公司将技术创新与企业发展战略有机结合，依靠企业持续发展战略指导技术创新，通过循序渐进的小规模技术改造，到产品创新、工艺创新、全面技术改造和核心技术的升级，最终达到核心技术多元化、技术创新体系健全化，发展了多种自主创新项目。实践证明，发展型技术创新方式在加快紫金矿业采矿技术优化、降低和控制矿石贫化率指标、提高资源利用水平等方面取得了骄人业绩。

2.2.3.2　发展现状

对于西部资源型企业，特别是中小企业，技术创新能够帮助企业更有效地开发和利用自然资源，缓解自然资源短缺的矛盾；同时有利于企业降低生产成本、提高产品附加值，进而带来竞争优势。本书从技术创新的参与状况和取得成果两个方面分析了西部资源型企业技术创新发展现状。

1. 技术创新参与状况

近年来，很多西部资源型企业都开始注意到技术创新的重要意义，也有越来越多的企业参与到技术创新中。表 2-10 用研发(R&D)技术人员、研发项目数量以及企业办科技机构数量三项统计数据反应了西部资源型企业对于技术创新活动的参与程度。

表 2-10　西部资源型企业技术创新参与状况

	2005 年	2006 年	2007 年	2008 年	2009 年
研究员/人	34190	31813	37947	39489	41959
研发项目数量/项	3091	3011	3584	3133	3465
企业办科技机构数量/个	299	296	309	315	359

资料来源：根据《工业企业科技活动统计年鉴》(2006～2010)数据整理，中国统计出版社。

如表 2-10 所示，2005～2009 年，西部资源型企业中研发人员、研发项目数量以及企业办科技机构数的总量并不突出，但是基本都呈现逐年递增的趋势。

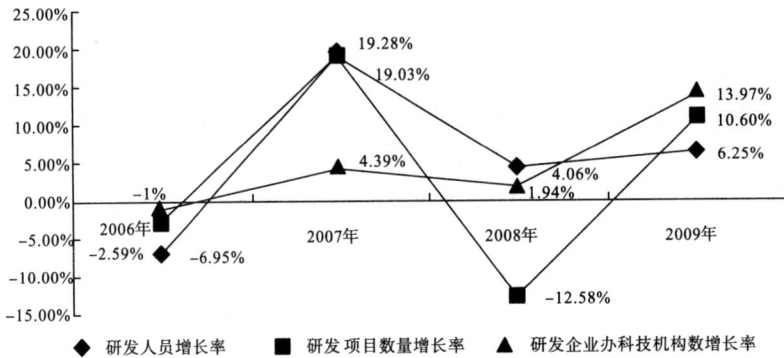

图 2-10　西部资源型企业技术创新增长趋势

资料来源：根据《工业企业科技活动统计年鉴》（2006～2010）数据整理，中国统计出版社。

从图 2-10 可以清晰地看出西部资源型企业技术创新各项指标的增长趋势，2006～2009 年，企业研发人员增长率分别为−6.95％、19.28％、4.06％和 6.25％；企业研发项目数增长率分别为−2.59％、19.03％、−12.58％和 10.60％；企业办科技机构数增长率分别为−1.00％、4.39％、1.94％和 13.97％。除了 2008 年，因为企业受世界性金融危机以及汶川大地震等自然灾害的影响减少了研发项目数的立项外，其余各年增长都比较稳定。

2. 西部资源型企业技术创新成果

在经历了初期投入的阵痛后，西部资源型企业开始获得技术创新带来的成果，新产品销售收入得到提升，企业拥有的发明专利数也逐年递增，一部分企业还实现了从"资源优势"到"产品竞争优势"的转化。

表 2-11　西部资源型企业技术创新成果

	2005 年	2006 年	2007 年	2008 年	2009 年
新产品销售收入/万元	4007892	6014373	8858322	11606974	10806732
拥有发明专利数/件	564	535	771	595	1317

资料来源：根据《工业企业科技活动统计年鉴》（2006～2010）数据整理，中国统计出版社。

2005～2009 年，西部资源型企业各年度的新产品销售收入分别为 4007892 万元、6014373 万元、8858322 万元、11606974 万元和 10806732 万元；企业拥有的发明专利数分别为 564 件、535 件、771 件、595 件和 1317 件。如表 2-11 所示，西部资源型企业近年来从技术创新活动中获得的成果也逐年递增。

如图 2-11 所示，随着西部资源型企业对技术创新投入的加大，企业拥有的发明专利数逐年递增。但企业新产品销售收入的增长率却呈现出逐年下降的趋势，分析其原因，与西部资源型企业产品的特性有关。由于企业长期扮演着原材料提供者和初级产品生产者的角色，产品附加值不高，无法维持持续的高利润。

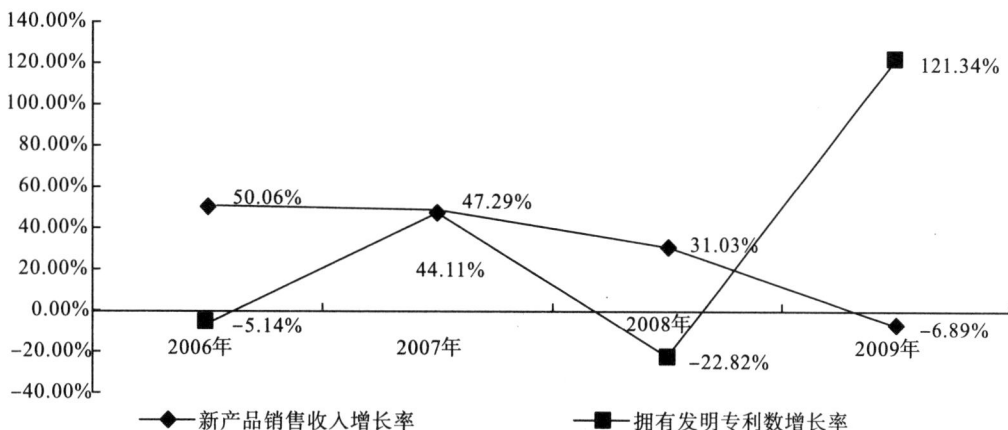

图 2-11　西部资源型企业技术创新增长趋势

资料来源：根据《工业企业科技活动统计年鉴》(2006～2010)数据整理，中国统计出版社。

2.2.3.3　存在的问题

我国西部资源型中小企业在技术创新过程中存在的主要问题体现在技术创新资金投入比例较低、技术创新人才缺失以及企业自主创新机制不完善等三个方面。

1. 低研发经费投入是中小企业技术创新的瓶颈

技术创新对西部资源型中小企业的发展具有重要的作用，其直接作用是提高资源的利用效率和产品的产出比率；间接作用是通过乘数效应提高企业的综合效益。研发经费的投入直接影响技术创新的开展，两者具有正相关关系。西部资源型中小企业产品附加值低，企业利润偏低，依靠自身投入的资金、外部融资以及政府部门设立的技术创新专项资金，通过管理人员、研发人员和营销人员的协作，进行产品创新、工艺创新和平台创新。西部资源型企业产品的附加值低，导致企业资金实力有限，但资金投入正是制约西部资源型企业技术创新的瓶颈因素，难以满足企业进行技术创新的要求。由于自有资金不足，大部分西部资源型企业的技术创新只能依靠政府资金支持和外部融资来补充，如表 2-12 所示。

表 2-12　我国分地区企业科技活动经费筹集情况　　　　　　　　　单位：万元

	地区	2005 年	2006 年	2007 年	2008 年
科技活动经费筹集情况	东部	18672052	22669264	29694539	35431263
	中部	4557302	6292010	8330299	10128960
	西部	3428813	4046645	5100742	6640933
企业资金	东部	16702624	19971038	26636364	1041312
	中部	3948535	5531703	7297640	458727
	西部	2934484	3421702	4327052	427405
政府资金	东部	408911	569842	752027	32347928
	中部	176417	219365	354494	9125605
	西部	233388	264553	335996	5579375

续表

	地区	2005 年	2006 年	2007 年	2008 年
金融机构贷款	东部	1238935	1817628	1809218	1724265
	中部	297076	480850	592782	455789
	西部	158343	238475	274300	463678
其他资金	东部	264758	216441	306364	206267
	中部	104881	43728	77919	115781
	西部	99036	102267	126096	137974

资料来源：根据《工业企业科技活动统计年鉴》（2006～2009）数据整理，中国统计出版社。

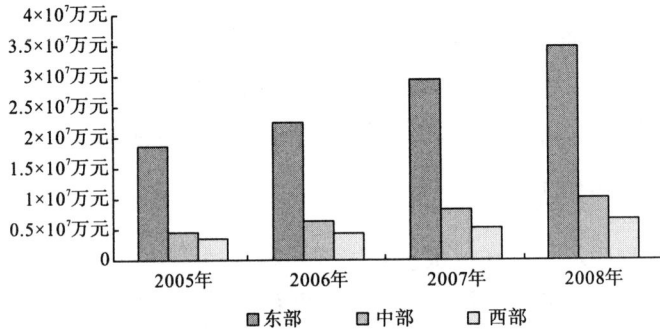

图 2-12　我国分地区企业科技活动经费筹集情况

资料来源：根据《工业企业科技活动统计年鉴》（2006～2009）数据整理，中国统计出版社。

如图 2-12 所示，从 2005～2008 年我国分地区企业科技活动经费筹集的数据分析，西部资源型企业科技活动经费总量相比中东部地区差距非常大，直接反映了资金因素对于西部资源型企业技术创新活动中的制约性影响。

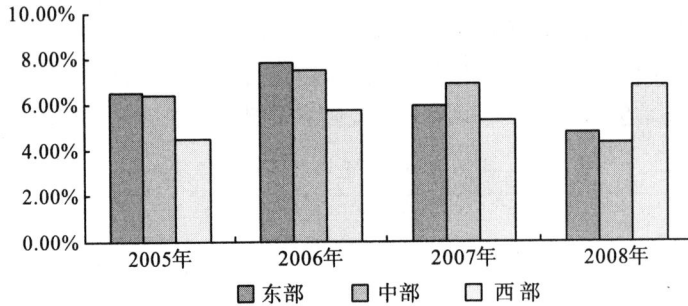

图 2-13　我国分地区金融机构贷款占全部科技活动经费比重

资料来源：根据《工业企业科技活动统计年鉴》（2006～2009）数据整理，中国统计出版社。

如图 2-13 所示，从 2005～2008 年我国分地区金融机构贷款占企业全部科技活动经费比重的相关数据分析，相对于东部地区，西部地区资源型企业技术创新活动的经费来源对金融机构贷款的依赖程度更深。

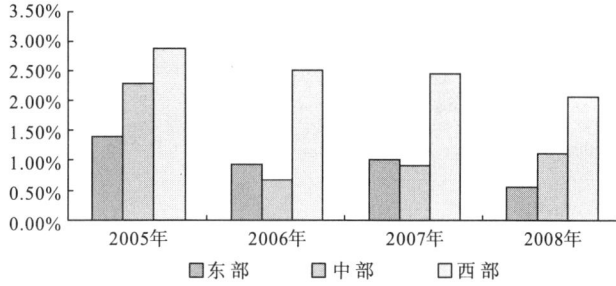

图 2-14　我国分地区其他资金占全部科技活动经费比重

资料来源：根据《工业企业科技活动统计年鉴》(2006~2009)数据整理，中国统计出版社。

图 2-12~图 2-14 反映了我国西部地区企业科技活动经费筹集情况以及构成特点，结合表 2-12 的数据分析，相比中东部地区企业，西部企业的自有资金明显不足，政府资金和其他资金在科技活动经费中所占的比重比中东部地区高，这体现了近年来国家在西部大开发背景下对西部地区企业的支持。然而，外源性的技术创新资金投入并非长久之计，当宏观政策环境发生变化时，企业的技术创新将无以为继。相比大型企业而言，资源型中小企业自身力量不够强大，其技术创新只能依靠外部融资来补充。然而企业规模小，贷款风险高，信用程度低，担保抵押难，受国家政策的限制(技术创新基金的审批有严格的标准，比如创新能力、企业规模等)以及当地政府的支持力度不够等原因，大多数中小企业很难筹集到企业技术创新的必要资金，因此研发经费投入一直比较低，这已经成为制约西部资源型中小企业技术创新的瓶颈因素。

2. 技术创新人才匮乏制约企业技术水平提升

技术创新人才是企业技术进步的核心因素，目前各方面技术创新人才的匮乏严重制约着西部资源型中小企业的技术进步。西部资源型中小企业的选址普遍靠近山区或边远地区，客观而言，较之中东部地区经济条件相对落后，工作环境相对艰苦，工作过程内容相对复杂，导致资源型企业领域的技术创新人才更青睐于经济条件较为发达的东部地区以及国有大型资源型企业。再加上资金因素的限制，西部资源型中小企业的科技人才相当匮乏，且技术人才流失的比例相对较高。这些因素造成西部资源型中小企业科研技术人才普遍匮乏，现有技术人员的能力相对有限。

表 2-13　我国分地区企业科技活动人员情况　　　　　　　　　单位：人

	地区	2005 年	2006 年	2007 年	2008 年
科技活动人员合计	东部	974948	1095905	1317252	1500002
	中部	431814	492079	541240	599857
	西部	272459	304513	343065	367806
科学家和工程师	东部	608413	694893	862855	989851
	中部	262282	298039	329801	371689
	西部	160542	182570	208496	226992
高中级技术职称人员	东部	347164	377853	449276	500188
	中部	174346	198337	213075	225608
	西部	109093	118118	133152	136529

资料来源：根据《工业企业科技活动统计年鉴》(2006~2009)数据整理，中国统计出版社。

　　从表 2-13 中可以发现，相比中东部地区，西部资源型企业现有的技术创新人才在科技人员的总量上相差较大，而高素质科研人员和技术人才的比例更是存在明显的差距，直接制约着西部资源型企业技术创新的发展。

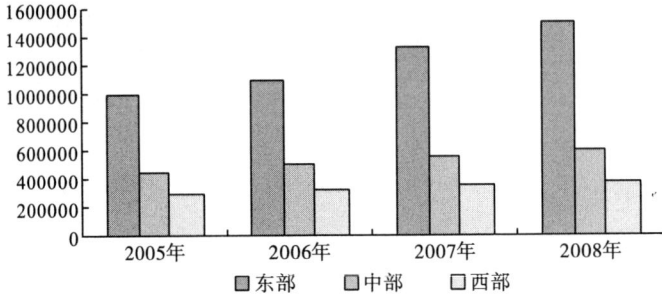

图 2-15　我国分地区企业科技活动人员合计

资料来源：根据《工业企业科技活动统计年鉴》(2006~2009)数据整理，中国统计出版社。

　　如图 2-15 所示，截至 2008 年年底，我国东部地区资源型企业从事科技活动的人数已达 150 万余人，而西部地区企业科技人员数仅为 36 万余人，且东部地区每年递增的比率远大于西部地区。

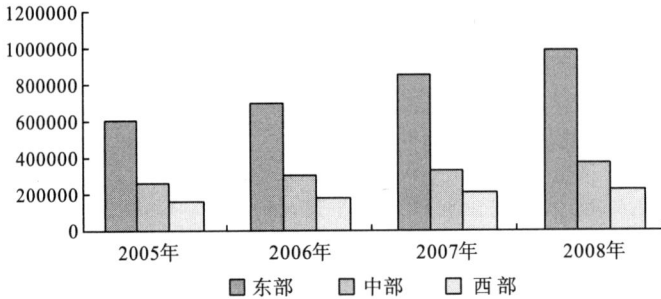

图 2-16　我国分地区企业科技活动中科学家和工程师人数

资料来源：根据《工业企业科技活动统计年鉴》(2006~2009)数据整理，中国统计出版社。

　　如图 2-16 所示，从 2005~2008 年我国分地区企业科技活动中科学家和工程师的参与人数比例分析，相比中东部地区，西部资源型企业高素质科研人员和技术人才的比例存在明显的差距，直接影响西部资源型企业技术创新的成功率。

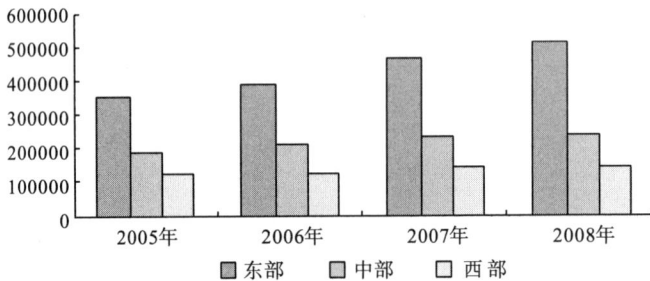

图 2-17　我国分地区企业科技活动中具有高中级技术职称人数

资料来源：根据《工业企业科技活动统计年鉴》(2006~2009)数据整理，中国统计出版社。

　　如图 2-15～图 2-17 所示，西部地区企业的科技活动人员、科学家和工程师、高中级技术职称人员都远远落后中东部地区，甚至不足东部地区的一半，技术创新人才短缺严重。这种技术创新人才匮乏和技术水平低下的局面，严重阻碍了西部资源型中小企业对资源的综合利用效率，制约了其快速发展。

3. 自主创新机制不完善制约企业技术创新能力提升

　　从总体上看，我国西部地区的区域创新能力和企业技术创新能力都远远落后于东部地区（表 2-14），而中小企业受规模、资金、人才等资源限制，其技术创新能力相对更处于弱势。大部分西部资源型中小企业难以自主开发并获取知识产权，许多产品的核心技术和部件都是从国外引进，产业技术落后，自主创新能力不强，企业缺乏竞争力。

表 2-14　2009 年中国西部地区创新能力综合指标排名地区综合排名

省份	综合排名	知识创造能力	知识获取能力	企业技术创新能力	技术创新环境	技术创新绩效
四川	8	13	8	11	7	11
重庆	13	14	10	10	23	23
陕西	14	6	17	16	15	16
云南	22	19	26	24	21	22
贵州	23	18	26	24	26	27
新疆	24	25	23	27	24	14
广西	25	26	28	15	28	30
内蒙古	26	27	25	28	20	24
甘肃	28	23	18	25	31	31
宁夏	29	31	30	19	29	19
青海	30	29	29	29	27	28
西藏	31	30	31	31	18	9

　　资料来源：根据《中国区域创新能力报告（2009～2010）》数据整理，科学出版社。

　　如表 2-14 所示，西部地区技术创新能力、环境、绩效等指标排名均比较落后。而造成这一状况的原因在于西部资源型中小企业更多地关注于如何获得政府控制的稀缺资源而非通过技术创新创造企业价值，企业缺乏自主创新的动力，加之资金和人才的匮乏限制了企业对技术创新的投入比例，而科技创新公共平台的缺失也影响了企业自主创新的积极性。自主创新机制不够完善，已经严重影响了西部资源型中小企业技术能力的提升。

　　由于自主创新机制不完善，大多数的西部资源型企业长期以来都只依靠引进技术而不自己进行研发，导致了严重的技术依赖。引进的技术和装备经过一段时间后又变成落后的技术和装备，甚至由于其技术识别能力的限制引进国外濒临淘汰的技术装备和设置，使西部资源型中小企业就一直处于"引进—吸收—落后—再引进"的模式中。对于西部资源型中小企业的技术创新来说，这种模式只能使他们在技术升级上亦步亦趋，严重制约着技术升级，是企业技术一直落后的主要原因。

4．政府部门对企业技术创新支持力度相对有限

西部资源型企业技术创新的自身实力不足，因此对地方政府的依赖性更强。但西部地区各级政府对企业技术创新的支持力度较中东部地区而言还很有限，表现在企业通过技术创新享受的各级政府对技术开发的减免税收方面不够，具体数据如表 2-15 所示。

表 2-15　我国分地区企业科技活动经费筹集情况　　　　　　　　　单位：万元

地区	2005 年	2006 年	2007 年	2008 年
东部	560807	404734	644243	780650
中部	91122	401332	176190	219262
西部	94556	126003	114774	112442

资料来源：根据《工业企业科技活动统计年鉴》(2006~2009)数据整理，中国统计出版社。

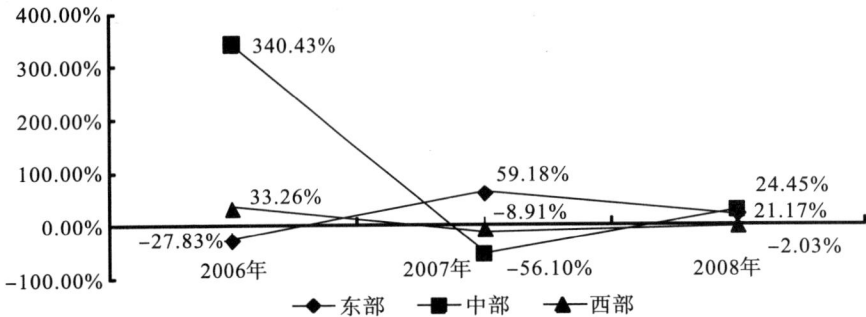

图 2-18　我国分地区企业享受政府对技术开发减免税收的增长趋势

资料来源：根据《工业企业科技活动统计年鉴》(2006~2009)数据整理，中国统计出版社。

通过图 2-18 可以发现，较中部地区企业而言，西部地区企业享受各级政府对技术开发的减免税情况比较稳定，但在增长幅度上，比起中东部地区的企业，获得的政策支持明显不够。

2.3　资源型中小企业技术创新管理现状

技术创新活动贯穿于资源型企业科研、开发、生产、销售等整体运营流程中，因此，西部资源型中小企业的可持续发展不仅需要提升技术创新能力，更需要明晰企业技术创新管理的现状和问题，用以研究和提炼适应性的西部资源型技术创新管理模式。

2.3.1　技术创新管理的现状与问题

综合西部资源型中小企业的发展现状与问题研究、企业生产技术及应用的现状特征以及企业技术创新的现状与问题分析，本书认为，当前西部资源型中小企业的技术创新管理现状与存在的问题主要表现在以下五个方面。

1. 缺乏集约化发展的意识

长期以来，西部资源型企业是以转移资源价值为主要途径来实现企业成长的，其发展的关注点更多地集中于如何获取政府控制的稀缺资源，而非通过技术创新获取企业技术能力的提升，以及通过技术创新管理创造企业价值。由于长期沿袭着粗放型资源开发利用模式，西部资源型中小企业受经营理念和技术能力、设备的限制，资源的产出率、利用率、回收率和再生率都呈现出较低的状态。而面对当前西部资源存量锐减所形成的企业资源优势削弱的困境，以及现代科学技术的发展以及知识经济的影响力提升所带来的经济形态和市场形态的变化，西部资源型中小企业必须改变过去利用自然资源占获取企业利润和市场竞争力的传统发展思路，弱化对自然资源的高度依赖，通过技术创新管理提升资源利用技术和改进生产工艺，加大对资源深加工的力度和提升资源的高技术化水平，形成基于系统性技术创新管理的集约化企业成长理念。

2. 缺乏系统性的思维方式

长期以来，西部资源型企业的发展更多地是以牺牲环境为代价，片面追求经济效益而进行的。但随着自然资源的日益枯竭，特别是在开发利用过程中存在资源浪费、污染破坏等，使资源型企业原有的开发利用模式远不能适应生态社会协调发展的要求，因而必须依托有效的技术创新管理活动，构建起兼顾经济效益与生态效益的创新发展模式。企业技术创新过程作为最复杂的组织现象之一，其各创新要素之间存在着复杂的非线性相互作用，多种创新要素（如技术、市场、文化、战略、组织、制度等）共同构成一个复杂的系统，采用任何单一的创新理论都难以对其进行深入研究，而且往往会导致认识的局限性、实证的不稳定和理论推导的不系统，而只有基于系统观点，并借助协同的视角，才能够真正全面深入地了解创新活动的本质及其运动规律。必须基于复杂系统理论及协同理论的主要思想对资源型中小企业技术创新活动及其行为模式特点进行研究，分析创新各关键要素间如何构建起统一的创新系统，并在系统框架内借助所产生的协同效应，使创新活动走向更高级的有序阶段。

3. 缺乏不同行业特征的差异性认知

资源型中小企业的技术创新管理是基于市场、技术、资源、组织、政策、环境等要素驱动而形成的产物，而不同行业环境中资源型企业技术创新管理的驱动要素的重要性和相关性会呈现不同程度的差异。由于不同行业环境特征下的资源型企业组织特征不一样，包括各自拥有的资源特性、技术机会、市场需求、政策约束等因素也存在差异，自然资源、技术氛围、市场竞争与需求、环境保护、政策等各种因素的作用强弱不同。因此资源型中小企业依据其所处行业特征，对技术创新管理模式具有不同的偏好。行业环境的不同是形成资源型中小企业在成长与可持续发展方面显著差异的重要原因，不同的行业特征对于企业技术创新管理具有差异化影响，但是当前西部资源型中小企业由于技术创新管理能力水平的局限，未能对行业特征影响下技术创新管理的差异性形成认知，盲目借鉴不相关行业技术创新管理应用经验和模式会导致技术创新管理绩效出现偏差。因此研究典型行业特征影响下西部资源型中小企业技术创新管理的问题具有深刻的现实意义。

4. 缺乏企业间合作的应用与优化

受技术禀赋的分布性影响，我国优势技术相对集中于东部沿海地区和高新技术产业，对于西部资源型中小企业而言，存在技术基础薄弱、技术能力不足的先天劣势。要想实现从资源依赖型向技术创新型企业的转变，必须首先展开有效的合作技术创新行为，进而达到逐步提升技术能力、最终增强自主创新能力的目的。影响资源型企业间合作技术创新行为的诱因有多种，包括资源因素、合作利益、技术能力和技术创新政策等。鉴于当前西部资源型中小企业技术基础薄弱、技术人才匮乏，自主技术创新难度大的客观情况，如何建立密切的合作技术创新管理关系，从而使合作双方的资源、技术共享程度达到较高水平，为技术溢出创造更便利的条件，为合作各方带来更大预期收益是西部资源型中小企业实现技术创新管理水平突破的重要问题。

5. 缺乏企业技术创新管理能力的提升和优化

企业技术创新管理能力是资源型企业提升技术创新管理水平的关键影响要素，从本质上来说，每个企业都是有个性特点的系统，资源型企业技术创新差异的综合表现正是来源于其独特要素——能力。当前西部资源型中小企业仍然以稀缺资源的获取能力作为企业竞争力的根本来源。但是，随着当代科学技术的发展，以及知识对经济影响作用的加大所带来的经济形态和市场形态的变化，能力将代替资源成为企业难以模仿与替代的竞争性优势，能力的差异使不同企业在同样环境条件下发展迥异，而能力强的企业将获得市场竞争优势或超额利润。因此，解析企业技术创新管理能力的关键影响因素和能力结构维度，对当前西部资源型中小企业技术创新管理水平的提升具有重要的实践意义。

2.3.2 技术创新管理的发展趋势

随着全球创新形势的变化，仅仅依靠企业内部技术资源和技术能力，已经很难满足企业技术发展的需求。随着信息技术的发展，严格控制在企业内部实验室的技术创新方式已经不再适应于当前知识经济环境下的创新活动，大学实验室和政府平台中的研究和发明成果已经成为企业技术创新和竞争优势的新来源。而企业技术创新管理的参与者也逐渐发生变化，发动员工、客户等群体积极参与企业创新，从而推出更加符合用户需求的产品，成为当前企业创新的新发展方向。例如，依靠用户创新参与和推动企业技术创新正在成为一个日益普遍的现象和趋势，在企业的创新体系中扮演着越来越重要的角色。用户制造者和创新者为企业整合用户资源和用户参与创新提供了机会。

当前，全球开放式创新环境的逐渐形成，一方面给西部企业带来了前所未有的机遇和发展空间，意味着西部资源型中小企业可以在外部技术资源和知识资源相当丰富的创新环境中，寻找适合自身技术特点的新的创新方式，把外部技术资源和内部技术资源整合起来，根据新规则进行技术创新并从中赢利，从而实现跨越式发展；另一方面，也使西部企业面临更严峻的竞争和挑战，西部资源型中小企业规模小、实力弱，资金少、融资难，技术力量薄弱，内部创新资源明显处于劣势，在研发投入和投入强度上无法与东部企业抗衡，易受到市场和技术变化的冲击，单独依赖自身能力实现创新更显困难。因此，根据其自身特点和所处特殊环境，采用开放式创新方式尤为重要。西部资源型中小企业应有效利用丰富的外部技术资源和知识资源，运用内部研发的杠杆作用分享外部价值，致力于通过整合内外创新资源提高技术水平和创新能力，从而提高企业的市场竞争力和应变力，保证企业在激烈的市场竞争中立于不败之地。

根据当前我国西部地区资源型中小企业发展的现状、技术创新的特点以及技术创新管理的现状，可以发现，西部地区的资源型中小企业发展比较迟缓，技术创新能力薄弱，技术创新管理模式脆弱。同时，影响西部地区资源型中小企业技术创新的因素是多元的，包括外部自然环境因素、政府政策和自然资源禀赋因素、企业间的利益共享分配因素和市场结构因素，以及企业内的自然资源获取能力、市场整合能力、技术资源整合能力因素等。这诸多因素制约和推动资源型中小企业技术创新能力的提高，从而也带来技术创新管理模式的复杂性和针对性问题。

这些内外部相互交织并且互相作用的因素对技术创新有着深刻的影响。本书认为需要基于复杂性理论和协同理论去解构上述诸多因素对资源型中小企业技术创新的影响机制，从而建立起系统的、高效的适应性技术创新管理模式，促进资源型中小企业的发展。

第三章 西部资源型中小企业技术创新管理系统构建

长期以来，西部资源型企业的发展更多地是以牺牲自然环境为代价，片面追求经济效益而进行的。但随着自然资源的日益枯竭，特别是在开发利用过程中存在资源浪费、污染破坏等，资源型企业原有的开发利用模式远不能适应生态社会协调发展的要求，因而必须依托有效的技术创新管理活动构建兼顾经济效益与生态效益的创新发展模式。企业技术创新过程作为最复杂的组织现象之一，各创新要素之间存在着复杂的非线性相互作用，多种创新要素（如技术、市场、文化、战略、组织、制度等）共同构成一个复杂的系统，采用任何单一的创新理论都难以对其进行深入研究，而且往往会导致认识的局限性、实证的不稳定和理论推导的不系统，而只有基于系统观点，并借助协同的视角，才能够真正全面深入地了解创新活动的本质及其运动规律。20 世纪初，熊彼特在阐述其创新概念内涵时已经指出，创新就是建立一种新的生产函数，是把一种从未有过的关于生产要素和市场条件的"新组合"引入生产体系，这里所说的"新组合"实际上就已经蕴含了各创新要素协同的思想。安索夫在研究企业多元化问题时提出了协同概念，他认为协同可以创造出超越部分价值之和的整体价值。哈肯创立的协同学则是专门研究宏观系统中大量不同性质的子系统间相互作用及其空间、时间或功能有序性的科学，因此可准确反映系统各要素之间、要素与系统之间、系统与环境之间协调、合作、同步、互补的关系，有效揭示系统如何在进化动力的推动下达到新的有序结构。

本章将在对中国西部地区资源型中小企业技术创新及其管理活动的复杂性进行充分阐述的基础上，基于复杂系统理论及协同理论的主要思想对资源型中小企业技术创新活动及其行为模式特点进行研究，分析创新各关键要素间如何构建起统一的创新系统，并在系统框架内借助所产生的协同效应，使创新活动走向更高级的有序阶段，为建立起科学有效的技术创新管理模式提供理论指导。

3.1 技术创新管理的复杂性与协同理论的应用

我国西部地区自然资源异常丰富，资源型企业发展具有得天独厚的条件。但由于西部地区属于欠发达地区，经济、技术发展相对滞后，再加上中小企业自身条件限制，使其面对较为严峻的发展形势。随着经济发展对资源需求的不断加大，资源开采利用规模持续增长，对资源开采的力度也不断增强，虽然可开采的资源不断被发现，但生态破坏、资源枯竭、技术落后及可持续发展等问题逐渐暴露出来，成为制约中小型资源企业进一步发展的瓶颈，只有切实有效地开展技术创新管理活动，才能够充分解决资源及技术对企业发展的桎梏，才能为企业的可持续成长提供有力的驱动和保障。正是由于西部资源型中小企业在创新资源上的特性，使其技术创新特征、创新类型及成功实施技术创新的要求有别于一般类型企业，在技术创新管理方面具有明显的复杂性特点。本节将着力挖掘西部资源型中小企业技术创新及其管理的复杂性来源及特点，准确全面地反映其创新本质和规律，为开展有效的技术创新管理提供有力指导，并通过应用协同理论为创新管理研究开辟一条新的路径。

3.1.1 复杂性及复杂系统

复杂性是客观世界的本质特点，也是开放复杂系统的基本特征。对复杂性现象的研究是在科学发展到一定水平之后，人类对社会进一步认识的需求。在学科领域方面，复杂性的研究从生物学开始，到物理学、化学，并向经济学、社会学、管理学等更广泛的领域延伸，其研究内容深度和广度得到不断地拓展。

1. 复杂性研究的起源和发展

复杂性科学的确立是整个科学系统发展到一定阶段的必然产物，它的发展主要分三个阶段。

第一阶段是 20 世纪 20~60 年代，由贝塔朗菲所提出的一般系统论被认为是把系统作为研究对象的里程碑，圣达菲研究所首任所长考恩则把它作为复杂性科学研究的起点。贝塔朗菲指出，鉴于现代技术和社会情况变得日益复杂，传统的研究方式和手段难以满足需要，必须在知识领域中运用"整体"和"系统"的概念来处理复杂性问题。因此，兰德公司积极倡导针对大型社会、经济系统问题，采用系统分析和系统工程的方法来研究解决复杂问题，其成功的范例即是 1969 年的阿波罗飞船成功登月。

第二阶段是 20 世纪 70~80 年代，该阶段是复杂性研究的高潮阶段，诞生了自组织理论，其中普利高津提出的耗散结构理论、哈肯提出的协同学理论、艾根提出的超循环理论，都对复杂性研究起到了巨大的推动作用。自组织理论揭示了复杂性的本质和来源，指出从物理到生物、从自然到社会、从实体到心灵的各个领域都存在复杂性，区别只在于类型、程度和层次的不同。

第三阶段是 20 世纪 80 年代至今，在此阶段明确提出了复杂性科学的概念，并开始了有组织、系统化地研究由主动性个体所组成的系统的复杂性，其标志是由 3 位诺贝尔奖获得者盖尔曼、阿罗和安德森为首的一批科学家成立的圣达菲研究所。他们提出了复杂适应系统理论，他们的研究贯穿了从量子力学到宇宙科学的整个科学体系，为探索简单与复杂、确定与随机、基本粒子与人类运转之间的内在规律和联系提供了一条有效的路径。

2. 复杂性的概念

由于复杂性存在的广泛性，研究复杂性的多学科性、多源性、多角度性以及人们对其认识的模糊性，所以不同的学者从不同的角度对复杂性的定义进行了阐述，如表 3-1

所示。虽然为复杂性下一个综合性的定义较为困难，但针对具体的研究内容则可以做出较明确的界定。

表 3-1 复杂性的概念及内涵

角度	定义
信息刻画	原始复杂性：用双方事先共享的语言、知识及理解，将一个已知粗粒化程度的系统描述给远处某人时，所用最短信息的长度（劳埃德）
	有效复杂性：描述复杂适应系统规律性的图示的长度（盖尔曼）
复杂性起源	分层复杂性：即复杂性来源于层次结构（西蒙）
	复杂性存在于一切层次，远离平衡态、非线性关系、不可逆性是其根源（普里高津）
宏观特性	是世界以及与其共栖的系统的关键特征（西蒙）
	是开放的复杂巨系统的动力学特征（钱学森）
研究的方法	凡是不能或不宜用还原论方法处理的问题，而要用或宜用新的科学方法处理的问题，都是复杂性问题（钱学森）
整合化描述	是事物能体现其演化创新、内在随机、自生自灭、广域关联、丰富行为、柔性策略、多层纹理及隐蔽整体综合的属性和关系（周守仁）

资源来源：任锦鸾. 2003. 基于复杂性理论的创新系统理论及应用研究 [D]. 天津大学。

从上述分析发现，复杂性与系统性联系紧密，可以说，复杂性来源于系统性。

3. 复杂性与创新问题研究

复杂性理论认为，系统是在不同层次上的复杂组成，包括系统内部、各系统之间、系统与环境之间存在着相互作用，并由此产生系统在整体结构、功能和行为方面的演化。而复杂系统最本质的特征是其组分具有某种程度的智能，即具有了解其所处的环境、预测其变化、按预定目标采取行动的能力（成思危，1999）。在钱学森给出的系统完备分类中，生态系统、经济系统、社会系统等都被归为特殊复杂的系统，即其子系统很多且有层次结构，子系统间关联关系很复杂，同时还具有开放特性，即不仅与环境进行一般的物质、能量、信息交换，更具有主动适应和进化的含义。

通过对复杂性和复杂系统的研究，作为本书研究对象的企业技术创新管理活动，从直观上理解，其具有复杂系统的特征。进一步对创新问题研究的发展趋势（表 3-2）分析后发现，创新问题研究完全适用复杂性理论，复杂性理论新的研究成果，无论是在基础理论还是在方法论方面，对于创新问题研究均具有重要的指导意义。

表 3-2 创新问题研究的发展趋势

创新问题	历史状况	发展趋势
研究角度	局部研究	系统化研究
理论基础	还原论、进化论	不确定性理论、复杂性理论
研究方法	动力学方程	计算机模拟
解释机理	进化经济学、技术社会学	三链螺旋机理、自组织理论
创新模型	链式模型	网络模型

资源来源：顾锦鸾. 2003. 基于复杂性理论的创新系统理论及应用研究 [D]. 天津大学。

加强对技术创新管理复杂性的认识，将对寻找创新管理研究的有效途径、研究方法，以及充分认识技术创新管理活动发生、发展、变化的规律，揭示其活动机理，并有效地加以掌握、调节和控制起到关键作用。

3.1.2　技术创新管理的复杂性

敏斯(Mensh)、索姆(Solmou)、西弗尔伯格(Silverberg)和莱特尔特(Lehnert)等先后采用实证方法，分析了创新实现的分布函数，结果表明，创新的实现是一个近似于泊松分布且有指数增长趋势的随机过程，因而极具偶然性，其努力程度与创新结果之间的联系具有极强的复杂性和不确定性。加林·库普曼斯则依据技术创新的不确定性将其划分为原发性和继发性两类，前者是由于技术创新自然的无序行为以及难以预测的消费偏好引起的，后者是由于技术创新过程中信息不对称及沟通不畅引起的。这两种不确定性对技术创新过程具有巨大影响，增加了技术创新的成本和难度，对技术模式的选择也产生重要影响，它成为技术创新复杂性的主要来源；对西部资源型中小企业来说，鉴于地域及资源禀赋特征，受自然资源等环境因素的影响较为显著，因此使得其技术创新活动在创新的技术、层次、过程、环境等多个方面表现出复杂性特点。总之，创新及其管理的复杂性无疑加大了对其研究的难度，本章将对资源型企业技术创新管理的复杂性展开详细分析，为采用系统方法解决创新管理问题提供思路。

3.1.2.1　技术创新的复杂性

1. 创新层次的复杂性

资源型企业技术创新活动在国家创新系统层面、企业技术创新系统层面，以及中观层面的企业间技术创新系统同时展开，技术创新活动在各个层次都存在，并形成一个有机整体，不同层次之间特点不同，结构功能相异。国家创新系统层面的技术创新是依托国家和区域创新网络系统，通过对创新政策和创新机制的有效利用，为企业的技术创新活动创造一个有利的环境和外部创新源；在中观层面的技术创新，则正如经济合作发展组织 1997 年报告所指出，是作为创新系统核心的企业通过获取外部知识来实现的，这种外部知识的来源主要是别的企业、科研机构、高校、中介部门；作为微观层面的企业技术创新是企业通过有效组织生产和技术研发、市场化等创新活动实现的，其创新管理分为四个层次展开，即决策层、研发层、实施层、实现层。由此可见，技术创新是一个多层次的复杂系统，是将创新要素整合为创新子系统，再由众多子系统整合成更高一级子系统，直至形成一个完整的系统整体，而各层次间存在相互交叉、相互协同，并且由低层次不断向高层次演化。

2. 创新技术的复杂性

技术复杂性是由英国学者 Robert W. Rycroft 和 Don E. Kash 于 1999 年提出的，它为技术创新复杂性研究提供了有效的思路。Khurana 认为，技术复杂性来源于技术系统本身固有的复杂性，以及产品和过程技术的复杂性。资源型企业面临着自然资源的不可再生以及对环保要求的持续加强，因而必须不断提高资源的利用效率，切实注重资源的绿色使用，对创新技术和投入程度的要求会越来越高，创新资产的专用性也逐步提高。一方面，随着新兴技术出现的频率和速度不断加快，企业所采取创新技术的方向和路径的不确定性和复杂性增加，而技术投资产生的"锁入效应"要求技术选择必须十分谨慎；另一方面，任何技术本身都有极限，这就造成企业提升技术能力以实现自身技术突破及从外部搜寻和获取相应技术的难度和压力越来越大，从而进一步加大了技术创新的风险和复杂性。此外，提升资源利用的创新技术本身也具有复杂性，它包含多个领域的技术，例如一项利用煤炭资源进行化工产品生产的技术就涵盖了采掘、洗选、冶炼、除尘环保、炼焦油、合成气体分解技术等多个科技领域。

3. 创新过程的复杂性

肯尼思·阿罗于 1962 年指出，技术、市场和环境等因素使技术创新过程具有不确定性、不可分割性和创新利润的非独占性三个特征，而就其对创新过程的影响而言，核心特征是不确定性。它存在于技术创新过程的每一个环节，影响着创新过程中的每一项决策，创新程度越高则不确定性越大，从而导致了创新过程的复杂性。技术创新作为技术形态的一种转换过程，是企业、科研机构、政府、市场等相互作用的产物，它包括决策、实施、实现等阶段。每个阶段又包含不同的要素（包括新思想形成、规划设计、试验试制、资源配置、组织生产、市场开拓、商业实现等要素），各个阶段及要素并不是继起的、线性的，而是并行的、交叉的。从创新过程中系统内部各要素的非线性相互作用到技术成果的选择、实用化及市场化，无不体现了其复杂性。比如，资源型企业创新思想的形成即表现出明显的复杂性，它可能来自于研发人员、销售人员和高管的创造性思维，也可能来自于领先客户、供应商、经销商提供的信息；既不能单纯考虑需求不考虑技术的先进可行，又不能只考虑技术先进而忽略了社会需要。

4. 创新环境的复杂性

资源型企业技术创新不能脱离社会环境而孤立进行，必须与环境进行物质、能量和信息的交换，同时其所处的环境会随着时间和空间的推移而变化，这种动态性和不确定性增加了创新环境的复杂性。企业面对的环境约束包括宏观经济发展状况、政府政策、行业技术水平、市场变化、自然资源等。市场环境的不确定性会导致资源型企业与市场及顾客关系的不确定，对市场未来发展趋势、消费偏好、结构、价格等无法做出准确判断，难以开展和推动创新向其他领域扩散。制度环境的不确定性来自于政府行为和公众偏好，它对技术创新发展的速度、方向、最终结果产生重要的影响。自然资源对技术创新的影响不仅限于市场需求方面，它与创新体系、技术积累和能力优势的形成具有紧密关联，对资源的依赖同时也会使企业步入资源陷阱，降低了企业开展技术创新的动力和积极性，所以自然资源对资源型企业技术创新的影响是多方面的。创新环境的复杂性还包括监管体系不完善、产权保护不够，导致技术创新抗风险程度较低、技术中介服务体系不完善等，存在的制度缺陷将会导致创新源不足，创新效率低下。上述环境因素均是企业自身难以掌控的，迫使企业必须不断地跟随环境的变化进行自身的调整，以做出适应发展的选择，这种动态多变性无疑增加了技术创新的难度和复杂性。

总之，资源型企业的技术创新是一个需要运用多种资源的复杂协同过程，要使创新资源在恰当的时候最佳地投入运用，必须对创新活动进行周密的规划与控制，也就是开展有效的技术创新管理。资源型企业技术创新活动本身的复杂性必然导致资源型企业技术创新管理同样具有复杂性特点。技术创新不只是一个基于技术的概念，而且是技术与经济相结合的概念，从技术创新管理理论的演进中，可以看到创新管理所涉及的空间、时间范围在不断地扩展，从关注技术活动的某些阶段（比如研发阶段）向关注技术活动的全过程发展，从关注单项局部活动（技术开发活动）向关注多项全局性活动（技术开发、组织变动、生产营销、人力资源开发等）变化，从环境的静态管理向强调环境适应的动态管理推进。

3.1.2.2　创新管理的复杂性

创新管理的关键是精心设计和控制创新活动，企业技术创新管理一般包括技术创新决策管理（包括战略管理、技术定位及技术发展路径管理、管理评估），过程管理（包括技术获取、资源整合、激励管理、风险管理），要素管理（包括创新源、能力管理），组织管理等方面。作为资源型中小企业其技术创新管理的复杂性主要集中于以下几个方面。

1. 创新决策管理的复杂性

资源型企业技术本身具有复杂、集成特性，创新管理资源、环境、结果的多变、约束及不可控性，在具体做出创新技术决策时，由于创新技术的复杂性、技术选择的复杂性等，导致创新决策本身具有较高的复杂性。而技术创新决策管理除面临一系列程序性决策如设计规范、操作规范执行等以外，更多的是非程序性决策，涉及企业经营战略、市场营销、人力资源、生产运作等广泛领域，并且需要对企业主导产品的长期竞争力产生决定性影响，其面临的环境包括技术的新进展、新的商业竞争环境等，要求创新决策需保持足够的灵活性和权变性，故要求管理者具有较高的决策能力；同时决策本身还具有主观性特点，技术本身是无意识的，但管理却是有思想的，会根据环境变化和自身意愿发生变化，这也为决策管理加上了社会性特征，这些都加大了创新决策管理的复杂性。

2. 创新过程管理的复杂性

资源型企业多属于加工制造型企业，产品创新与过程及工艺创新密不可分，技术创新管理贯穿于产品或服务创造的全过程，且各环节和层次的功能均不相同。因此创新管理具有全过程性，它涵盖创新设想形成、创新规划、设计、资源配置、组织结构设置、市场开拓等方面，是技术创新系统内部各要素间非线性作用及技术成果筛选、实用化及商业化的产物；同时，创新的实现过程也是一个随机过程，在创新努力程度与创新结果之间并不具备确定性关系，存在一定的风险。正是这种机会意外性的存在，使技术创新管理进程中具有分岔、突变等自组织特征，以及由于存在遵循不同"技术范式-技术轨道"展开的渐进性创新和根本性创新，因而每种创新的管理也都具有不同的特点和侧重。

3. 创新要素管理的复杂性

中小企业技术创新过程是一个由多种要素构成的复杂系统，具有创新主体及要素的多样性、创新管理的多层次性。技术创新影响要素包括多个层面，活动范围覆盖企业内部、与其他企业之间，以及科研机构、社会中介服务机构、政府等多个层次，决定了创新要素存在不同组合，创新管理也必须有针对性地展开。

4. 创新组织管理的复杂性

技术创新活动不同于企业常规活动，它具有较大的不确定性，往往不能按事先规定的路线和方式进行，因而对创新组织灵活性和应变能力的要求极高。随着技术创新复杂性的提高，必然有更多的机构、更多的主体参与其中，这一技术融合的过程，必将促成组织形式上的变革，而创新行为的多主体性也会导致更广泛的部门参与合作，产生企业之间既合作又竞争的协同关系，无疑加剧了技术与管理上的复杂性和不确定性，这种跨区域、跨行业、跨企业、跨部门协作与合作的管理必然是一个复杂问题。同时，组织管理的目的是减少创新过程中的不确定性，所以创新组织管理既不同于市场协调机制下的正式契约，也不同于以指令性协调为原则的科层式组织，因而在组织与动态性、结构与有效性等方面具有传统组织管理所不具有的复杂性。

5. 创新机制管理的复杂性

创新管理不是只做好几件事，而且关系到企业整体的经营状况和绩效，必须建立起一整套的行为模式和创新管理机制。其运作机制包括利益驱动机制、竞争协调机制、演化学习机制、激励约束机制、风险控制机制等。除了机制种类的多样性以外，创新管理机制的复杂性在于其动态性、非线性和综合性。创新意味着破旧立新，因此在创新过程中必然会伴随着大量的差异、矛盾和不平衡，如何面对和处理不确定性条件下的管理问题，都需要企业具有良好的动态管理机制，以不断改善和促进组织学习，诱发和引导企业成员的创新意识，为创新行为的产生准备充足的资源、能量和活力。同时技术创新是一种创造性活动，创新管理不应该片面追求稳定性而扼杀企业的创新能力，应设法保持行为方式的多样性和差异性以激发创新思维，必须依靠科技人员、管理者和广大员工共同努力和才智发挥，激发他们的创新热情和能动性则成为创新效率和持续创新的关键，因此如何建立并促进这些机制的良性运转将是一项复杂的工作。

6. 创新知识管理的复杂性

Wendler 和 Day 从知识经济的角度阐释了创新，认为知识生产的成本只存在于生产阶段，而当知识得到共享时，最初的开发成本就会因知识的网络效应而得以充分分摊（图 3-1）。根据 Arthur 提出的观点，知识经济不同于物质经济，依据经济学的正反馈思想，当知识被共享之后，其价值是不断上升而不是下降，其吸引力随着使用者的增加而增大，这种正反馈过程是复杂的、非决定性的系统化进程。知识流在企业管理内部的学习和适应，及内部与外部交互作用循环流动的过程，体现在组织内部、组织与组织之间、组织与环境之间，形成了多重的交互反馈，使知识管理更具复杂性。一方面，知识系统本身就是一类复杂的自适应系统，包含知识转移、知识共享、知识分配、知识扩散等活动；另一方面，知识网络的发展引起了企业间合作方式的深刻变革，这种组织间的流程整合以及协作，使创新知识网络更具有动态性、虚拟性及开放性。企业在复杂的知识资源环境下，只有实现内、外部知识资源的优化整合、共享和协同，才能有效地提高知识创新能力，而知识创新能力是技术创新实现的关键。

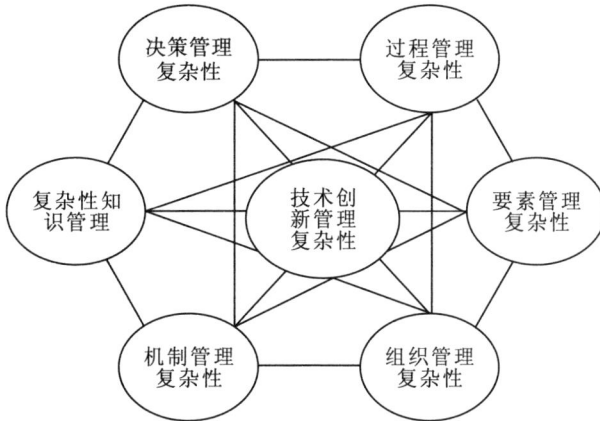

图 3-1　技术创新管理复杂性的来源

由于存在技术创新管理的复杂性问题，如何应对复杂性，使技术创新管理水平得到有效提高，成为技术创新能否成功的关键，也成为资源型中小企业生存发展的关键。

3.1.3　协同理论及其在技术创新管理中的应用

通过上节的分析可知，资源型中小企业技术创新管理过程是一个复杂的自组织系统。各创新要素间的相互作用是复杂的、非线性的，同时也是各要素间竞争和协同的共同进化过程。所以对其研究绝不能简单地用传统线性的、质点化的方法，而应该运用复杂性思维、依照复杂性问题来分析研究，这样才能更全面、深入地理解创新管理的特点，使技术创新的研究方法更加科学有效。作为复杂性理论中的前沿理论，协同理论对于解决复杂管理问题具有特殊的意义，因此引入协同理论研究资源型中小企业技术创新就成为必然选择，协同相关理论的应用为技术创新研究提供了新的视角和方法论指导。

从系统科学讲，"协同学"（Synergetics）一词则源于希腊文，意为"协调合作之学问"，即是关于系统中各个子系统间相互竞争、相互合作的科学。协同学创始人德国斯图加特大学物理学教授哈肯认为，协同学是一门研究在普遍规律支配下有序的、自组织的集体行为的科学。其基本思想和方法是：①大量性质完全不同的子系统通过协同作用或合作行为组成的系统具有自组织的功能，自组织是其思想的"硬核"；②各子系统都对其他子系统产生作用，同时还受随机力的作用；③系统中存在支配现象，可以用绝热近似的方法简化问题。

协同学研究的是开放系统从原始的无序状态发展为有序状态，或从一种有序状态转变为另一种有序状态。所谓开放系统，即这个系统能得到持续的能量供应，也可不断得到新的物质供应，经过转化，最终以变化过的形式输出。一个开放系统在相变（解释）之前，处于无序的均匀态，各子系统没有形成合作关系，各行其是，杂乱无章。但通过某种平衡或不平衡相变，各组成部分不断地相互探索新的位置、新的运动或新的反应过程，系统的很多部分都参与这种过程，他们迅速地建立起合作关系，以有组织地方式协同运作。在不断输入的能量或者新加入物质的影响下，一种或几种共同的、集体的运动或反应过程压倒了其他过程，这些过程不断加强自身、不断增长，最终支配了所有其他运动形式。这种新的运动过程也称为方式，给予系统一种很容易认识的宏观结构，这样系统达到具有较高级且有序性的新状态。如同杠杆原理，只要杠杆臂足够长，就能用很小的力举起很重的载荷，环境条件的变化起着在杠杆臂上所用的力的作用，而宏观有序状态的升级则对应着被提升起来的载荷。

此外，协同作为一种系统行为，不仅仅强调一般意义上的协作，而更追求竞争基础上的协作。协作是保持系统集体性状态和趋势的因素，竞争则是保持个体性状态和趋势的因素。如果系统内只有竞争，系统会失去稳定，最后将解体；如果只有协作，则系统只会稳定，最后进入"死寂"状态而不会有发展演化。

在管理学界，伊戈尔·安索夫在 1965 年出版的《公司战略》一书中最早提出协同概念。他将协同作为公司战略的四要素之一，其主要观点是协同有利于对企业各种资源的充分利用和整合，能够降低成本，实现规模效应，并指出企业整体的价值有可能大于各部分价值的总和。他把协同看作是价值创造中价值增量的来源，但其协同概念主要是指组织内部各事业部间的协同。之后随着战略管理理论的发展，许多学者对其进行了研究。1987 年，在其著作《启动隐形资产》中，日本一桥大学（Hitotsubashi University）的教授伊丹广之认为，协同是发挥资源最大效能的方法，但只有隐形资产才能产生真正的协同效应，他将协同理解为"搭便车"，即协同效应产生于当公司某一部分所累积的资源同时被无成本地应用于公司其他部分的时候。哈佛大学教授、公司创新与变革专家罗莎贝丝·莫斯·坎特通过对资源共享的研究也指出，多元化公司存在的唯一理由就是获取协同效应。20 世纪 90 年代，哈默尔和普拉哈拉德在其《核心竞争力》一文中指出，培育可以共享的技术或其他方面的竞争力，并将其应用到企业的不同产品中去，也即是对企业重要知识和技能的协同，是成功企业的主要战略目标。在《建立核心技能》一文中，安德鲁·坎贝尔通过对多元化企业竞争力的研究指出，公司总部在企业传播关键知识时的角色至关重要，对企业协同战略的成功实施具有重要意义。

不管是从物理学中诞生的协同理论，还是从战略管理角度认识协同，虽然学科基础不同，但都对事物或要素间的协同关系或概念进行了广泛深入地阐述，而且具有共通的内容，即协同是通过联接、合作、协调、同步等联合作用方式，以平衡有序的结构为特征，以获取最大的目标资源为目的，以比竞争耗散更小、效益更大为前提，以相互促进、共同发展为结果的一种作用方式，是事物或系统在联系和发展过程中其内部各要素之间有机结合、协作、配合的一致性或和谐性。协同应该至少包括两方面内涵：从过程角度来讲，协同是与竞争相对立的一种行为方式，主要是指建立在合作基础上的、以追求系统整体最优为目标而发生的系统各要素之间步调一致的协调行动；从效果的角度来讲，协同代表更小的内部摩擦，更好的整合效果和更高的盈利能力。协同发生的基础是价值创造上的相互关联和相互影响，只有在战略上进行某种契合，才能够保证协同效应的产生，只有协同的效果构成一种正反馈机制，才会使协同效应长久地维持下去。协同的主要特征如表 3-3 所示。

表 3-3　协同的特征

	协同机制	其他机制（如整合、协作等）
分析层次	要素和整体	要素
作用基点	系统结构重构	现有结构基础上的信息联系
效应	强调要素和整体价值增加和创造，及系统整体属性的变化，即"2+2>5"	强调要素价值增加和整体效率提高，即"1+1>2"
管理重点	最小控制和自我管理	最大控制
进化	强调有序的非平衡态，内部要素联系促进系统不断进化，对环境有效适应	短期性，不涉及进化，或者是固化流程，难以改变
内在机理	系统竞争与协同共存，在序参量指引下通过协同取得效率，通过竞争取得发展和创新	系统和谐匹配，具路径依赖性

资料来源：根据王方瑞的《基于全面创新管理的企业技术创新和市场创新的协同创新管理研究》整理所得。

协同是企业创新管理发展的必然要求，是企业技术创新系统自我完善的根本途径。企业技术创新系统要想从无序的不稳定状态向有序的稳定状态发展，实现自我完善和发展，协同是达到这一目的的根本途径。

根据系统理论，一个系统若要实现有序状态必须具备以下条件：一是复杂开放系统，可与外界环境进行物质、能量、信息的交换；二是系统的外部作用或控制参量通过内部机制发生作用；三是内部要素间存在的非线性作用；四是临界涨落催化系统自组织有序结构的形成进化。企业的技术创新管理活动也是如此，它要求企业的技术创新管理系统必须时刻保持开放性，促进信息、资源、人才等方面的交流，使各创新要素根据内外部环境条件的变化进行动态调整，达到远离平衡态形成耗散结构；同时应注意创造条件促使一些微小的涨落因素形成正反馈机制，以引导系统实现有序状态（比如增强创新要素的协同度，有效提高创新绩效）。

Tidd 等指出，许多创新没有实现最佳效益的一个重要原因，正是由于没有采用系统的方法，忽略了系统中各要素间的相互关系。协同理念不是把对象分解还原为部分之和，而是基于整体论用统一的观点处理系统内各部分之间的相互作用，认为系统行为不是其子系统行为的简单叠加，而是根据复杂系统本身所固有的自组织能力，形成整体系统的有序结构的，亦即协同导致有序。协同理论告诉我们，系统能否发挥协同效应是由系统内部各子系统或组分的协同作用决定的。如果一个系统内部，人、组织、环境等各子系统内部及之间相互协调配合，共同围绕目标协力运作，就能产生协同效应。反之，如果一个系统内部的相互离散、冲突或摩擦，就会造成整体系统内耗增加，各子系统难以发挥应有的功能，致使整体系统陷于一种混乱无序的状态。上述研究表达出协同反映的是系统各要素之间、要素与系统之间、系统与环境之间协调、合作、同步、互补的关系，揭示出系统在进化动力的推动下达到新的有序结构的过程特征。物理系统、生物系统及社会系统的非线性特征是渐次增强的，协同理论应用于创新过程，将凸显其非线性特征，这是对创新实际进程的最佳体现。

协同最显著的特点就是不仅仅强调合作，而且追求在竞争基础上的合作。竞争是保持个体性状态和趋势的因素，它使系统失稳并出现机遇，而协同则通过非线性相互作用产生涨落，最终促进创新系统保持集体性状态和趋势，达到整体行为结果——创新产品的推出。资源型企业作为创新主体，面临着一个复杂多变、竞争激烈、难以预测的环境，创新的复杂性使创新主体产生合作与协同的需要，而资源的互补性使创新主体具有了合作的必要。协同创新作为创新主体适应创新复杂性的一种组织涌现，具有适应这种复杂性的天然优势。借助于减少技术维度、组织维度的复杂性，并减少创新过程中不同类别的不确定性，协同导引下的创新系统可以运用它的自组织功能，有效减少创新管理中的复杂性。

协同理论属于自组织理论的范畴，它试图把无生命自然界和有生命自然界统一起来，并发现它们存在的共同本质规律，为研究生命起源、生物进化、人体功能乃至社会经济文化的变革这样一些复杂性事物的演化规律提供了新的原则和方法，具有普适性意义。它正广泛应用于各种不同系统的自组织现象分析、预测及决策过程中。如物理学领域中流体动力学模型形成、大气湍流等问题；经济学领域中城市发展、经济繁荣与衰退等方面协同效应问题；社会学领域中社会体制及社会革命等问题，其广泛的适应性和普适性是显而易见的。

协同相关理论作为研究不同学科中存在的共同本质特征的横断理论，具有多学科交叉特性，已经成为联系各种学科的桥梁和纽带。其思想和方法也充分体现了辩证法的观点，具有深刻的哲学意义。协同论是现代系统思想发展的成果，为处理复杂性系统问题提供了新的解决途径，技术创新管理系统是具有开放性质的系统，它是社会大系统下的子系统，同时本身又存在着复杂的结构，所以协同理论可以作为探索技术创新管理这一复杂系统结构和秩序的有力手段，用于分析技术创新管理系统的影响因素，并进一步研究创新管理系统及系统内部子系统间的协同作用。正因为如此，把协同理论引入企业技术创新研究领域，必将对企业技术创新的发展以及解决诸多现实问题带来启迪意义，提供新的思维模式和理论视角，借助协同理论研究技术创新管理及其机理和运作模式具有现实的积极意义。

3.2　资源型中小企业协同技术创新的内涵及影响因素

技术创新管理不仅是一个系统，而且是一个复杂的系统。经济合作发展组织在 1997 年发表的《国家创新体系》报告中指出，企业技术创新是不同主体和机构间复杂的相互作用，及系统内部各要素之间相互作用和反馈的结果，因此组成技术创新这一整体的每个要素的性质和行为，都将影响到技术创新活动整体的性质和行为；同时，每个要素的微小变化都具有偶然性和随机性，因而导致整个技术创新过程产生非线性、层次性、涌现性等系统特征；企业技术创新活动是一个结构错综、关系复杂、功能多样、目标多重的系统过程，作为创新主体的企业或企业家借助内外部创新源、知识库以及各种中介服务机构，在相应创新制度环境下，使创新客体转换形态并实现其市场价值，并由此组成企业、政府、科研机构、金融机构及中介服务机构等参与创新的联系紧密、协调合作的复杂网络系统。

有鉴于企业技术创新本身是一个多要素的组合与协同过程，是一个复杂的系统工程。因此本书提出一个基于协同理论的技术创新研究系统框架，以充分反映技术创新管理沿着"个体创新—联合创新—协同创新"的路径演变过程，整个协同创新体系是由协同创新主体、内外部创新驱动系统、技术创新环境等创新要素构成，其内容包括企业开展协同技术创新的内涵、特征、动因及影响因素。

3.2.1 协同技术创新的内涵及特征

传统的协同理念最简单的表达方式就是"1+1>2"，从管理学的角度出发，协同就是协调两个或者两个以上的不同资源或个体，协同一致地完成某一目标的过程或能力，并且通过协同产生的协同效应使总体绩效大于个体绩效的总和。本书将协同技术创新的内涵界定为协同地进行创新，是技术创新各要素之间相互配合，以协同为手段，以更有效地开展技术创新为目的，通过各个要素及各个主体之间的相互协作来发挥协同作用，努力促进企业实现协同效应，从而更好、更快地进行创新活动(图3-2)。

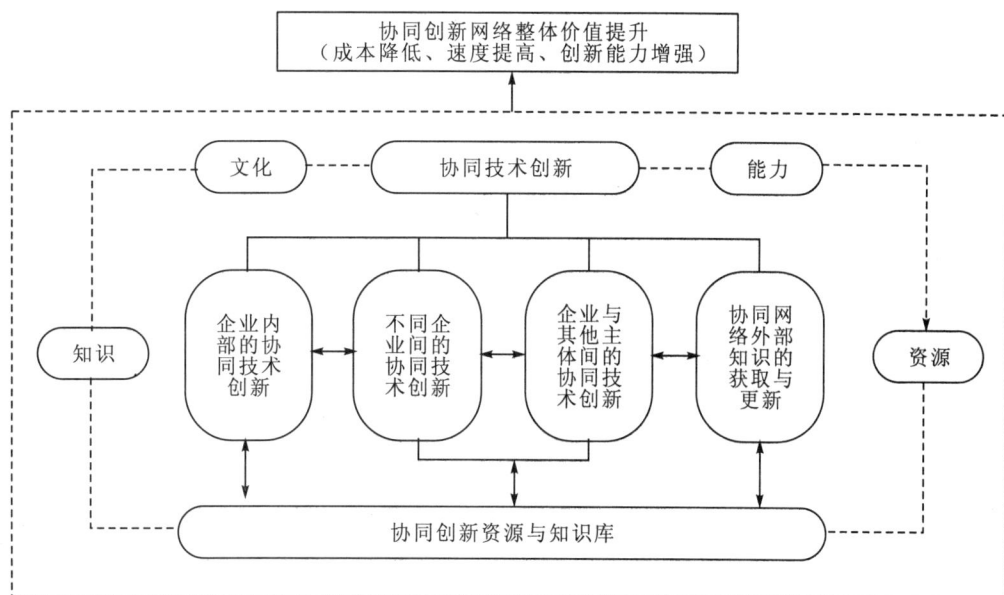

图 3-2　企业协同技术创新模型

所谓协同技术创新，是指在协同环境下企业的技术创新不仅要依靠内部员工的信息、知识的交流与互动，更要借助外部知识的交流与共享，发挥协同企业间的知识交流与共享作用。它以合作共赢为目标，在与环境进行动态开放地互动调节的基础上，运用协同网络的集体智慧，均衡协调和有效整合企业内外部知识、资源、能力和文化等，在新产品研发、业务流程改进、技术开发和商业化等方面展开协同，提高企业创新成功的把握性、降低创新成本和风险。它是各种创新要素的互动、整合、协同的动态过程，促进协同企业和协同网络整体的可持续创新，获得比独自创新更快的速度、更低的成本和更持久的竞争力。

从其内涵界定上可以看出，它包含以下内容：①协同创新概念的核心在于要素作用方式和创新实现方式的变革，它促成创新过程中一般要素组合转向自组织，这既是对熊彼特"生产要素的重新组合"思想的继承，又在强调要素的非线性作用和系统演化的自组织特性方面对其进行了发展。②协同技术创新过程是一种竞合性创新。企业协同技术创新过程中各创新要素既相互竞争、制约，又相互合作、受益，借助相互之间复杂的非线性作用而产生整体协同效应，这种协同效应超过了单个企业资源效应的简单加总。其本质是技术创新各要素相互协调作用达到个体所无法实现的整体目标和结果。本书中的"协同"概念采用的是广义的协同，既包括合作，也包括竞争，即认为竞争是实现协同的前提和必然步骤。③是创新资源共享及优化配置的过程。④是聚焦于创新学习的扩散性（主要是隐性知识的传播及显性化）。⑤其方式是通过自组织或有组织的位势集中。

在中小企业技术创新过程中，各创新要素间存在着连续的互动，是一个协同演进的复杂过程，其特征表现在以下几个方面。

（1）协同创新过程管理的自组织性。自组织性是协同技术创新管理的根本特征。企业技术创新过程可以看作是一个社会经济生态系统，它具有明显的自组织特性。所谓自组织，是指没有外部命令而是靠某种相互默契，各组织部分之间协同工作，各尽职责，这种过程称为自组织。它使系统无需外界的特定干预而能自行组织、自行创生、自行进化，自主地从无序向有序演变，实现从非组织到组织、从组织程度低到组织程度高、从简单到复杂的过程演变。协同创新过程中各构成要素具备相互调节的能力，它保证了创新要素协同的整体性，又为创新系统提供了对环境的适应能力，这些也可以看成是创新竞争力的来源。

（2）创新协同管理过程的动态开放性。它是协同技术创新实现不可或缺的外在条件和前提，从技术创新与环境之间的关系角度，协同可看作是一个吐故纳新、推陈出新的过程。企业的技术创新过程是开放的，创新系统内部及与环境之间不断进行着物质、信息与能量的交流，技术研发、技术扩散的每个环节都与环境发生着广泛的联系，得以从外界获取信息、资金、人才、政策等负熵流，除了抵消创新系统本身产生的熵增之外，还有"剩余"，可转而用于提高新系统结构的有序度。目前资源型企业的技术创新已呈现出从封闭式的创新模式向开放式创新模式转变，不仅在产业内部合作，还与相关产业、科研院所和大学等各行各业进行合作。在创新协同过程中受到内外部环境的干扰产生涨落，并推动创新进程，在远离平衡态的临界点，微小的涨落被放大成巨涨落，它就像一个触发器，驱动协同创新过程由原来的稳定状态转变为新的有序状态，并发生质的变化。由此，协同的"倍增效应"产生巨大的"协同剩余"，在支配原理作用下，创新系统的有序度得以提高。

（3）创新要素间协同作用的非线性特征。它是创新管理复杂性的根源所在，也是技术创新的根本机制。正如哈肯所指出的"控制自组织的方程本质上是非线性的"。在进化过程中正是由于系统内各组织、各要素间正负反馈交织而形成复杂的非线性关系，才使得新的物质不断被创造出来，演化才得以进行。非线性意味着要素间存在着复杂性、随机性关系，在原因与结果间存在不对称性。而只有具备非线性特征，才能产生系统的相干协同，实现自组织过程。技术创新中不同主体间通过复杂的相互作用，构成一个多变量、多目标、多层次的非线性系统，在此系统中，各创新要素相互关联、相互制约，以协同演进的方式为创新的自组织过程提供内在驱动；同时，系统还通过与环境间的依赖与制约关系，形成较强的耦合作用，为协同过程施加外部的影响，从而使创新系统表现出大于各部分线性叠加之和，且不能还原的整体效应。

(4)创新要素协同管理的系统集成特征。创新管理全面涵盖与技术创新过程相关的关键要素，不但包括技术与市场的协同，或者研发与营销、生产部门的协同等，还包括战略、组织、文化、制度、技术、市场这些影响创新绩效的各方面因素，要实现创新的有效开展，要素经过主动优化、选择搭配，相互之间以最合理的结构形式结合在一起，形成一个由适宜要素组成，相互优势互补、匹配的有机体，并在协同演进过程中形成一个完整的集成系统，这样要素间的协同效应才会发挥十分重要的作用。

(5)创新协同主体的竞合博弈特征。协同创新过程是创新要素间竞争与合作的博弈过程，它通过竞争机制激活创新系统，优化配置，竞争保证了企业持续保持创新的活力，而合作又保证了企业对外部市场保持灵活性和反应力，表现的是既定资源条件下创新绩效的最大化。技术创新是一种以人为本的创造性活动，而各种管理理论均是基于某种人性假定为各自出发点，所以从管理科学的角度来看，介入技术创新活动中的各行为主体间的协同是更值得关注的。这种企业与外部或企业内部的协同，是受人的决策及行为支配和影响的，在追求自身效用最大化的同时，保持一种目标的相容或兼容，因而是一种博弈的过程。同时，协同的生成需要经历各要素从非协同关系到协同关系建立的复杂过程，这其中包含从非合作博弈到合作博弈的过程。参与博弈的创新要素从自身利益最大化出发，最终走向协同发展，表现出系统整体的最佳功能，实现创新绩效的最大化。

(6)创新协同组织的学习特性。协同创新网络不同节点之间存在着强烈的自学动机，具有自学特征。协同网络系统中的中小企业都面临着技术领先和市场共享的压力，只有不断地与网络中的节点进行学习和交流，才能获取竞争优势，在市场竞争中取胜。该过程包括两个核心子过程，即一种静态的知识基础积累和一种动态的学习互动。前者是指整个创新网络的知识基是协同过程中所获取的知识和经验的积累，后者则指知识要素的流动和扩散。只有如此，企业才有可能真正地从网络组织中分享网络利益或网络资源，网络成员尤其是资源型中小企业可以通过共同学习和应用新的知识与技能，不断提升其在社会经济生活中的地位和作用，同时也使自身得到进化(图 3-3)。

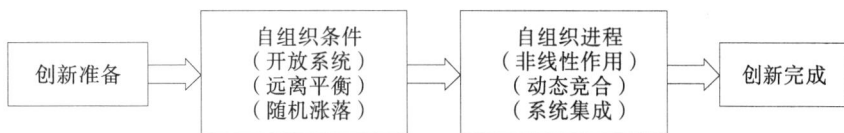

图 3-3　协同技术创新的自组织结构

资源来源：根据李锐、鞠晓峰《基于自组织理论的技术创新系统演化研究》整理所得。

3.2.2　协同技术创新的动因

根据协同理论，系统从无序走向有序是通过随机涨落实现的。"没有随机涨落，就没有系统的发展，在远离平衡态的开放系统，涨落对系统起着建设性作用，是系统有序演化的诱因"。在科技快速发展、经济全球化的环境条件下，企业的技术创新面临着众多压力与挑战，作为一种技术经济活动，企业技术创新的产生是行为主体受创新系统内外各种力量的非线性作用而驱动的。这些因素是随机涨落的，有的来自内部，有的来自外部，其动力的强弱直接影响到创新的速度和实现程度，正是这些大量的微涨落通过放大形成巨涨落，从而推动技术创新系统的演化。本书将此驱动力区分为两种，即自动力与他动力。

3.2.2.1 自动力

自动力是指存在于技术创新系统内部引发技术创新行为的驱动因素，主要包括以下内容。

(1)技术创新的外部性特征。一方面，知识和技术的公共产品属性，使其具有显著的外部性特征，即企业的技术在对企业自身产生影响的基础上，还可以通过主动或被动的方式对外部产生影响。如技术会在产业内及产业间溢出，且有的产业溢出效应很高，较为常见的就是通过模仿、反求工程以及雇佣创新企业的员工，成功的技术创新可以用较低成本被竞争者掌握。这种特性使企业无法独占研究开发产生的技术成果，即使利用专利保护也常常收效甚微，这在一定程度上抑制了企业创新的积极性。而资源型企业通过开展协同创新，可以与创新合作伙伴分享知识和信息，产生"马歇尔资源池"效应，由此使研究开发的外部效应最大限度的内在化，并克服个体理性和集体理性之间的矛盾，从而激励和增强企业开展技术创新的信心。另一方面，由于技术知识通常是缄默的，这些隐性知识难以被其他企业直接获得，而协同创新较容易借助技术学习和技术转移获得协同伙伴的经验性技能和知识，为企业将合作伙伴的技术和能力内部化提供很好的机会。

(2)技术创新的技术协同效应。随着新技术复杂性提高及技术领域的交叉融合，任何一个企业都难以具备所需的各个领域的技术能力，从而制约了企业从事重大技术创新活动的可能。协同创新使资源型企业通过共享获得互补性知识和技术，产生技术协同效应，实现协同研发的范围经济。事实上，相对于企业利益最大化目标，每个企业的自有资源与其期望资源之间永远存在着一个"缺口"。通过协同创新，可以充分利用创新资源，实现既有资源条件下要素的整体功能放大，从而共享研究开发投入，并通过降低创新的搜寻、研发、生产及组织成本，产生规模经济。通过要素相干作用产生促进组织有序化进程的"协同剩余"，既可解决资源绝对性不足，也可以通过激活企业的闲置资源、存量和潜在能力，解决资源相对缺乏带来的结构性不足。此外，协同创新还可使企业快速获取新技术和市场，从而提高技术创新速度，实现速度经济。由此协同创新可以比传统创新模式更低的成本得到同样的产出或以同样的成本得到更高的效用。

(3)技术创新的不确定性和风险性。随着技术创新和扩散速度的不断加快，创新技术和产品的生命周期逐渐缩短，创新投入成本不断提高，而创新技术成果产出却具有不可预见性，使得企业在剧烈变动的环境下进行技术创新面临着高度的不确定性和风险。而通过协同创新，由于众多企业或机构共同参与，每个企业(机构)则在自己最擅长的领域发挥创新优势从而有助于缩短开发时间；激烈的技术竞争不允许企业花长时间来培植企业自己处于相对弱势领域的技术力量，通过在专业化基础上互补和融合不同企业的核心专长，可以获取更大的协同优势，从而降低每个企业的研发成本；此外，还可以通过协同创新带来的信息传递的密度与速度，避免单体创新的盲目性和整体创新资源的浪费，并通过组织效率的提高而减少创新失败的概率，从而降低技术创新的风险。

(4)技术创新的内在激励。从根本上说，作为市场经济实体，对创新所产生潜在的超常规利润的追求是企业开展技术创新的基本动力，创新利益具有诱导和进一步激励企业从事创新的双重功能。其次，创新活动中必须有不懈的企业家精神存在，它是企业创新的核心领导力量，正是企业家的首创精神和成功欲从内部推动了创新的进行。最后，还要具备一定的激励机制和创新文化氛围。但是仅有这些因素是不够的，必须借助三者之间的协同，才能最大限度地发挥它们对技术创新的推动作用。具体表现为：利益驱动力通过利益的诱导对企业家的创新精神和企业内部的激励机制产生正面影响，企业内部的创新文化所倡导的价值观通过向个人价值观的渗透并内化，同时营造出有利于创新的氛围，能够促进企业家精神创立并不断强化，这种软性约束和自我调节的机制形成良好的内部激励；反过来，企业家精神对企业的利益追求能够起到促进作用，而内部激励机制则对企业家创新精神产生强大推动力。

(5)技术创新整合的内在要求。资源型企业多是流程型加工，其产品开发和工艺开发通常是同步进行的，并行开发方式被广泛采用，协调产品开发与工艺开发的进度，加强产品开发人员和工艺开发人员之间的密切协作及信息沟通是协同创新过程控制的重点。并行整合方式也称为同步工程或并行工程，它把创新看成是多职能部门并行推进的过程，各部门必须从一开始就考虑到创新过程的全部因素，及早沟通信息，发现问题并及时消除，以缩短创新周期，降低创新成本。因此它强调多职能部门的协同作业，强调上下游的沟通联系，例如，研究开发既要满足市场需求，也要适应制造要求，同时还要考虑到营销的需要。这种创新过程的集成化发展趋势必然要求技术创新内部的高度协同。

3.2.2.2　他动力

他动力指来自于企业技术创新系统外部或环境诱发技术创新活动的引致因素，主要包括以下内容。

(1)市场需求，是资源型企业开展技术创新的动力源泉，是创新的基本起点，同时也是技术创新的终极目标。这里的需求既包括产品市场对创新的需求，也包括企业创新沿着技术轨迹发展的需求。首先，市场需求是企业创新最根本的动力源，根据国外的研究表明，市场竞争所产生的创新外部压力，使创新者所蕴藏的能量不断激发。在资源型企业技术创新他动力中，市场需求对技术创新的拉动具有重要意义。资源型企业产品主要是"中间品"或作为下游行业的"原料"，其客户基本上是各类企业，故资源型产品在产业链上的位置就决定了其技术创新必须重视对用户(尤其是领先用户或密切相关产业用户)的技术研究，应注重与用户共同协作开发满足特定用户需求的新产品。企业必须寻求新的技术手段以提高产品质量或开发新产品，这无疑推动了技术创新的开展。

(2)技术发展趋势。企业技术创新是以对新技术的不断投入为特点的，新技术既是技术创新的前提，同时也是推动技术创新的重要力量。技术对企业协同技术创新的推动是由企业通过有效地协同创新活动，不断引入先进技术和科技成果，并形成自己的技术体系和技术能力，促成新科技成果物化为全新产品，继而创造全新的需求和发展的理念所引起的。它不仅产生了新产品、新工艺，更实现了新产业的发展。以矿石冶炼技术为例，从使用平炉、转炉到发展为炉外精炼技术，极大地提高了冶炼产品的产量和质量，为下游企业提供了优质的原材料，更是促进了航空航天等新兴产业的迅猛发展，这表明技术进步对资源型企业技术创新的推动作用是十分明显的。现在的技术创新应该从以模仿创新为主转向大力开展协同合作创新，尤其是作为资源型中小企业。因其原料产品具有一定的独特性，其技术创新过程也具有独特性，如果一味模仿他人，则很难实现有效的技术突破，占领技术高端。只有通过协同创新，开展合作技术攻关和技术创新，共享成果，共同发展，使各方都从协同合作中获取更大利益，并针对市场和客户需求实现创新的市场实现，才能真正使得我国企业的创新活动摆脱亦步亦趋、始终落后于人的局面。

（3）市场竞争。竞争是市场经济的基本调节机制，是市场经济的客观规律，是企业必须面对的现实环境。从长期看，竞争既形成一种压力，也成为一种激励，激发企业不断进行技术创新，取得一定的技术优势和技术垄断，保持企业长期发展并获得超额利润。因此竞争是市场机制激发企业技术创新行为的重要动力因素。市场竞争环境的剧烈变化使企业之间技术协同的必要性和重要性更加显现，只有通过协同创新，整合创新资源，提升创新能力，企业才能生存，而外部市场环境竞争越激烈，企业加盟协同创新组织的需求就会越强烈。

（4）政府政策及国家创新系统。技术创新具有高投入、高风险和高外部性特征，使得单纯依靠市场调节难以充分调动资源型中小企业技术创新的积极性，这时政府就发挥着重要的作用。在协同创新体系中，政府的政策引导（产业、税收、信贷、采购等）成为企业创新活动的重要外部推动力。在通过国家创新系统创建良好的平台和创新环境的基础上，各种协同力量集中围绕中小企业需求展开，各种创新资源不断向中小企业流动。通过宏观规范管理、政策法规完善、市场培育及规范中介行为及不断提高服务体系质量和信誉，得以促进系统行为主体间的协同创新。

（5）资源约束及未来产业走向。面对自然资源日渐枯竭，单靠企业所拥有的资源禀赋已难以支撑其发展，资源型企业高质量增长的实现应该是通过技术创新实现的，这表现为产品附加价值的提高和资源耗费的降低。一方面只有不断提高现有资源利用效率，开发新技术以采用新型资源，才能使企业保持长久发展；另一方面，由于新型资源的不断涌现，产业未来走向将成为影响中小企业发展的重要力量。任何一种产品的市场均有其生命周期，不仅会趋于饱和而达到成熟化，而且还会走向衰老与死亡，最终被另一种新产品所替代。产品市场的成熟化或产品市场的替代化将影响到企业生存和发展，只有通过持续的技术创新才能够寻求新的发展机会。而中小企业往往仅凭自身力量无法进行这些改变技术发展轨迹的重大创新活动，唯有依靠协同创新才能够有效应对。

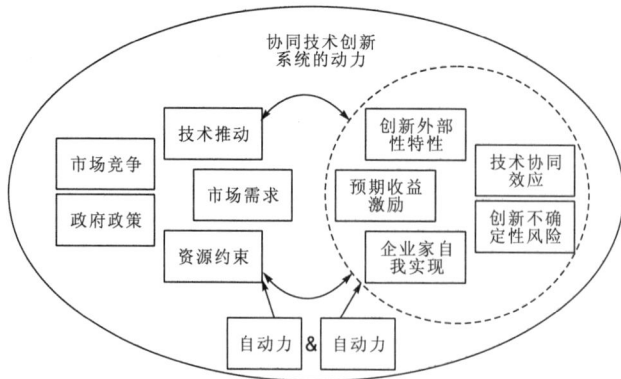

图 3-4　资源型企业协同技术创新系统的动力模型

资源来源：根据宋泽海的《基于协同论的冶金企业技术创新整合机制研究》整理所得。

协同是资源型中小企业技术创新活动动力作用的本质要求。技术创新系统不仅是在自动力与他动力单独驱动下运转的，而且是在两者的非线性协同作用下共同驱动的。协同作用使技术创新系统产生超越其自动力、他动力系统简单叠加的整体宏观效应，亦即"2+2＞5"的效果，实现了系统更高级的有序状态(3-4)。

3.2.3　协同技术创新各层面影响因素

企业为了有效地开展协同创新，需要评价并鉴别影响协同创新行为及决策的因素，协同技术创新行为不仅涉及技术、管理、组织、制造、营销、用户参与等商业活动，还涉及政府、研发机构、中介组织、金融机构及利于创新产生的地理区位、政策制度、社会文化等因素。从理论上说，任何与创新有关的因素都可能影响协同创新行为，但是并非所有潜在因素都会对协同创新行为产生显著影响，因此有必要识别关键的影响因素。

目前，国内外针对协同创新的研究趋势，已隐含了创新过程中企业内部各职能、各创新对象、企业与环境协同的思想。比如，任锦鸾在研究创新系统的复合三链螺旋模型时，就指出创新活动发生在三个层面上：一是各创新主体(包括企业、高校、科研机构等)在自身的研发活动中获得突破性成果；二是各技术创新主体通过信息流动在相互合作中展开的技术创新；三是在技术创新主体形成的网络与环境的交互作用下实现的创新。研究还指出，创新运转过程是一个共同进化的过程，其中也存在着竞争，但竞争的结果是形成优势互补的共同体，从而通过各主体的相互作用和共同进化形成复杂的协同创新网络系统。

鉴于企业的协同技术创新是由多种因素间复杂非线性的交互作用形成的复杂适应系统，故本书将影响因素按照协同的层次性划分为三个层面：外部环境层面因素、协同主体层面因素、主体内部层面因素，加以分析，以厘清其作用。在不同层次上呈现出的协同要素和内容是有差异的，或者说各有其考虑的重点和需要解决的关键问题。比如，在外部环境层面，环境适应性和资源的拓展性是关键的影响因素；在协同主体层面，不同企业间的协同则成为关注的问题；在主体内部层面，与提升企业技术创新能力相关的企业战略、组织、文化、技术等成为影响协同创新的要件。同时，协同的途径与工具作为重要的运行机制，也是影响整个协同技术创新行为的关键因素。

3.2.3.1　外部环境层面

企业均存在于一定的社会环境中，从事技术创新需要外部体制、制度、文化等的支撑，企业技术创新行为与环境协同是创新成功的一个关键因素。企业协同技术创新是一个开放的系统，不断地与环境之间进行着能量、物质、信息的交流，只有创造一个良好的环境系统，才能使资源型企业更好地适应环境，实现持续发展。

技术创新是涉及一系列因素的复杂过程，需要合适的社会支撑体系，环境的适应性是决定创新系统稳定发展的关键原因，环境作为创新系统生存、发展的土壤，时刻影响着其运行状况。另一方面，企业的协同技术创新活动不可或缺的外部条件就是其对外开放性，与环境充分进行物质、能量和信息的交换和共享，实现包括社会经济系统中各子系统间、子系统与环境间的共同进化。

　　影响创新环境的因素一般分为宏观环境和微观环境因素,同时宏观环境因素影响微观环境因素。宏观环境因素通常包括制度、政治法律(政府政策、知识产权开发利用)、技术(技术变革的速度、新技术构想、产品生命周期)、经济、社会文化和自然环境等。微观环境包括产业和市场环境两个主要方面,比如产业的生命周期、产业结构、市场结构(或竞争状况)、市场需求状况等。

　　(1)自然资源因素。对资源型企业尤其是中小企业来说,对自然资源的占有及拓展利用,是生存发展的关键影响因素。独占或垄断的资源是资源型企业存在发展的根本,因此占有一定规模的资源是构成协同创新的要素之一。与自然资源密切相关的地理区位是导致资源型中小企业展开技术协同创新的重要外部影响原因,因为在某种自然资源十分丰富的地区,往往会形成依赖于这种资源的企业的集中;同时,区域内共同的习俗与文化可以为人们进行交往与交流提供便利条件,也更有利于区域内企业间建立起一种相互信任的非正式合作关系。

　　(2)环境保护因素。资源型企业特别是采掘型的资源企业大量排放"三废",对生态环境造成了严重污染和破坏,这也是导致目前资源型企业乃至整个产业面临可持续发展危机的根源。产生这种情况的主要原因在于,资源型企业在进行成本核算时忽略了生态环境成本支出,意图通过"机会主义"行为或"搭便车"方式使外部生态环境效益转变为资源型企业内部的经济效益,最终导致资源型企业自觉保护生态环境的意识较弱。因此加强环保意识,提高环保因素在技术创新活动中的重要作用是企业开展协同创新的重要前提。

　　(3)技术发展水平。绝大部分的创新活动来源于技术推动,所以企业外部的技术环境,即技术发展轨迹和技术水平,成为协同创新活动能够获得成功的必要因素。每个企业只能在已有的社会技术环境中获取所需的知识,一个良好的技术发展水平可以推动协同创新行为的发生;相反,如果技术水平低下,也可能制约创新行为的产生。

　　(4)市场因素。市场实质是一种实施费用低而效率高的激励制度,市场竞争一方面会对企业发展产生外在压力,驱使其努力发展,另一方面也会产生持久的利益驱动力,形成一种非合同式的隐性激励。所以市场环境不仅能对企业的协同创新行为提供导向,还能够使企业积极主动参与市场竞争,不断进行创新,并接纳和吸收企业的创新产品,实现其应有价值,只有这样,才能实现协同创新的良性循环和自组织进化。同时,产业与市场结构关系特性也是重要的影响因素,它包括市场集中度、企业在产业中所处的市场地位等。

　　(5)法律、政策及制度环境。它为整个协同创新体系提供了有力的外部控制和基础性的制度保障,由于风险性、收益不确定性的存在,仅仅依靠企业自身,一般很难取得效果,而相关政策及制度环境则是促进企业技术创新的重要力量。比如,在20世纪的最后5年中,美国政府用90亿美元、以政府采购的形式直接支持企业的新产品开发,并拿出65亿美元用于企业技术创新的减免税优惠;日本政府也从1993年起,在5年内,将研发投入占国民生产总值的比重提高到3%。这些举措创造了一个鼓励创新的制度氛围,无疑从根本上调动了企业技术创新的积极性,有力地促进了企业的技术进步,有效地提高了企业和国家的综合竞争实力。

　　(6)社会文化环境。积极的文化环境能够促使技术创新向协调、完善的方向发展,由于文化的长期积淀，以及形成的道德、风俗、习俗、价值观等在广泛和深层次的范围内深刻影响着协同技术创新活动的价值选择和行为。无论是作为主体的企业，还是起宏观指导作用的政策，以及技术创新重要源泉的科研机构，任何技术创新决策的选择与实施，都依从于既有的文化价值规范，并力图得到社会的普遍认同。因此，文化环境对协同创新活动自组织进化产生重要影响。技术创新系统的文化环境及人文关系网络的形成，对于降低交易成本、减少信用风险、促进专业分工以及信息交流与相互学习等都有积极作用，它促进了企业创新能力的提高；并且这种关系网络是建立在当地特有的传统文化基础之上的，具有强烈的地理根植性，其他企业难以模仿。

3.2.3.2 协同主体层面

随着信息技术、市场研究的发展，企业传统的技术边界被全面超越，创新已不是一个企业所能独立完成的，而表现为在一定竞争与分工条件下，结合企业不同的特长、能力，所展开的与客户、供应商、研究机构、中介服务机构、风险投资企业等的协作，以共享知识、共同学习和共担风险的形式，实现创新融合、提高创新效率。资源型中小企业无法拥有所需的全部资源和技术，对外部资源依赖性越来越强，因此企业协同技术创新取决于各主体之间的有效合作协同（这些主体要素包括领先及主流用户、供应商、竞争者、研究机构、中介组织、风险投资企业等，除包括企业及各种外部协同主体外，还应考虑技术创新主体之间的协作、信任、交流、共享、激励因素等），协同企业具有明显的特点是共生性、互动性、网络化、敏捷化、柔性化。

影响协同主体创新成功的因素包括协同技术、信息技术、协同需求度、协同成本等，但其根本的要素是来自根植于协同网络内各企业间的一种组织能力和知识市场的培育，贯穿其中的原则是协同各方互惠、信任、信誉及利他主义。

协同技术创新管理是以培育企业技术创新能力、提高核心竞争力为导向，以企业价值创造及增加为终极目标，以各种创新要素（如技术、组织、市场、战略等）的有机组合与协同创新为手段，并使创新的要素及时空范围充分扩展的、有效的创新管理机制、方法和工具。

协同创新是协作企业在共同战略目标下的深层次协作，协作各方本着"利益共享、风险共担"原则参与创新活动，当个体、局部利益与整体、全局利益发生冲突时，前者应让位于后者，使企业间保持长期稳定的协作关系。

协同是系统内部各组分间通过非线性相干作用而使结构有序演化的自组织过程，其本质上是创新系统内部的一个建制过程，是边干边学，干中发展与成长，通过创新的协同机制促进创新发生的一种文化氛围，是一种创新涌现的响应机制。贯穿始终的是构建起良好的信息资源获取和传递机制，并在组织学习过程中成功实现知识的转移与消化，使创新者减少各种不确定性因素，提高创新成功的可能性。

1. 协同技术创新的需求度

协同创新可以为企业带来明显效益，一般来说，协同程度越高，协同创新带来的绩效影响越大。但由于在企业各个创新主体之间、各创新要素之间开展协同需要一定成本，另外依据行业不同特点，企业对协同创新的需求存在一定的差异，需要对协同创新的需求程度进行度量和研究，因此影响协同需求的因素也是影响协同创新的重要因素。这些因素包括行业技术更新速度、市场需求的迫切程度、市场竞争的激烈程度、技术创新的难度、创新项目的重大程度以及协同成本。

前几项因素比较明显，同时与环境因素有着密切的联系，本节重点关注协同成本因素。在关注协同效应的同时，必须重视协同成本因素。协同成本主要是指企业协同过程中所产生的成本，协同成本越低，企业对协同创新的承受能力就越强，企业就越有能力进行协同创新，此种情况下企业的协同程度也就越高，相反就越低。这些成本包括为了解决各方利益冲突及企业文化、管理方式上的差异，激励专业人才，协调各方行动，提高管理效率而形成的管理协调成本；以及为防止在合作中丧失竞争优势，合作企业在协同中存在的机会主义倾向而隐瞒重要技术信息所导致的创新效率损失；还包括由于技术日益复杂、创新项目不确定性增加，使得协同创新失败而导致的专用性资产投资损失；由于企业吸收和认知能力限制，以及过多的外部创意和创新源引起战略性资源错误配置的"负协同效应"。

2. 协同技术创新的协同度

影响协同创新协同度的因素包括企业间技术、文化、战略的兼容性，资源的互补性、竞争与合作行为。资源优势的互补性表现为企业与合作伙伴间的资源共享、互为补充的特性，它是能否产生协同效应的基本前提，也是创新网络发展所必不可少的。依据资源禀赋理论，必须明确参与各方在自然资源、基础研究、应用研究、试验发展、信息服务、市场营销、资金筹措等方面具有的独特资源优势，在此基础上才能建立起整合各自优势、发挥协同效应的管理体制和组织安排，形成强大的研发能力，尽快抢占市场先机，获取创新优势。发展战略的协同性表现为参与各方的发展目标与创新网络的发展战略相一致。追求自身利益的最大化是驱使各方参与创新网络的根本动力，合作伙伴必须从创新网络中寻求自身发展的共同点，否则无法实现有效协同，创新网络将难以维持，所以首先必须考察合作伙伴间发展目标是否冲突。其次考察其与创新网络的发展目标是否有融通点，否则会大大增加协调成本，如果协调成本高于合作成员合作所降低的交易成本，创新合作就失去了存在的意义。而发展战略的差异也直接影响了对合作的投入程度和合作程度。参与各方组织文化的兼容性也是重要的影响因素，能否建立起基于信任的文化对于合作的发展尤其重要，文化相容与相互信任是相辅相成的。只有在文化上的彼此适应和认同，才能有效避免伙伴间的道德风险和逆向选择行为，同时还有利于合作行为的发生，否则文化抵制只会导致创新合作的低效运转甚至解体。但也应注意创新合作的一个重要目标就是实现不同组织间的学习，过分强调文化的相似性反而会削弱组织学习的动力。

影响协同创新协同度的因素还包括创新主体间地理、行业和社会的接近性。地理接近性导致该地区创新行为者间易于互动，而这种互动与交流促使创新行为的协同性增强；社会接近性包括制度接近性、文化接近性和组织接近性等，它是创新主体间实现知识、信息的交换和转移的润滑剂，提供了基于共同文化和认知结构的"相洽性"；行业接近性表现为居于同一商业生态系统中，一方面利用相似工艺生产相同产品，呈现为横向的竞争关系，另一方面在同一产业链的不同环节，形成相互合作的纵向关系，整个协同创新是就上述各种特性耦合的结果，因而具有更优异的知识、信息交流和互动学习特性，是在竞合的相互关系中不断演变学习的进化过程，但也应注意过于本地化或同一化也会带来技术孤岛效应，而不利于创新源的多样化。

3.2.3.3 主体内部层面

主流观点认为创新要素主要有六种，包括创新意愿及战略、组织结构、技术、生产、营销、文化等。本书认为，完善的企业技术创新活动首要的是企业内部信息和知识的有效连接、技术积累和路径依赖，它为创造内外部的协同效应、使企业的技术创新活动实现有机整合提供了基础条件，唯有企业自身创新能力不断增强，竞争优势的模仿难度才会不断加大，从而使企业长期处于优势地位，同时也有利于技术、制度和市场创新的统一。

在作为微观层面的企业内部，由于必须对市场变化做出快速响应，要求企业内各职能部门序列间协同耦合，齐心协力于技术创新目标的实现。技术创新是人的活动，是人的创造性活动，从管理科学的角度，关键是创新活动中各行为主体之间的协同，即人创新行为的协同。这与各行为主体的观念相容、目标相容（至少应是兼容）有密切关联。企业组织结构要向柔性化、扁平化方向调整，以使双向及多向信息通畅，资源自由流动，配置快捷便利，其中企业家应居于主导地位，具体组织实施技术创新活动。

1. 企业自身的研究开发能力以及技术积累

企业研究能力及技术积累包括研制新产品或新工艺的能力，以及消化吸收后再创新的能力。企业要想在行业中始终立于不败之地，关键的一点是不仅拥有核心产品，还必须保证其不断地进行产品的更新换代，而在这个过程中，研发工作就是至关重要的。它是技术创新成功的先导，对协同创新来说也是同样的，它实质上是企业协同技术创新能力的检验。

2. 企业的技术战略选择

管理学家将战略和技术比作企业发展的两个轮子，缺一不可。协同技术创新必须以企业的发展战略为前提，而企业发展战略的设计也一定要符合其相应的技术创新模式。因此在主体内部协同创新中，战略因素是极为重要的，有一个长期的企业创新战略，有助于形成接纳创新、鼓励创新、积极响应变革的机制和企业文化，会更重视资源的长期配置和长远发展，使企业的技术组织制度和观念更具柔性，更适应创新。根据企业在市场竞争中的层次和位置，可将企业的战略划分为领先型、跟随型和紧缩型战略，不同战略类型企业在选择技术路线时有不同的特点，如表3-4所示。

表3-4 不同战略类型企业选择技术路线的特点

战略	选择技术路线的特点
领先型战略	此种战略会引导企业不断开发新产品、开拓新市场、采用新的生产方式。同时会选择领先的技术目标，致力于技术的升级换代和新技术的突破，进行先进技术的二次创新、引进创新或自主研发
跟随型战略	此种战略下，企业会采取模仿创新或在模仿基础上进行少量自主创新
紧缩型战略	此种战略是在经济不景气、财务紧缩、市场销售疲软的情况下采用，企业将对原有技术进行较大改动或彻底抛弃，或采用合作创新模式，对原有技术资源进行重置，或采用技术模仿，彻底放弃原有技术

3. 企业文化

协同技术创新既需要利益机制的刺激，又需要营造利于技术创新的企业文化环境。它是企业成员价值观的统一，并为他们指明了共同努力的方向，是企业生存和发展的源动力。文化的完善不仅可以提高企业创新活动的效率，还可以从本质上增强企业的凝聚力，是增加企业效益的源泉。同时，团队建设作为企业文化的重要表现形式，可以通过技术创新活动，集中最好的思想，最快地形成所需的新产品，并使其在最短时间内进入市场，取得商业上的成功。协同创新可以说是创新团队行动的一种默契，它在组织内部形成一种激励创新的氛围，使创新突破传统桎梏下的严格计划与控制模式，成为一种自觉的状态和行为，促进了创新的自组织发生。

4. 组织形式

它是技术创新得以实施的组织基础。从实践看，目前对企业技术创新影响最大的组织形式主要有学习型、网络型、虚拟型。而对协同技术创新产生重要影响的组织形式，则是集合了上述几种形式的优势，使组织既能够灵活地调整自己的行为，以不断增强自身创造能力，又可以通过凝缩知识扩散和聚集的时间与空间，提高对不断变化的技术和市场环境的迅速响应，同时还可以在市场出现新机遇时，共享技术分摊费用，为满足市场需求而组成一种基于信息技术的合作联盟。

5. 人力资源

未来的竞争是人才的竞争，然而由于对自然资源的过度依赖，在劳动技能要求相对较低的自然资源密集型产业，自然资本对人力资本产生了挤出效应，使得大量具有较高知识水平和技能的劳动力流出，知识创新缺乏机会，人力资源开发滞后，整个产业面临可持续发展问题。资源型企业创新若想获得成功，必须强调以人为中心，发挥高水平管理人员和技术人才在技术创新中所起的关键作用，建立起完善的人力资源培育体系，积极吸引各级各类技术人才、管理人才加入到创新活动中来，并通过完善激励制度来激起员工的创新欲望，努力增强参与创新人员的主动性和创造性，以实现高水平技术创新。

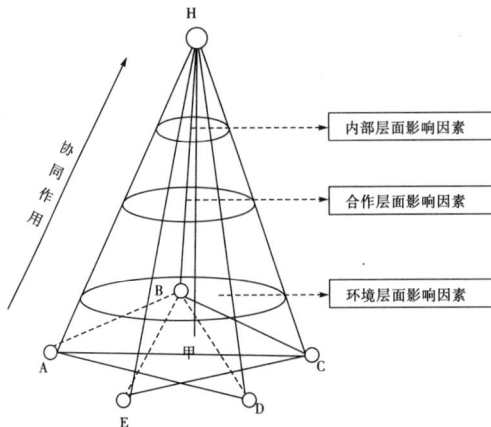

图 3-5　协同技术创新内外动因及影响因素的作用

通过图 3-5 可以直观地了解协同创新内外部动力及影响因素对整个协同创新活动的影响，顶端 H 点代表协同创新总体目标，底面 ABCDE 代表协同创新的内外部动因，上述各层面影响因素在内外部创新动力的推动下，对协同创新活动产生协同作用，并最终对创新总体目标产生重要影响。

3.3　资源型中小企业协同技术创新管理系统构建

将创新管理作为一个复杂系统来看待，采用系统的观点研究创新管理，就必须在各层次遵循系统观点，同时还要研究各层次间的关系，将微观与宏观研究结合起来，将技术创新与其他创新研究结合起来。技术创新是研究创新系统的基础和最终目的，因而它成为创新系统研究的核心。技术创新管理的关键就是搭建一个有机的系统，可称之为协同创新管理系统，在这个系统中，各层次、各环节间联结互动，整合贯通，在企业内外部环境因素影响下，以企业的战略目标为指导，以满足市场需求和适应市场变化为目的，以协同为手段，通过捕捉企业内外部的技术机会对企业资源进行利用和重新整合。它是整个创新系统的核心活动，它通过对新知识和技术的创造、开发、引进、提升、扩散及使用，使得参与创新活动的各主体及主体之间、主体与环境之间相互关联，形成统一的有机整体，通过与外界进行物质、能量和信息的交换，并对其进行吸收、转化，输出创新成果。它并不是由谁刻意创建的，而是由具备智能且性质不同的实体在社会发展过程中以自组织方式逐渐形成的，由于它是一个复杂系统，且系统各层次、各主体之间及各构成要素之间存在着复杂的相互竞争与合作关系，所以只有运用协同相关理论才能深入研究它的机理。

各个层面的影响因素决定了资源型中小企业技术创新管理系统的构成，它们之间有着明显的互动关系，并且它们的变化对创新管理系统运行起着重要的作用。所以，可以将技术创新管理系统视为由环境、合作、自身决定的三个层面子系统构成的一个复杂系统。它是企业的子系统在感知内外部环境变化的过程中，在竞争和协同等机制作用下迅速进行自我调整，达到适应环境的新的有序状态的过程，这就是协同学理论中开放系统的自组织过程。整个管理系统的运行是由子系统间的协同作用决定的，决策者过多的干预反而会破坏这种自组织协同效应，使系统失去稳健的结构。

3.3.1　协同技术创新管理系统序参量分析

协同学的支配原理将系统的变量分为快驰豫变量(快变量)和慢驰豫变量(慢变量)两类。快变量数目巨大，随时间衰减变化快，对系统结构、功能影响不大，可以不予考虑；而慢变量数目虽少，但随时间衰减变化较慢，起着控制系统演化历程、决定系统演化特征与规律的作用，成为系统的序参量(order parameter)。本节将基于对前述各个层面众多影响因素的分析，探求技术创新管理系统的序参量，并以此为根据建立创新管理系统的分析框架。

序参量概念是物理学家朗道 1937 年为描述连续相变而提出的，用来指示新结构的出现并判别相变有序结构的有序程度和类型。哈肯借用此概念来代替熵作为衡量系统是否有序的依据,他认为,序参量是由系统中所有组元的协作创造出来(役使原理)的,如果这个参量在系统演化过程中从无到有地发生变化,并指示出新结构的形成,反映新结构的有序程度,它就是序参量。它是许多参量通过竞争涌现出来的,为描述系统整体有序性或宏观模式而引入的。当整个系统处于无序的初始状态时,内部各子系统独立运动,各行其是,不存在合作关系,也不可能形成序参量;而当系统接近临界点时,各子系统间就产生了长形关联,形成协同关系,促使序参量生成。

序参量就像一只无形的手,它使系统中每个组元有条不紊地组织起来,支配要素的行为,引导自组织系统有序演化并决定其结果(支配原理)。当系统内部处于相对无序的状态时,序参量值为零;当系统内部处于高度有序状态时,序参量则具有非零值,即系统处于临界点或相变点上时,序参量从无到有发生变化,使系统内部结构发生突变并涌现新的整体性。所以整个系统相变的过程就是由系统状态变量形成序参量,序参量又役使其他状态变量的过程。

序参量具有以下重要特征:①它是系统内部大量子系统集体运动(相互竞争和协同)的产物,是系统合作效应的表征与度量;②序参量一旦形成后就会起着支配或役使子系统的作用,从而也支配着系统模式整体的演化路径;③它是系统内具备相对稳定性的宏观参量,是系统内协调合作程度的标志,决定着系统演进的过程,系统整体行为服从序参量方程。

作为协同论的核心概念,序参量主宰着系统演化的整体进程,还决定着系统演化的结果。序参量研究对技术创新管理的启示是:尽管企业创新过程中的影响因素很多,但只要能够从中找出起决定作用的一个或少数几个序参量,就能把握整个系统的发展方向,即分析研究系统的发展时,只要抓住决定系统发展的主要矛盾——序参量的变化,就能够把握系统演进的方向,这为了解认识创新提供了一条有效的路径。此外,序参量对企业创新提供了新的理论视角,解释了系统如何在临界点上发生相变及主导系统产生新的空间、时间或功能结构,通过序参量的确定,降低创新过程的复杂性,即通过确定构建协同架构,从而降低分别研究多个创新要素导致的管理复杂性,并且借助协同架构形成有序创新运作机制,促进有序态的快速实现。

在影响系统协同运作的因素中,社会经济发展水平和政策法规等,对每一个企业都是相同的,是社会各行业、各企业的共同环境,任何系统的协同运作都必须置于这种规则框架内。而行业竞争、市场需求状况、信息技术发展水平等因素,一方面同时作用于所有企业形成的创新管理系统,构成所有系统的控制参量,另一方面,这些因素极易内在化,要么通过在系统内的交互作用,演化成系统内显现的影响因素,要么成为一种隐现的影响因素,成为引发系统序参量产生的渊源,因而它们只是以控制参量的形式反映在系统自组织过程中,只能把系统内最直接、占主导地位、可控的影响因素作为序参量。

协同即是整个技术创新管理系统的序参量。正是各种因素的协同才使得管理系统达到有序状态,并持续发展。系统走向有序的机理关键在于系统内部各子系统之间相互关联的协同作用,它决定着系统演化的特征和规律,反映了系统间或组织要素间在发展过程中彼此的和谐程度。

1. 环境层面序参量

企业协同技术创新是一个开放的系统，不断地与环境之间进行着能量、物质、信息的交流，只有创造一个良好的环境系统，才能使企业更好地适应环境实现长久的持续发展。

虽然技术创新主要是企业行为，但企业的技术创新活动却不能独立于环境之外而存在。协同技术创新系统功能的发挥，有赖于环境系统对其深刻的甚至某种程度上是决定意义的影响。一方面环境系统为整个技术创新系统引入负熵流，减少企业内部的不确定性，为系统的自组织演化提供必要的外部条件；另一方面，环境中的冗余资源可以作为创新主体与环境之间的缓冲剂，用于解决系统内部的资源冲突，而对创新来说，具有冗余资源是必要的前提条件。创新主要取决于对冗余资源的控制和利用，及从战略层面挖掘这些资源用于创新并发现新机会。它也为创新系统的发展提供正确的方向，通过与环境系统的信息反馈，企业可以正确地选择创新策略，并充分调动内部潜在的创新能力，因此，环境系统为整个技术创新管理系统提供了强有力的支撑。

环境协同主要是基于国家创新系统及制度层面的协同，体现在协同创新主体与环境资源之间的协同，包括政策的、社会的、自然的等多方面环境要素，企业都必须重视并与之建立起有效的协同关系。由于这些因素极易通过系统的交互作用而内在化，成为系统内引发宏观序参量产生的渊源，因此这些外部环境因素或宏观参量就不作为创新系统的序参量，而是在系统自组织过程中以控制参量的形式存在（同时作用于大多数企业的技术创新系统，构成大多数技术创新系统的外部环境，因为是非主宰因素，可以将其确定为控制参量）。针对资源型企业来说，这些宏观因素（如社会经济发展水平、政策法规、竞争、市场需求状况等）对企业创新管理行为和特征的影响，会因企业所处行业特质的不同而存在较为明显的差别，因而导致不同行业企业的技术创新管理的效果也存在较大差异。行业的特质不仅表现为行业竞争的激烈程度及行业产品的生命周期等，更主要的是反映出资源型企业的特点，即通过加强对自然资源的集约利用，提高资源利用效率，使其适应环境要求、与环境协同发展。因此依托行业特征加强对资源的经济、高效、生态、集约利用，形成与资源要素的协同就成为其主导技术创新宏观环境系统良性有序发展的序参量。

2. 企业间层面序参量

伴随着知识的日益全球化，产品和技术的生命周期日益缩短，技术创新本身的不确定性、企业自身能力的限制、技术创新的外部性等原因，使单一企业或公司所拥有的有限资源已无法满足企业对技术创新的要求，从而技术创新出现了跨企业、跨领域的特征，不同企业所具备的专业优势成为技术创新的重要依托。对于资源型企业，不能仅仅依赖于资源禀赋，因为对自然资源的单纯占有已经无法满足企业在技术创新过程中对各种资源的需求。只有借助于企业间基于专业优势的协同合作，创新主体通过对创新过程的充分整合和有效管理，才可获得技术创新所需的各方面技术、信息，充分利用内外部创新源，改变原有的生产组织形式和资源配置方式，构建一个动态开放、相互合作的网络，经过不断地学习以及知识创造才能提高自身的技术创新能力，也才能达到获取和维持竞争优势的目的。

对于资源型企业来说，如何借助企业间的协同创新提高技术创新能力，从而提升企业的自主创新水平，将成为关键问题。基于创新资源及行为主体的协同，最常见的形式是企业集群式创新，即一方面通过集群学习实现资源共享，另一方面通过集群式的"拉动"和"挤出"效应，推动整个集群技术能力的提升。通常情况下集群式结构组成主要依托地理上接近的产业链、供应链或价值链关联。作为资源型中小企业技术创新体系来说，基于技术链、供应链等内在联系建立起来的合作技术创新，由于在技术、产品、市场等方面存在相通性，合作网络内企业的技术创新成果可以较迅速地移植或转移到其他企业，技术之间相互融合，可激发大量的技术创新。同时，随着企业间联系的日渐紧密，网络内企业间技术交流、技术扩散会更加频繁，体现在以合作网络为联结的资源型企业与其他创新主体间的跨企业协同，更具有现实意义。

当依托合作所建立的企业间协同创新网络形成以后，随着各种知识在网络内的流动，创新主体从网络中各取所需，共享知识，网络效应的充分显现，使各个主体都能获得最大的利益。这种协同创新是不同知识流在企业内部学习和适应的过程，是企业内、外部力量交互作用的过程。它对于形成最终产品或生产，对于创新资源的充分整合，技术创新的有序扩散，形成并引导有利的创新方向，提高企业的创新能力和创新水平都具有重要的作用。因此在这一层面上，基于合作网络的创新主体间的协同是主导本层面创新系统的序参量。

3. 企业内部层面序参量

张浩研究提出，能力是企业序参量的重要表现形式。能力是一个由若干要素构成的、综合性的能力系统，是技术创新行为的各种内在条件的总和。能力是企业对技术创新资源的激活、连接、协调、控制，是企业技术创新的基础和支撑，它不仅指企业推动技术创新的能力，逻辑上也应包括整合内外部资源的能力、满足客户市场需求的能力、管理和组织创新的能力等，因此它是最重要的组织资源和核心竞争力来源。

能力作为企业序参量的表现形式，主要体现在以下几个方面：首先，它可以从宏观上描述企业整体行为和技术创新发展的特征，表现为企业技术创新水平及发展潜力，是企业展开协同创新的基础；其次，它是影响企业技术创新相关因素长期集体运作的产物，是各部分相互配合协作形成的，表现为系统及其内部协同效应的产生；同时，企业技术创新活动所有资源的利用和整合(包括对环境资源的利用、对合作系统的整合)都要围绕能力展开，企业各层次间协同运作也需要围绕能力，与能力紧密相关，且受其支配，而不同的企业，其能力也体现为不同内容。因此，能力是企业整体技术创新活动序参量的表现形式，基于企业能力的协同是主导本创新系统的序参量。

本书认为，企业技术创新活动序参量的重要表现形式之一就是其能力。它是资源型企业通过对资源的充分利用和有效整合而形成的，因而能力的协同具有序参量的特征，并且能力系统构成企业协同技术创新系统的核心。

协同学揭示了物质状态变化的普遍程式，即"旧结构—不稳定性—新结构"，随机力和决定性力之间的相互作用把系统从旧状态驱动到新组态。"协同导致有序"是这一基本理论的高度概括。涨落是状态变量对其平均值的偏离，是对原有系统均衡态的破坏，又是使系统达到新的均衡状态的内在动力。在自组织理论框架下，创新系统处于动态平衡中，创新主体间、环境要素间相互作用，协同这一涨落因素随机地驱动系统获取物质、能量和信息的非平衡过程，这种涨落在临界点经正反馈放大后，形成巨涨落，从而导致创新过程突变，系统才有可能涌现出新的结构，朝着新的方向演化。

初始状态下，创新系统内部各参量势均力敌，此时要素间的"资源竞争"发生得最为频繁，且多属于低水平的恶性竞争中，创新则处于对现有产品和技术进行微小改进的初级阶段，创新系统行为受到抑制。而协同促进了创新系统内知识的积累、溢出、扩散、共享、转化等活动，使企业摆脱束缚的动力极为强烈。此时，要素间资源的恶性竞争向良性协作转化，协同优势充当了整个创新系统的序参量。当重要发明、技术突破、生产要素与供求状况的重大变化，以及某些突发事件发生，即所谓的过程突变、巨变时，整个系统的结构、模式发生变化，协同优势在整个创新系统渗透，引致创新系统核心知识、关键技术及技术支持等发生变迁。创新系统依靠参量涨落发生巨变，从而达到新的稳定态。协同创新系统演化路径如图 3-6 所示。

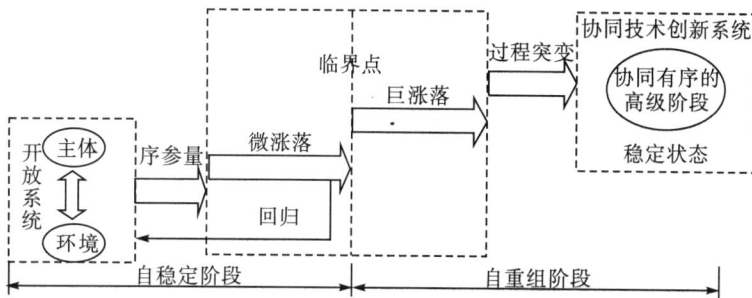

图 3-6　资源型企业技术创新系统协同演化路径

资源来源：根据李锐、鞠晓峰的《基于自组织理论的技术创新系统演化研究》整理所得。

3.3.2　协同技术创新管理系统构建

协同学理论认为，系统在宏观上的性质和变化特征是由子系统间不同的关联（即结构）和协同方式（即序参量）决定的。系统的结构是构成它的大量子系统间的组织状态以及相互联系的反映，可分为空间、时间和时空结构。系统的有序指的是系统结构在时间和空间分布上的周期性和重复性。当系统具有一定的结构时，便对外界的作用表现出一定的特性和能力，这时系统就具备了某种功能。因此说，结构是系统产生功能的基础，功能是结构的外在表现。由于孤立系统总是自发地趋向于均匀和平衡（用热力学语言来说，孤立系统的熵总是趋向于它的极大值），即从有序向无序方向演化，所以系统只有保持完整的结构，与其他系统保持有效联系，从而不断从外界吸取物质、能量和信息才能抵消内部的熵增而使系统走向有序。

资源型中小企业协同技术创新的影响因素很多，只有作为系统序参量的因素才能真正反映协同创新系统的整体特征和结构（图 3-7）。结合协同学理论，通过对企业技术创新管理系统的慢变量和快变量的分析，确定协同是整个系统的主序参量，而在每个层面又分别具有各自的序参量，即基于环境特征、合作整合、核心能力的协同。依据上述序参量的分析，可将企业协同技术创新管理系统视为由环境支持系统、创新主体协同系统、企业内部协同系统共同构成的一个复杂开放系统，它由多主体多要素的多维子系统构成，其运行过程就是协同学理论中开放系统的自组织过程，各创新子系统在协同机制作用下迅速地进行自身调整以适应环境，并自发地达到新的有序状态，其运行的目标是通过不断整合系统内的创新要素，实现协同创新的增值效应，最终实现系统总目标，即企业的技术创新战略。

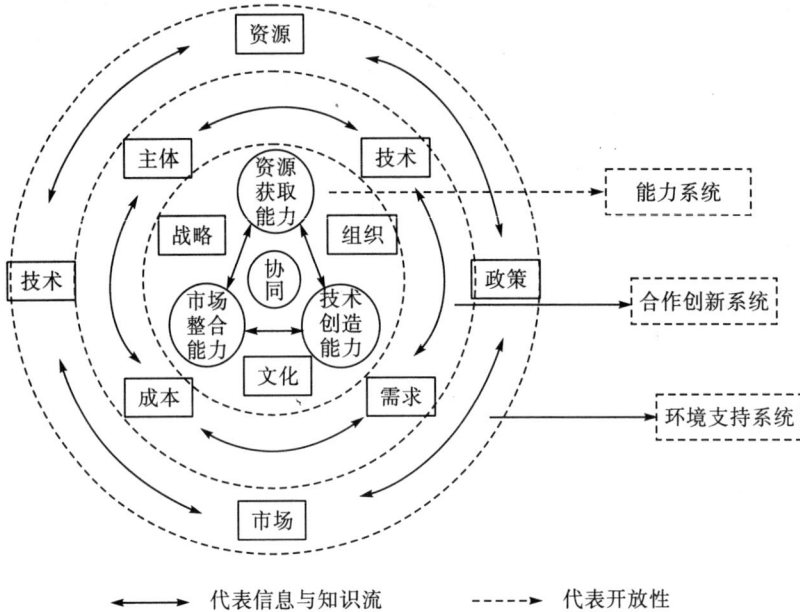

图 3-7   协同技术创新管理系统结构图

1. 企业与环境的协同——环境支持系统

首先，复杂适应系统理论认为，环境的变化不仅影响企业状态，而且影响协同群体的内部属性、特征、结构和行为方式，良好的外部环境是企业协同创新行为发生的必要条件。这些对企业创新行为产生重要影响的因素结合在一起，共同构成了协同创新群体的生态系统，它们密切相关，互相联系，通过相互间物质、能量和信息的交换实现协同发展、共同进化。

其次，协同群体的创新能力和创新效率取决于协同企业所能获取的有效信息和知识的数量，及自身对这些信息、知识的处理、整合能力，协同企业必须与环境加强联系，不断增加获得信息的机会，增强自身的知识积累和吸收能力，从而提高创新效益。环境的恶化会引起资源的破坏，解决之道就是协同发展，这样既可以维持资源系统的完整和多样，也可以使资源的合理开发利用与环境保护同时兼顾。尤其是对资源型企业来说，环境更是其技术创新重要的影响因素，所以不能仅将其作为控制变量来研究。

与环境的协同包括环境知识与资源的获取与更新，它是企业在协同技术创新过程中时刻关注协同环境的变化，并基于环境洞察力迅速反应，不断地搜寻和捕捉环境信息与知识，及时地更新协同网络的资源与知识库，努力寻找与环境相适应的资源配置方案，而不同的行业具有不同的环境特征。

环境协同系统所具有的管理优势包括两方面。一方面，从本质上看，环境影响因素既是系统发展的内生变量，亦是外生变量。所以资源型企业环境支持系统的协同，可以从内部和外部两个方面解决创新系统可能存在的"失灵"。从内部来讲，环境支持系统可以有效防止发生"系统性失灵"。作为资源型企业，其资源禀赋及根植性是重要特点，也是其培育核心竞争力的重要源泉，但如果对其的依赖性超过一定界限后，会带来运作僵化、环境脆弱性、锁定及发展动力不足等负面效应。只有保持环境系统的协同与开放性，才能超越根植性，突破锁定，充分发挥资源的聚集与整合效应，提高资源配置效率，为整个创新系统提供有效的激励和驱动，不断延长企业的生命周期，提高自身竞争能力，实现技术、市场、环境等的融合。另一方面，从外部来讲，可以防止发生"市场性失灵"。技术信息与竞争信息从根本上影响着创新管理系统，环境支持系统重视技术与竞争的匹配，通过协同作用可以有效地支持企业与外部环境间的信息沟通，能够充分适应环境的变动，保证所掌握的信息具备完整性与变动性的统一。

而为构建环境协同体系，企业必须首先建立技术市场一体化的创新体系；其次建立生态责任和环境保护体系。资源型企业自身的特点决定了生态和环境保护成为其重要的社会责任，可以增强自身可持续发展能力，并避免对生态造成不可逆转的破坏。这并不能单独依赖技术手段或企业本身，这种社会责任只有通过企业、政府和社会之间充分的互动协同才能有效解决；再次加强与国家创新体系的联系，依托国家创新体系实现4个创新集成，即知识创新——独立科研机构和教学科研型大学的集成、技术创新——企业的集成、知识传播——教育培训机构的集成、知识应用——社会、企业的集成。

2. 企业间的协同——合作创新系统

资源型企业间本身也存在着一定的合作机制，比如一些资源产业集群。但由于这些产业集群多是基于自然资源（如煤炭）的基础上发展起来的，常表现为单一的产业结构，集群内企业间的联系更是多为简单的原材料供应关系，技术联系并不紧密，也缺乏与其他企业、部门和中介服务机构多样性的合作与联系，整个合作体系内成员的网络活动关系松散，难以体现出集群所应具有的互补性、网络性特点。这种资源需求的同质性，使得创新网络内企业间的竞争成为一种"零和博弈"，很难通过相互合作和协调达到共赢。

而协同合作创新是一种完全不同的运作机制，协同创新系统是一种复杂的交互网络系统。它存在着创新主体层面间技术创新的横向竞争，但更注重各主体间技术的协同合作，只有如此，才能提升整个协同网络的整体创新水平，继而提升企业自主创新能力和水平。在网络内，一方面各个协同伙伴之间在技术能力、管理水平、运作机制、人力资源等方面存在着很多差异和障碍，同时作为独立的经济利益实体，又具有各自独立的战略目标、利益诉求及有限理性边界，会出现其个体行为与合作网络整体目标的冲突。另一方面，他们又有着共同的追求，随着整个创新网络内技术复杂性及专业分工环节的增加，企业间不可避免地存在着对技术创新行为进行协同和整合的要求。

由于在创新网络内对上下游企业、协同主体间技术、信息、管理的整合，极大地促进了知识的流动和交换能力，可以集成来自不同企业和主体的创新成果，它以集成知识为条件，形成一种知识的联盟，并着眼于未来的发展。同时，基于网络的协同创新是一个开放的系统，协同各方是资源互补、相互促进和依赖的，要求企业主动从协同伙伴寻求资源配置的切入点，解决技术创新的瓶颈问题。

　　合作创新网络的协同管理是以协同机制为前提，以协同技术为支撑，以信息共享为基础，从系统全局出发，促进网络内企业实现内外部协调发展，以提高网络的整体竞争力，从而实现整体价值的最大化。合作网络协同创新管理主要体现在三个层面。一是处于最高层次的创新战略层。它以概念模型和协同管理思想为基础，对整个网络的协同进行定性或定量分析，规定策略层协同和技术层协同的程度和范围，其关注的问题主要包括创新主体和项目的选择分析、创新资源的集成、投资规划、制订网络运作最优方案和知识共享等，同时对协同管理的关键要素、预期协同价值收益、协同机制等方面进行模型分析。二是创新策略层协同。主要包括具有直接联系的上下游企业间的需求协同、技术协同、风险承担、收益分配等，其关注的问题体现在对网络内不同企业进行创新的技术兼容性、创新过程的整合管理、技术创新的收益分配等方面，包括决策、组织、激励、协调、转移机制等。三是技术层协同。它是实现创新协同的基础和关键，以信息技术为支撑，包括技术转移、技术扩散等，通过网络技术、平台搭建、知识传输实现协同运作。

　　技术创新协同要求网络内各节点的企业为提高整体创新能力，努力加强彼此的协调，通过公司协议或联合组织等方式结成协同网络式联合体，成员在彼此信任、承诺以及弹性协议的基础上进行合作，以共同的战略目标为基础，通过技术信息的动态交流、知识创新成果的共享，相互信任、紧密协作、协同决策，向着共同目标发展。

　　企业协同合作系统所具有的管理优势包括如下几方面：①不再将各个企业孤立看待，而更多考虑企业间的内外联系，通过多个企业构建起网络，实现彼此融合，成为一个有机整体，共同整合资源和技术，做到同质共享，异质互补，通过技术创新提高各自的创新竞争优势；②网络内各节点企业在各种信息知识共享的前提下，隐性知识、先进技术在合作主体间充分扩散，使企业技术学习能力及技术创新能力不断增强，突破该领域技术创新能力的瓶颈，追求创新网络整体的最大效益，不仅摆脱了单个企业以自身利益最大化为目标，分散决策及开展创新活动所造成的整体绩效低下，也通过建立起有效的协同机制而实现管理的高效；③网络企业的构成及其运行规则的制定主要是基于最终客户的需求，目标是整个网络整体价值的增加；④网络内企业间以信任、同步、团结建立起新型伙伴关系，可提高整个合作创新网络的柔性并实现价值的最优；⑤使创新风险在创新主体各方分摊，以降低单个创新主体技术创新风险，从而提高创新成功率，缩短研究开发时间。

　　企业的合作创新体系是建立在一定基础上的，首先是明确合作各方具有共同的创新目标，这是形成合作和取得创新优势的前提，其次要提高创新主体间的协调度。此外还要加强对隐性知识的获取。企业内部的知识可分为显性知识和隐性知识，显性知识能够比较正式、方便地在人群中传递和交流，而隐性知识只存在于组织内个人的专业技能、团队的特殊关系中，以及特殊的制度、态度、信息处理及决策之中。据统计，企业中的隐性知识大约占其知识总量的90%，显性知识则只占不足10%，而获取隐性知识必须通过深层次的接触和挖掘才能实现。在中小企业单独创新过程中，很难获取其他企业的隐性知识，而通过协同，使中小企业间的联系和沟通大大增强，合作不断加深，随着信息交流和知识的流动，使隐性知识外部化，得到充分扩散。

　　具体做法包括：①组建协同创新平台并建立协同管理联盟机构，其特点是由政府引导、以强势企业做盟主、借助高素质咨询和解决问题的团队，通过订立契约、协议或以股份形式明确各方责、权、利，同时建立各方认可的运作方式，协调各自的创新战略及目标，建立起顺畅的信息沟通渠道；②建立协同管理的信任机制，注重网络内企业文化的协同，建立长期合作的纽带，以信誉作保障，适当采取法律手段建立起具有多维网络性和迅速扩展特征的协同信任机制，并保证其有效性；③建立协同管理的激励机制，以信息知识共享及信息系统作为协同的保障、建立科学合理的绩效评估及激励系统，以利用合理的利益调节机制使协同创新系统整体效益最大化；④强化企业信息化建设，先进的信息技术是实施协同创新的根本技术保障，它可以使合作伙伴间及时地进行交流和信息共享，分散在各地的企业能够共同对研发、产品和市场制定计划策略；⑤建立技术创新协同评价体系，主要包括协同能力的评价和协同效益的评价。前者主要进行产业和技术选择、协同伙伴、供应链关系、知识技术转移和共享能力、协同机制以及创新技术市场实现能力的评价，后者主要是对创新协同带来的企业能力（包括技术创新能力和管理能力）改进的评价。

3. 企业内部协同——能力系统

协同技术创新产生新知识的过程，实质上就是企业动态能力的形成过程，它为能力的构建和提升提供了不竭的优质知识和资源。协同技术创新活动在动态能力的引导和推动下，通过企业与外界广泛的联系和相互作用来实现资源、知识的顺畅交流，使创新系统具备柔性化和动态适应性，产生有别于其他企业的"异质性"资源，克服核心能力的刚性，减少知识的黏滞性，使企业创造出有利于协同系统整体有机协调发展的新知识。

对资源型中小企业来说，能力是其实现有效技术创新的根本。但受制于中小企业特点，其创新能力发育本不完善，技术能力薄弱，管理能力亟待提高。此外，大量研究表明，许多技术创新项目不成功的一个重要原因就是技术创新缺乏与组织、文化、战略等非技术因素方面的协同匹配。就是说企业不仅要进行技术上的创新，还必须以技术创新为中心进行全面、系统、持续的创新。企业作为能力的集合体，不仅仅需要技术能力的培养，而且包括各种能力的培育、协同，包括创新资源整合能力、创新组织管理能力、创新市场实现能力等。其实质是以提高企业核心能力为目标，以战略为导向，在协同管理的作用下，通过核心要素（技术与市场）和若干支撑要素（战略、文化、制度、组织、管理等）的协同创新，形成内部持续创新的协同能力。

为了确立其竞争优势，企业必须不断积累、保持和运用各种能力，而技术创新能力作为重要的企业能力是企业获取成功的关键因素。企业以科技能力为创新动力，以创造和满足外部市场需求为创新目标，通过不断积累创新资源，集成包括适合于企业技术创新的资源投入能力、研发制造能力、市场营销能力、管理能力等，增强创新管理的有效性，使技术创新系统更加完整，延长技术创新链，完善技术创新网络。它不仅覆盖企业自身及直接相关的供应商和直接客户，还包括相关的外部组织及外部组织与企业的联结边界，不仅关注于物质资源流动，还重视信息流、知识流。

创新资源的整合能力是企业创新能力的关键组成部分，它基于协同创新系统整体发展的需要，通过快速优化、整合、构建和重组企业的内外部资源，修正企业的运营操作能力，使企业适应动态、复杂环境的快速变化，为协同技术创新提供方向和动力，为获取协同创新系统持续竞争优势提供动力源泉。

　　企业内部研发能力即创新实施能力的强化也是必不可少的。一方面，企业如果缺乏内部技术能力，自然难有资格参与协作，也不会受到协作伙伴的青睐；另一方面，企业如果自身创新能力欠缺，不仅难以判别协作伙伴的优劣和外来技术的适用性，而且也很难有效地吸收协作成果为自己所用，也就失去了协同创新的意义。一旦具备了这种能力，则可更好地识别协作伙伴，更严密制订协议，更有效监督协作伙伴的研究活动，更科学地评价彼此间的研究成果，从而更顺畅地融入协同创新过程之中。

　　企业能力协同系统所具有的管理优势主要包括两个方面。一是在技术创新过程中，能力体系作为一个开放系统，表现在可根据企业创新的需要调动和吸收外界能力要素来完善内部的能力结构，同时还可能改造外部环境，创造出更加适合的生存条件。因此，完整的企业技术创新能力系统应该是企业内在能力和外界环境所赋予能力的结合。二是创新系统作为一种能力空间，它揭示并决定了企业技术创新活动不是以企业为边界的，即不是以完全占有的资源和能力集合为标准，而是以可以获得的资源和能力为边界来衡量。通过技术创新能力空间，企业技术创新则可以突破狭隘的企业边界，拓展企业的资源和能力边界，从而为企业获取竞争优势提供更广泛的支持。

　　能力具有动态性、综合性，因此对能力系统的构建不是把各种能力简单地拼凑在一起，而是必须进行整合与协调。既包括多部门、多技术、多形式的整合与人们之间的协调、人与设备装备间的协调，也就是所谓的界面管理能力的整合协调，还包括产品创新能力与工艺创新能力、工程化能力与生产能力间的平衡衔接等，还包括技术创新与制度、文化创新的有效协调。同时能力所要求的平衡协调，是一种动态的，以避免创新能力与其核心能力转变成一种僵化的能力。对能力系统的构建有三种具体做法。

　　(1)加强战略引导，强化资源整合，优化资源配置。建立资源控制与开采的高技术化战略指导体系，对环境变革及时做出反应，有效开展对资源的配置，包括资源的识别和获取分析规划(即从战略层面对资源开展识别，搜索和获取内外部创新资源，并将资源与环境进行充分匹配)、开展资源的利用及协调整合(改变传统的资源分配原则)、对创新资源使用及配置情况进行及时反馈分析和调整，高效利用创新资源，充分发挥创新潜力是提升能力的基础。优化配置不是简单地合并、拆分、重组或新建，更重要的是通过优化组织机构、提高研发管理和资源使用的效率，发挥整体优势，重在形成协同效应。

　　(2)加强协调性。首要特征是建立支持协同的组织结构，打破组织部门分割的现状，目的是建设协同技术创新的结构背景，明确各要素的层次及相应的权力与地位，为加强协同战略的实施及要素间的有效联系奠定基础。

　　(3)建立创新型文化及学习型组织。能力理论虽然可以解释企业竞争优势的来源，但在获取持续性竞争优势方面却缺乏有力的解释，由于企业已有核心技术、专有技术、资源等的"相对黏性"(Teece et al.，1997)，以及既有的路径依赖性，使企业往往会陷入能力的"惯性陷阱"(Lieberman and Montgomery，1998)或"核心刚性"(Leonard Barton，1992)。组织学习是推动创新的关键战略举措。无论是应对复杂多变的环境还是协同企业各部门的创新活动，都迫切需要企业加强组织学习，创新学习机制，并把学习引入协同机制中来，并通过学习进而提升企业的决策能力与创新能力，使企业可以适应复杂动态的外部环境，摆脱创新的桎梏与阻碍。所以必须在能力协同的基础上进行核心能力的创新。其重要举措是建立学习型组织，彼得·圣吉在《第五项修炼》中提出，要建立学习型组织需经历自我超越、建立共同愿景、团队学习、改善心智模式、系统思考等五项修炼。对核心能力创新来说，即是要超越现有核心能力，建立不断创新现有核心能力的共同愿景，通过团队持续学习，打破既定思维定势，克服核心刚性，并系统思考核心能力创新问题。通过知识管理和组织学习，不断更新企业的知识系统，不断培育和构建新的能力系统，以新的能力要素充实或替换原有能力要素，为此应建立知识库或信息库，汇集企业内外部的各种知识，建立知识共享与整合的有效途径，并不断更新知识库，实现核心能力不断创新。

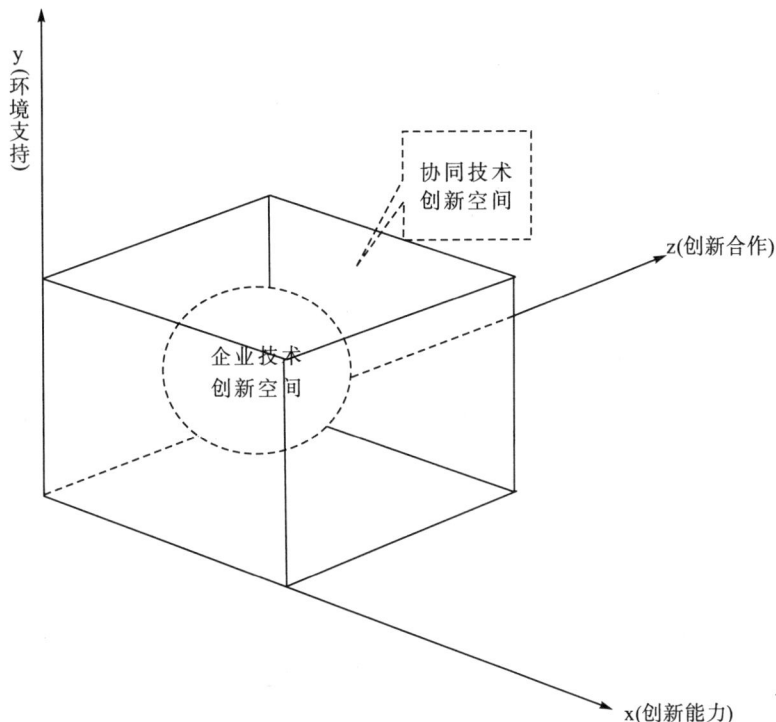

图 3-8　资源型企业协同技术创新系统空间图

　　通过全面考察技术创新各系统之间的协同作用以及对管理运行的影响发现，可将环境支持系统、合作创新系统以及企业能力创新系统合而为一，协同运作，以知识的流动作为主体间互动的主要方式，并通过信息流动，还包括物质流、产品流和创新人才流，将各创新系统连接起来。整个系统形成一个立体的空间结构，环境要素形成环境维，以合作形式组织起来的企业形成合作创新维，企业内部要素组成能力维，此三个维度之间相互影响、共同进化形成整个协同创新管理系统，如图 3-8 所示。

3.4　小　　结

　　创新的产生是一个复杂的过程，其中存在着反馈机制和交互效应，传统创新管理理论在处理复杂创新问题时，往往只重视输入输出，忽视其系统性、动态性，使创新管理过程成为一个理论"黑箱"。协同理论在技术创新管理研究方面的应用，改变了原有的基于牛顿力学和机械观的线性创新管理思维模式，以量子力学、复杂系统理论作为其理论依据和出发点，突出了创新活动的非线性特征，突破了创新活动的时空域和旧有的创新框架，使创新活动的结构、主体、要素与过程研究充分表达了创新生态观与系统观，体现出与传统创新管理截然不同的范式。

技术创新过程由一系列环节所构成，从发现潜在的市场需要到新概念(新构思)形成，然后进入研究与开发、设计试制、中间试验、生产准备、批量试生产、市场开拓、产品与工艺改进(二次开发)，直到大规模生产、创新扩散推广等。实现技术创新过程协同，要重塑技术创新过程模式，流程重组，并行交叉，乃至一体化，形成创新资源的创造性集成。

创新管理就是寻求适合自己企业的有效的创新模式，这种创新模式根植于长期以来形成的组织结构和业务流程的行为模式，带有强烈的组织个性，因而很难被其他组织所模仿。不同的企业采用不同的创新模式，会带来不同程度的成功，事实上存在着一般意义上有效的创新模式，只是每个企业必须根据自身具体的组织和技术特点进行修正。

本章建立起一个基于协同视角的技术创新管理系统的理论框架，下文将结合资源型企业的创新管理实践活动，深入创新管理系统内部，探讨其不同管理活动(依据其所处行业特征、创新组织方式和创新优势及基础等)的运作规律和机制，分别就创新管理活动中不同系统结构下管理要素、产生动因、相互关系、模式特征及运行机理等展开论述，并相应构建有效的创新管理模式。

(1)资源型中小企业的技术创新管理模式是基于市场、技术、资源、组织、政策、环境等要素驱动而形成的产物，但也是基于行业环境而形成的产物。不同企业所处的行业环境不同，导致组织特征不一样，包括各自拥有的资源特性、技术机会、市场需求、政策约束等因素也存在差异，自然资源、技术氛围、市场竞争与需求、环境保护、政策等各种因素的作用强弱不同，因此资源型中小企业依据其所处行业特征，将对技术创新管理模式具有不同的偏好，资源型中小企业的健康成长得益于技术创新系统的形成。中小企业技术创新是在一定制度环境下进行的活动，它涉及国家的技术、市场、组织和各方面政策的影响，这些要素使技术创新系统中各子系统结成紧密相连、相互交流、共同发展的网络或整体。在技术创新系统中，企业不断地与外界进行着能量、物质、信息的交流。一方面，行业环境为整个技术创新系统引入负熵流，减少企业内部的不确定性，为系统的自组织演化提供必要的外部条件；另一方面，行业环境中的冗余资源可以作为创新主体与环境之间的缓冲剂，用于解决系统内部的资源冲突。同时，行业环境的不同也是形成资源型企业在成长与可持续发展方面显著差异的重要原因，因此行业环境对资源型企业的技术创新产生了深刻的影响，值得进行深入探索。本书第四章将通过对自然资源禀赋、行业技术创新氛围、市场需求与竞争、企业组织能力、政府政策和环境保护等技术创新关键影响因素的理论分析及实证研究，区分农业、矿业、能源、旅游四个主要行业类别，利用第一手调研资料针对上述典型行业建立起基于行业特性的创新影响因素、动力机制和模式的理论框架。

(2)受技术禀赋的分布性影响，我国优势技术相对集中于东部沿海地区和高新技术产业，对于西部资源型企业来说，存在技术基础薄弱、技术能力不足的先天劣势，要想实现从资源依赖型向技术创新型企业的转变，必须首先展开有效的合作技术创新行为，进而达到逐步提升技术能力、最终现实增强自主创新能力的目的。而影响资源型企业间合作技术创新行为的诱因有多种，包括资源因素、合作利益、技术能力和技术创新政策等。毋庸置疑，资源与技术因素都是至关重要的，企业的自然资源能力和技术资源能力越强，越有能力通过建立在各种基础上的产权、非产权合作模式来搭建广阔的资源协同和技术协同平台。由此所建立的密切的研发合作活动，可以使合作双方的资源、技术共享程度达到较高水平，为技术溢出创造更便利的条件，这样会为合作各方带来更大预期收益，会促使企业更有意愿展开各种类型的合作来专享丰厚的获利。同时鉴于资源型中小企业技术基础薄弱、技术人才匮乏，自主技术创新难度大的客观情况，地方政府可通过制定鼓励开展合作技术创新的政策，引导实现资源型企业间的资源共享、优势互补、人才互通，从而大大提高企业资源利用和技术创新的效率。本书第五章将通过建立逐步回归模型，实证检验资源因素、合作利益、技术能力三方面因素对西部资源型企业间合作技术创新动机间的影响关系，并试图探讨政府技术创新政策在合作技术创新影响因素与创新动机之间所发挥的调节作用，在此基础上得出若干结论与启示，为我国西部资源型企业准确预测合作技术创新动机、选择合作伙伴，从而有效提升企业间合作技术创新绩效提供理论与实践的依据。

（3）能力子系统构成资源型企业技术创新管理系统的核心，而整个协同创新管理系统为企业提供了培育和提升创新能力的平台。从本质上来说，每个企业都是有个性特点的系统，资源型企业技术创新差异（个性）的综合表现正是来源于其独特要素——能力。作为企业竞争力的根源，能力是非竞争性的和难以模仿与替代的，其差异使不同企业在同样环境条件下发展迥异，而能力强的企业将获得市场竞争优势或超额利润。本书第六章将通过对资源型中小企业创新管理能力的识别、体系和框架的搭建，以及技术能力演化轨迹和模式的研究，结合西部不同地域、行业与企业组织特点、企业不同生命周期与发展阶段特点等因素，针对资源型中小企业的技术创新能力不同构成维度（资源型中小企业的成长过程实际上是自然资源获取能力、技术资源整合能力、市场整合能力相互作用的动态演化过程，它们勾勒出了资源型中小企业技术创新能力的基本结构）提出研究方案，以此为基础构建基于能力协同的资源型中小企业技术创新管理模式体系。

正是由于上述管理协同子系统的差异，各子系统间可能发生的转移、共享、互补、替代，甚至冲突，使得系统的融合、协同形成合力与动力，推动各方协调一致发展，使整个企业技术创新管理系统按照差异—选择—相互作用—协同的基本顺序演化发展，从而创生出更高级的新的系统。

第四章　基于典型行业的资源型中小企业技术创新管理模式

　　本章基于西部资源型中小企业技术创新管理现状，以协同技术创新管理系统为理论基础，从典型行业的视角对西部资源型中小企业的技术创新管理进行研究，分析不同行业资源型中小企业技术创新关键影响因素和管理模式的差异性，为西部资源型中小企业如何正确选择技术创新管理模式提供建议。

　　企业的技术创新活动不能独立于行业环境之外而存在。对资源型企业而言，自然资源禀赋、技术创新氛围、政策法规、市场竞争与需求状况等宏观环境相关要素，会因企业所处行业的不同而存在比较明显的差异性特征。基于中国西部资源型中小企业发展现状的调研结果，技术创新对于资源型中小企业的成长和发展具有重要意义。中小企业技术创新是在一定制度环境下进行的活动，涉及国家的技术、市场、组织和各方面政策的影响，相关影响要素使技术创新系统中各子系统结成紧密相连、相互交流、共同发展的网络或整体。在技术创新系统中，企业持续与行业环境中的相关主体进行着能量、物质、信息的交流。一方面，行业环境为整个技术创新系统引入负熵流，减少企业内部的不确定性，为系统的自组织演化提供必要的外部条件；另一方面，行业环境中的冗余资源可以作为创新主体与环境之间的缓冲剂，用于解决系统内部的资源冲突。

　　本章从典型行业特征出发，试图通过研究支撑、激励和保护技术创新的各种内外部环境因素，探析促进资源型中小企业技术创新的自然资源、技术氛围、市场竞争与需求、组织能力、环境保护、政策等要素对企业的技术创新活动的作用机制，并分析和提炼西部资源型中小企业的技术创新管理模式。本章利用第一手调研资料，对典型行业的资源型中小企业技术创新管理驱动因素进行实证分析，以识别不同行业的技术创新关键驱动因素，提炼典型行业的资源型中小企业技术创新管理模式。

4.1　典型行业选取与分析

　　长期以来，西部资源型中小企业的生存与发展都依赖于具有区域特色的资源禀赋，资源的环境属性对资源型企业形成了比较显著的影响。由于宏观环境与产业环境对不同行业的资源型企业技术创新管理的影响与作用机制不尽相同，本章以西部资源型中小企业为研究对象，选取典型资源型行业，研究环境因素影响下各资源型行业技术创新管理的发展现状与问题，探析其技术创新管理的特征、管理模式及应用。

4.1.1　典型行业的选取依据

依据本书对西部资源型中小企业的概念界定和发展现状分析，从行业特征的视角来看，西部地区资源型中小企业具有以下比较显著的特征。

1. 主要依赖于农牧类、矿产类、能源类与旅游类特色资源生存发展

西部资源型企业在产品成本构成中，资源物耗成本占主体，因此，企业所在区域的特色资源禀赋成为西部资源型中小企业赖以生存和成长的基础。西部地区发展的优势在于其丰富的自然资源禀赋，西部各省在其特有的自然条件下形成了具有区域特色的自然资源，包括土地、雨水、日照、气候、矿产、能源、自然风光等。从资源类型角度分析，西部各省的优势自然资源主要归为农牧、矿产、能源和观光四种典型类别，如表 4-1 所示。

表 4-1　西部各地优势资源归类

资源类型	优势资源地域分布
农、林、牧类资源	内蒙古、四川、贵州、云南、西藏、陕西、甘肃、青海、宁夏、新疆
矿产类资源	内蒙古、广西、重庆、四川、贵州、云南、西藏、陕西、甘肃、青海、宁夏、新疆
能源类资源	内蒙古、重庆、陕西、甘肃、青海、宁夏、新疆
观光类资源	内蒙古、广西、重庆、四川、贵州、云南、西藏、陕西、甘肃、青海、宁夏、新疆

资料来源：根据中华人民共和国中央人民政府门户网站(http://www.gov.cn/)以及各省旅游局网站动态数据资料整理。

如表 4-1 所示，西部地区主要的优势自然资源集中于这四种类型，共同成为西部资源型产业繁荣发展的基础，形成西部区域特色优势资源产业的格局。当前，西部地区依托于四类典型资源发展的农业、矿业、能源业和旅游业产业已经在国际、国内市场上占据一定的地位，是西部地区经济增长的支柱产业，对西部发展战略的实施具有举足轻重的作用。

2. 西部资源型企业呈现比较显著的行业归类

西部资源型企业依据自然资源的地域分布表现出明显的地域属性，依托于西部区域各省市的优势资源，目前西部资源型中小企业主要集中在农副产品加工、金属与非金属矿产、石油与天然气等能源开采以及旅游资源开发等四大行业，如表 4-2 所示。

表 4-2　典型资源型企业行业归类

典型资源型企业	行业类别
农业种植类企业、农业育种类企业、农业产品加工制造类企业	农业
黑色金属矿采选类企业、有色金属矿采选类企业；黑色金属冶炼及压延加工业类企业、有色金属冶炼及压延加工业类企业	矿产资源采选和加工业

典型资源型企业	行业类别
石油、煤炭和天然气开采企业，石油、煤炭加工企业，电力、热力的生产和供应企业，燃气生产和供应企业	能源业
旅游资源开发管理类企业、生活方式型旅游资源企业	旅游业

另外，在西部较为宽松的经济环境和政策环境支持下，农业、矿业、能源业和旅游业四类典型资源型企业依托于丰富的资源禀赋获得了长足发展，占据整个西部企业数量的相当分量，对西部区域经济的发展具有重大的贡献。因此，本章选取西部地区农业、矿业、能源业和旅游业四类典型资源型中小企业作为研究对象，研究行业环境特征影响下的西部资源型中小企业发展现状与问题，探析其技术创新管理的特征、管理模式及应用。

4.1.2　农业资源型中小企业

丰富的土地资源以及适宜的雨水、日照等自然环境所形成的特色农业资源，为西部农业资源型企业的发展创造了条件。西部地区地形复杂，气候类型较多，有利于不同种类植物的生长。西部地区土地资源异常丰富，土地面积占全国土地总面积的70%以上，而人均占有土地五亩（1亩≈666.7m²）以上，比中国全国人均占有土地面积高3.5倍，而且还有大量宜农荒地可以开发。西北平原高山多，冰雪资源丰富，内蒙古、宁夏有丰富的黄河过境水，能够用于农田灌溉，黄土高原及以西地区雨量最高可达年降水量600mm，适宜发展旱作农业，是中国杂粮生产地区，西北平原已形成了全国五大商品粮基地。

农业资源型企业围绕地区特有的农业自然资源而创建，依托资源的有效占有、控制、开发、转移和利用而成长，基于提供具有资源特性的产品而为顾客创造价值。本书把农业资源型企业范围界定在两个类别：一是直接从事农林牧渔生产的企业，即狭义农业资源型企业。这些企业所处的行业是种植业、牲畜饲养放牧业、林业、海洋渔业、淡水渔业、农业服务业、林业服务业、畜牧兽医服务业、渔业服务业等。二是从事农产品加工的企业。这些企业所处的行业有粮食及饲料加工业、植物油加工业、水产品加工业、屠宰及肉类蛋类加工业、罐头食品制造业、木制家具制造业、酒精及饮料酒制造业、烟草制造业等。第一类农业资源型企业其实就是我国传统意义上的农业企业，即狭义农业企业，而第二类农业资源型企业实际就是涉农企业。

西部农业资源型中小企业的技术创新行为具有如下特征。

（1）创新过程协同化。农村改革前，由于我国农业生产单位主要是分散的农户，完整的农业技术创新过程被分为前期、中期和后期农业技术创新活动等不同的阶段或环节。前期活动主要是农业技术研究与发展，其主体主要是农业研发机构和高等农业院校；中期活动是技术的推广，其主体主要是农业技术推广机构；后期活动主要是技术成果的采用与扩散，其主体主要是农户和农业企业。在市场经济条件下，企业等组织逐渐介入到了农业技术创新过程的各个阶段与环节，参与农业技术创新，在农业技术创新过程中所起的作用也越来越大。从微观上看，各个创新主体自身的技术创新行为日趋复杂化，从宏观上看，各个创新主体行为之间的相互学习和交流日益增加，创新过程的协同化特征逐渐显现，创新过程协同化使知识和人才在农业技术创新链上合理流动，有助于提高农业技术创新的效率。

（2）创新主体的多元化。农业技术创新主体是指直接参与农业技术创新过程或者为农业技术创新过程提供条件保障与服务，从而对农业技术创新过程产生实际影响和做出实际贡献的机构与人员，是在农业技术创新活动中能够自主设计农业技术创新行为目标，自由选择农业技术创新行为方式，独立负责行为后果并获得经济利益的能动的个人或经济有机体。在涉及多方合作的农业技术创新过程中，各方都应当是主体地位平等的自主人（高启杰，2004）。随着农业现代化程度的不断推进，参与到农业产业链的主体日益增加，由于农业技术创新的共生性，这些主体都可能成为农业技术创新主体，包括政府、农业科研机构、农业院校、农业技术推广机构、农业科技企业、技术市场、金融机构、农村经济合作组织、农场、农户等。也有人从行为主体方面界定农业技术创新的主体，例如认为主体是农业企业家，具体包括农业生产企业家、农业科技企业家、涉农企业家，此外还有农业科研机构与高等农业院校的人员等。可以预见，随着农业技术创新过程中研发和推广环节组织者的不断增多，以及在不同环节上不同主体的地位和重要性不断变化，农业技术创新的主体将呈现更加多元化的特征。

（3）创新行为的网络化。创新行为是指农业技术创新主体在创新过程中的行为方式。纵观农业技术创新链，随着创新主体日益多元化、创新过程整合协同化，创新行为开始呈现出显著的网络化特征。这表现在：创新主体之间在合作形式与内容上从单纯的教学实习、合作教育向人才培养、研究开发、生产经营全方位合作转变，从单一的人员培训、技术转让、咨询服务和单项技术的联合攻关向技术、资金、人才三位一体，共建多种经济实体的合作模式转变，从教学、科研两个中心向产学研一体化、科工贸一条龙的合作转变；在合作范围与合作对象上，由以面向中小企业、乡镇企业为主的合作向面向所有企业，特别是大中型企业、企业集团的合作转变，由高等院校或科研院所与企业"一对一"式的合作向高等院校、科研院所、企业群体式合作转变，由行业内、地区内的"近亲"合作向跨地区跨行业甚至跨国界的"远缘"合作转变，由国内产学研合作向国外产学研合作转变；在合作层次与类型上，由一次性技术转让、技术咨询向技术入股、技术承包、联营科技企业和合办研究开发与人才培训机构转变，由随意性出资、一次性投资向政策性投资和实质性合作转变，由短期松散型随机合作向共建"三结合"联合体和经济技术实体的长期、稳定、紧密型合作以及重点高等院校、科研院所与大型企业、企业集团的"强强"合作转变。创新行为网络化是创新主体多元化、创新过程协同化的必然结果，同时，创新行为网络化也会更加促进创新主体多元化和创新过程协同化。

由于西部农业资源型中小企业自身的行业特征，其技术创新形成了鲜明的行业特征，具体表现为农业自然再生产和经济再生产过程相互交织，使农业资源型中小企业技术创新更趋综合性、关联性和不平衡性等特点，造成中小农业资源型企业技术创新面临的问题十分突出。从表面上看，主要是缺乏人才、资金、技术源和信息渠道不畅等。但从技术创新过程和系统整合的要求来看，农业资源型中小企业技术创新在资源因素、技术体制、市场结构、组织管理、环境责任、政策约束等方面的问题更加严重。

4.1.3　矿业资源型中小企业

西部地区蕴藏着丰富的矿产资源，为矿业资源型企业奠定了物质基础。在西部地区已探明的矿产资源有一百多种，除具有明显优势的煤、石油、天然气外，还有铁、锰、铬、钒、钛、金、铜、铝、锌等。其中，煤、铁等矿产资源分布在中国的 9 个省区，绝大部分在西部。白云鄂博稀土矿被誉为"世界稀土的故乡"，在国际市场占有竞争优势；金川、攀枝花和包头并列成为中国三大金属资源开发地。中国的大部分能源贮藏在西部地区。山西、新疆、内蒙古、甘肃、陕西等是中国的重要煤炭基地，具有产量大、质量好、埋藏浅、种类齐全等优势，适宜煤炭产业的发展。

本书把矿业资源型企业界定在两个类别：一是矿产资源采选类企业，包括煤炭开采和洗选业、黑色金属矿采选业、有色金属矿采选业、非金属矿采选业、其他采矿业；二是矿产资源加工类企业，包括煤炭炼焦类企业、原油加工及石油制品类企业、黑色金属冶炼及压延加工业类企业、有色金属冶炼及压延加工类企业。

但这些产业恰恰又是规模经济要求较高的产业，并且具有较高的平均成本水平，西部矿业资源型产业具有分散化、小型化即"遍地开花"的特征，在资源利用上浪费巨大，即严重的规模不经济。

4.1.4　能源业资源型中小企业

我国西部煤炭、石油、天然气资源储量丰富，西部大开发战略的实施给西部能源业的发展带来了历史机遇。西部积极引进资金，推动技术创新，不断推进传统能源企业兼并重组。西部各个能源基地建设初见成效，大集团发展势头良好。如 2006 年，国家发展改革委员会批复了 13 个大型煤炭基地建设规划，包括宁东大型煤炭基地、陕北大型煤炭基地和新疆维吾尔自治区煤炭资源开发建设，为西部地区调整和优化煤炭产业结构、促进地区经济发展提供了重要的能源支撑。

根据西部地区能源特征，能源业资源型企业范围主要包含四个类别：石油、煤炭和天然气开采业，石油、煤炭加工业，电力、热力的生产和供应业，燃气生产和供应业。本书研究的能源业资源型中小企业仅指煤炭、石油、天然气等非再生资源的传统能源产业，不包括水能、太阳能、风能、潮汐能、生物能等可再生资源的传统或新能源产业。

4.1.5　旅游业资源型中小企业

西部地区历史悠久，自然风光独特，是旅游业资源型企业成长的沃土。由于地处第一阶梯和第二阶梯，西部各省地势崎岖，地貌多变，独特的自然和人文景观构成了中国西部地区如诗如画的旅游热点。从自然景观的分布来看，西部各省的自然资源极其丰富并富有层次，有著名的珠穆朗玛、贡嘎山等壮美的极高山，有九寨沟、峨眉山、黄龙等纳入《世界自然遗产》的中山和低山，有广西桂林、云南路南石林、贵州织金洞等喀斯特地貌景区，有长江、黄河及珠江的源头和上游水域景观，也有云南西双版纳、四川卧龙、贵州梵净山等热带及亚热带森林。而与自然相适应的人文景观也绚烂夺目，尤其是云贵川及新疆等地区丰富的少数民族文化与人文景致，与自然资源共同构成了极富吸引力的景观环境。

1. 旅游业资源型中小企业的界定

根据世界旅游协会（World Travel and Tourism Council）对自然旅游（nature-based tourism）的定义，自然旅游是以海滩、湖泊、森林、山峰及其他自然景观为主要吸引物的旅游。根据对资源型企业的定义，本书将"资源型旅游企业"建立在对自然旅游的定义上，主要指直接利用和开发海滩、湖泊、森林、山峰及其他自然景观资源的旅游企业。

根据我国的实际情况，按照企业对自然资源利用在旅游运作中的方式，本书将资源型旅游中小企业分为资源开发管理型及生活方式型旅游中小企业。前者主要侧重于按照一定的规划实现资源的首次开发和景区管理，而后者侧重于基于原有或是已经开发的旅游资源，提供具有自然环境下人地生态系统特征的旅游接待或旅游服务，是否需要进行基础设施的建设和管理是这两种资源型旅游企业的本质区别。同时，这两种不同的旅游资源型中小企业往往在企业资金、规模、管理模式和盈利模式等各方面又存在不同的特点。资源开发和管理型旅游企业与所在景区内众多生活方式型旅游企业共同处于一定区域的自然环境中，对资源存在具有共同的依赖，彼此之间存在竞合关系。因此，研究旅游资源型中小企业不能脱离其所在区域。

2. 西部旅游业资源型中小企业的特点

研究发现，小型旅游企业的发展和管理与企业主、旅游活动的特点及所在区域及其环境因素存在重要的相关性。因此，本书分析西部资源型企业在这几方面的特征，由此对其技术创新研究提供指导和分析依据。首先，企业所在位置决定了资源型中小企业面临的区域特点，这为分析提供了背景框架。其次，旅游活动特点指的是资源型旅游企业提供的旅游产品具有的行业特点，企业通过产品实现利润目标，因此其技术创新活动不能脱离行业特点的分析这个前提条件。再次，企业主因素体现在技术创新管理上，主要表现在企业家精神，这是企业内部的微观层面，对企业的创新活动有直接的影响。在企业运作过程中，企业家的意识和行为通过企业行为体现出来，因此本书作了相应的调整，着重分析西部资源型中小企业所在的区域特征、行业特征及企业特征。

（1）西部旅游业资源型中小企业具有区域性特征。中国西部是一个自然资源丰富的地区，具有独特性和生物多样性，同时，自然资源又造就了独特而富集的人文环境，具有得天独厚的旅游资源禀赋。仅以中国世界自然遗产为例，截至 2011 年 6 月，中国入选的 12 项世界自然遗产及自然与文化双遗产中，仅云贵川及重庆就占据了一半。然而，西部旅游资源的脆弱性特征也是非常明显的。因此，这一区域的旅游可持续发展特别关注自然资源以及与之相适应的人文旅游资源的保护性开发。西部作为中国少数民族聚居的地区，这些世居民族往往与自然保持着和谐共存的关系，在千百年与自然的相互磨合中，作为自然的守护者保留下了丰富的自然资源。中国西部作为世界的自然基因库，受到了国际社会和学术界的关注。因此，西部资源型旅游企业面临着一个国际化的合作环境，有着良好的国际化技术创新网络环境。

（2）西部旅游业资源型中小企业具有行业特征。资源型企业的经济收益与环境保护有着重要的关系，虽然环境保护会投入大量的成本，但是却会带来资源型旅游大环境的良性发展。既然自然资源是资源型旅游中小型企业的基础和依托，环境资源是决定资源型旅游产品竞争力的地区性特征，区域性的合作保护尤其重要。

旅游业是一种综合性服务行业，追求顾客的体验，资源型中小型企业提供的是一种融入大自然的旅游体验产品，而这种产品往往是一个人地环境的综合产物。因此，基于自然的旅游元素除了自然，还有与之相关的其他社会人文因素，是一个社会生态系统的概念。Lunnan 等研究发现，这些企业往往提供一种生活方式的旅游产品而非发展商业。旅游业的一个典型作用就是作为农业的补充经济，提供基于自然的服务或是产品，这些服务或产品往往是本土的，是自然资源与本土人文系统的有机整合。

4.2 要素提取与分析

4.2.1 要素提取

国内外学者们将技术创新影响因素大致分为四类：技术因素、市场因素、政策因素和组织因素。英国经济学家 J. Langrish 调查了英国获得技术创新奖的 84 项成果，结果表明，技术创新受到人员、市场认知、管理沟通、资源、政府等因素的影响；Freeman 领导的 SAPPHO 计划，考察了 29 对创新项目，技术创新受到企业自身因素、市场因素和技术因素的影响；R. G. Cooper 通过对 30 个随机选择的工业、企业的研发活动进行跟踪，发现在技术创新过程中的评价机制也是影响技术创新的关键要素。一般来说，技术创新是科学发明、工程技能、管理知识、企业家精神和市场需求等诸多要素集合的产物，而且还需要一定的社会、政治和经济环境的支持（傅家骥，1998）。戴西超、谢守祥和丁玉梅也通过对江苏省的实证研究，证明技术创新受到市场竞争、创新意识、研究开发、技术能力、企业文化、社会资本、企业家精神、市场政策、市场需求和风险等诸多因素的影响。技术创新的动因、方向、成就大小受到许多复杂的社会因素的制约和影响，例如政府政策导向、社会资源、市场结构与竞争状况等（李志强，冀丽俊，2001）。

资源型中小企业不仅仅是独占自然资源就能持续发展的，其成长与自然资源、行业竞争、市场结构、技术体制、宏观政策都有着许多互动关系，这导致资源型中小企业行业间技术创新差异的影响因素具有多维性。资源型中小企业的技术创新受到资源特征和盈利特征的影响，需要将这两种因素考虑进去。因此，本书从行业特征入手来分析西部资源型中小企业，试图探讨资源、技术、市场、组织、环境和政策等因素对技术创新管理的影响（图 4-1），以及西部农业、矿业、能源业和旅游业资源型中小企业的技术创新管理特征和管理应用。

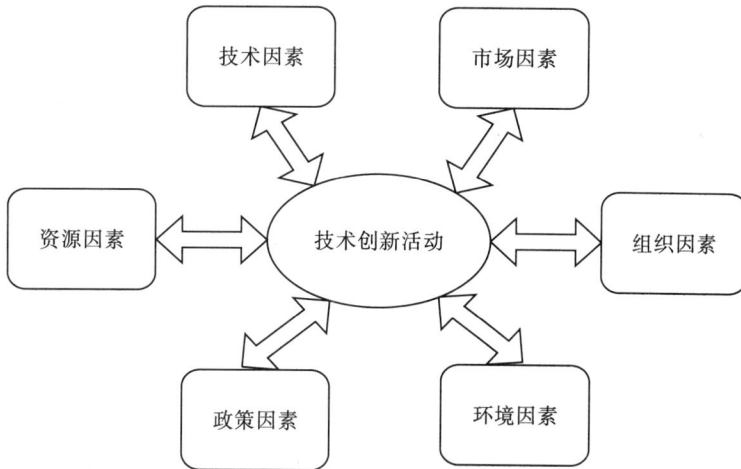

图 4-1　技术创新活动的影响因素解构

4.2.1.1　资源因素

广义资源包括企业所能控制的、能使之形成并实施提高其效率与效益战略的所有资源，包括物质资源、智力资源和组织资源等。从资源基础论的角度出发，资源型企业最突出的特征就是自然资源。相对于其他资源，如智力资源、组织资源来说，自然资源对资源型企业的贡献更大，是企业竞争力的重要来源，企业对自然资源的依赖性强。因此，资源型企业的持续竞争优势更多地来自于自然资源而非其他资源。这是资源型企业和其他类型企业的本质区别。

资源型产业的发展就是依赖当地的自然资源，以自然资源的主体为投入要素，进行产品的生产，是一种以大量消耗自然资源为基础来获取利润的过程。在其过程中，通过对当地自然资源的独占或垄断，在保证资源需求充足供应的前提下，进行产品的生产。因此资源型企业发展是以自然资源的消耗为前提，以牺牲环境为代价的。

Barney 认为，资源包括企业所控制的全部资产、能力、组织流程、企业特征、信息和知识等，这些资源可以使企业设计和实施那些能改善组织效率和效益的战略。借鉴 Barney 的观点，基于资源型企业特征，本书采用四个尺度来衡量资源型企业的自然资源，即资源的附加价值、资源的稀缺性、资源利用方式、资源利用效率。

资源型企业的成长离不开特定的发展环境，资源禀赋是一个重要的发展环境因素。离开了富集的自然资源，资源型企业也就失去了存在的基础。所以，资源禀赋是资源型企业成长的基础决定因素。具体表现为：第一，资源数量的多寡与质量的贫富程度是资源型企业成长的关键，开发利用资源成本的高低决定了资源型企业获取利润的空间，是资源型产品价格的决定因素，关系到资源型企业在产业链上的竞争力；第二，资源的控制程度对资源型企业成长有着重要的影响。资源型企业对资源的控制程度一方面指企业对自然资源占有、控制的程度；另一方面指企业对技术知识和专门知识的控制程度。资源型企业只有对资源形成占有甚至是独占，才能保证企业成长对资源的充足需求。

4.2.1.2　技术因素

资源型企业的产品大多是初级产品，资源型企业的竞争优势则是对自然资源的垄断，而不是产品本身。在产品的具体生产过程中，基于相对较低的技术水平，通过对自然资源的开采和初加工，形成了以初级原材料为产品的最终产品。

在技术因素方面，张耀辉认为，既然是技术创新，最重要的技术因素就是技术本身。技术来源成为影响技术创新的重要因素。在工业革命初期，技术主要来源于常识、技能和技巧。但是随着经济发展对技术的依赖程度越来越高，技术的经济价值就越来越高，企业对技术来源的竞争就更激烈。对于基础创新的主体来讲，这些技术来源越丰富，企业可以选择的机会就越多，对创新的激励作用就越强。日本学者冈田羊佑认为，技术机会也是影响技术创新的因素，他认为技术机会是每个企业或者产业对其所面临技术的潜在可利用性，利用这一概念，可以研究在不同的产业中技术特征对于研发活动生产率的影响，还可以研究因模仿等导致的技术外溢现象，因为企业可以通过利用其他企业所进行的研发成果进行创新。大多数的实证研究指出，知识溢出的存在加快了产业中的知识进步的速度，并因此增加了社会的整体收益，同时知识溢出的存在也阻碍了企业对于研发活动的投资，这意味这知识溢出降低了企业对于技术创新活动的投入。马丁认为，研发和创新的可专用性（appropriability）是影响技术创新的重要技术因素，如果不能占有成功创新所导致的利润，私人投资用于研发的动机将被大大削弱。

从技术环境和产业技术特征因素入手来分析技术创新也是经济学家们常用的研究视角，但这种分析方法其实是通过探讨不同产业内技术创新的社会过程特征来实现的。Maleba 和 Orsenigo 把一个产业中可能的技术制度（technological regime）归纳为如下四个维度：一是技术机会（technological opportunity），它决定了对给定技术创新投资的成功概率；二是创新的独占性（appropriability），它描述了企业防范创新成果被模仿的可能性；三是技术优势的积累（accumulation of technical advantage），即一个企业继续创新的能力；四是知识基础的特性（property of knowledge base），即企业拥有的知识类型对技术创新活动的支撑和巩固能力，而知识类型也被分为通用知识（generic knowledge）和专用知识（specific knowledge）。

资源型企业的内在持久力取决于资源型企业技术创新的持续性。由于资源型企业在创办之初，主要依靠资源禀赋的优势，长期依赖资源的开采与初级加工来实现企业的成长。但由于资源不可能和其他生产要素一样成比例地增加，而只能是越来越少。因此，资源型企业为了实现持续发展，就要投入更多的人力、物力和多种技术因素，以减少由于资源成本不可持续所造成的企业发展前景的黯淡和即将面临的产业萎缩。把技术创新作为企业产品结构、技术结构、经济与组织结构有机化运作的核心动因，是资源型企业发展的原动力，是资源型企业当前和今后持续竞争优势的源泉。因此，对作为一类垄断性比较强的企业，资源型企业对市场的波动除了被动地接受之外，只有通过技术创新活动，才能在保证社会环境的同时，深挖企业内在潜力、扩大资源产品的边际效益。

4.2.1.3　市场因素

市场因素包括市场垄断、市场竞争、企业规模和行业壁垒等因素。自从熊彼特提出了企业规模越大，技术创新就越有效率和垄断型市场更有利于技术创新的假说以来，许学多学者都对这两个问题进行了理论和实证性的研究。莫瑞斯认为，没有任何研究在用研发或者广告解释集中度方面取得巨大进展。而且，企业规模与技术创新之间存在显著的正相关关系也没有得到完全一致的证实。不同类型的产业中，企业规模与研发投入差异很大。最早对这一观点进行深入研究的是 Nelson。对于市场结构和技术创新的关系，以往的研究并没有给出很清晰的定论，虽然有些研究认为市场结构对于技术创新的影响是有意义的，但是并没有多少经济意义。

另外一派研究产业中技术创新不同的观点认为，市场规模和需求增长是决定行业技术创新水平的因素。J. Schmookler 认为，行业中的企业肯定对那些被迫切需求的科学技术更感兴趣。而技术方面的历史学家却有不同看法，Parker 和 Rosenberg 就分别通过历史事件说明：是科学技术本身的特性而不是市场规模的增长决定了行业创新活动的不同。

20 世纪 90 年代后，很多学者对上述问题进行了跟踪研究，Cohen 和 Klepper 研究了长期以来观察到的平均研发强度、市场集中度和差异系数之间的关系，他们指出，企业规模越大，则通过研发获得的产出水平也越高，这可以相当大地分摊研发成本。这一观点较好地解释了很多行业中长期存在的研发生产率和企业规模之间的相关关系。他们又在随后的研究中将创新分为产品创新和工艺创新，研究了企业规模对二者的不同影响，认为工艺创新的回报将更多地取决于企业产出规模的大小。Scherer 对熊彼特的假设进行了再研究，他认为市场的需求拉动是影响技术创新的重要因素。

赵海东提出，没有市场需求，资源禀赋仅仅是区域的条件优势。只有在市场有效需求的诱引下，资源型企业才愿意组织资源、资本、劳动力和技术等生产要素进行产品的生产加工。这是因为，资源型企业是国民经济的物质基础，是一切经济和社会活动的生长源，为下游企业提供必需的基础原材料，为人类生存和社会发展提供着重要的物质资源。而且在市场需求的带动下，资源型企业逐渐发展壮大，在国家国民经济中占有重要地位。即使到现在，无论是人们的衣、食、住、行，还是国家经济建设，都离不开资源型企业所提供的基础资源及其加工产品。目前中国 80% 以上的工业原料和 95% 左右的能源是取自于自然资源，多数是资源型企业经济活动的产物。所以，资源型企业应以市场需求为导向，大力推进企业市场化程度，实现企业的持续成长。这是资源型企业成长的本质要求。

4.2.1.4　组织因素

影响技术创新的组织因素都能够被企业自身所控制和影响，影响企业创新活动的组织因素有很多，以往的研究有部门间协调机制、人力资源、融资能力、沟通能力等。穆鸿声经过对上海工业企业的实地调研，认为企业组织能力的组织结构、人员配置和组织沟通三个维度对技术创新速度产生显著影响。Wheelwright 和 Clark 从组织管理与研发能力的角度提出，产品开发团队的组织优化，能够维持企业竞争优势，团队的功能多样化、高度集成化、项目经理良好的管理能力等都会促进创新速度的提高。Brown 和 Karagozo-glu 的研究表明，在新产品开发的早期阶段与顾客形成良好的沟通、使用 CAD/CAE，可以缩短产品开发和市场导入时间。

企业技术创新活动的开展离不开组织能力，对于组织能力的研究有很多，这些研究结果指出，组织能力对于技术创新活动的效果有正面的影响，并且提高了新产品开发流程的效率。

4.2.1.5 环境因素

　　一般的企业在生产过程中都会存在外部性，但资源型企业在消耗大量的自然资源和环境资源的同时，其外部性表现得更为严重。由于资源型企业直接从事自然资源开发利用，因此其生产活动不可避免地直接作用于自然环境，对环境的破坏较其他类型企业要严重得多。煤炭、石油、有色金属等自然资源开发和初加工过程中会产生大量的废气、废水和固体废弃物，也是地面沉降、坍塌、滑坡以及泥石流等地质灾害的潜在诱因。此外，资源型企业在资源开采过程中存在的其他问题比如污染物超标排放、滥砍滥伐、过度性开采和浪费性开采等问题也十分突出。

　　由于资源型中小企业技术落后、设备老化，仍采用粗放式的生产方式，掠夺性地开发自然资源，并不经处理排放大量废弃物，造成了资源能源的大量浪费和环境的恶化。为此，资源型中小企业必须加强技术创新，通过先进适用技术的发展和引进，转变企业传统的经济增长方式。

4.2.1.6 政策因素

　　资源型企业成长不是孤立的经济活动，它需要与之相适应的支撑体系和政策措施。在这种情况下，对推动资源型企业成长，政府的作用是重要的。政府提供的是经济活动依附的秩序构架，如果没有政府提供的这种秩序稳定性，理性行为也不可能发生，所以政府政策对经济增长的贡献怎么强调也不过分。尤其对欠发达的资源禀赋地区来说，政府在资源型企业形成和发展过程中，往往发挥着主要的作用。如在资源政策方面，政府的作用直接决定着资源型企业的成长。虽然政府对资源型企业的各种干预方法和手段交互存在，但政府大致可以通过贸易管制、征税、价格管制、计划和环境管理、补贴、政府所有权等各种政策手段直接或间接地影响资源型企业的成本或利润率，进而影响企业的成长过程。此外，政府还可以通过强制征收或参股等方式，直接参与资源型企业的生产经营决策，这一现象在能源和矿产行业尤为突出。本书提出下述假设。

　　H_1：资源型中小企业技术创新的关键影响因素包括自然资源、行业技术创新氛围、企业组织能力、市场需求与竞争、政府政策和环境保护。

　　综上，西部地区资源型中小企业技术创新的关键影响因素汇总如表 4-3 所示。

4.2.2 要素分析

4.2.2.1 自然资源

1. 资源控制程度

　　资源的有限性影响资源型企业的生命周期，拥有的资源储量多，企业就能更长久发展，储量少，企业将面临生存危机。资源型中小企业生存和发展的前提条件就是必须拥

表 4-3 资源型中小企业技术创新关键影响因素

目标层	准则层	指标层
技术创新的影响因素	自然资源	自然资源的重复利用程度 自然资源的控制程度 获取自然资源的难易程度 自然资源利用效率 自然资源附加价值
	行业技术氛围	与大型企业建立合作或契约关系 与科研院校建立合作关系 行业技术创新成果转化平台
	企业组织能力	技术人才激励制度 企业技术人才素质 企业创新管理经验 企业资金实力
	市场需求与竞争	市场竞争压力 客户需求增长
	政府政策	政府优惠及扶持政策 政府强制性法规
	环境保护	资源综合利用效率 减少能源消耗 降低环境污染

有充足的资源供应来源。如果拥有了资源的生产经营权或控制了资源的来源，那么就等于拥有了未来的资源市场，同时也就达到了控制其他资源型企业竞争实力的目的。可以说，无论是农业、矿业、能源业或旅游业资源型中小企业，其成长某种程度上取决于所拥有的资源生产经营权的多少或范围的大小，而资源控制战略的制定和实施决定了资源型企业的生存发展问题。从这一角度来看，资源型中小企业控制资源的程度与未来的发展成正比关系。因此，资源控制程度是资源型企业技术创新的重要影响因素，是资源型企业规模扩张、范围经济扩大、市场占有率提高和排挤竞争对手的条件。

2. 资源利用效率

自然资源是资源型企业生存和发展的基石和生命线，资源状况(包括数量与质量)将深刻影响资源型企业的发展，资源利用效率无疑是影响西部资源型中小企业的重要因素。随着企业的成长，不少企业资源开采加工仍沿袭原始的或纯经验的开发方式。资源利用率低，大部分原料被弃置，有的甚至进行掠夺式开发，造成环境恶化，资源的供给和再生能力下降，同时也严重降低了资源的供给质量。目前，我国资源型中小企业资源利用效率存在"四低"，即资源产出率低、资源利用率低、资源综合利用水平低、再生资源回收和循环利用率低。较低的资源利用水平，是资源型企业降低生产成本，提高经济效益的阻碍，也是促进资源型企业开展技术创新的动力。

矿产和传统能源资源属于不可再生资源，加上低碳经济对节能减排的迫切要求，所以矿业和能源业资源型企业对资源利用效率的要求较高，在技术创新方面表现出较强的驱动力。矿业和能源业资源型企业的资源利用效率分为对资源的开采效率和对能源加工处理的效率。这两个方面的效率都与技术创新有着密切的关系。企业只有不断地提高技术开发能力，才能更好地利用资源，提高效率。矿业和能源业资源型企业大多建于 20 世纪 50~60 年代，在发展过程中，很多资源型企业为了一时的发展，大肆掠夺性地开发自然资源，在利用资源上面不讲究效率造成大量浪费，之后不经处理排放大量废弃物。在这样一种生产过程中，企业也就慢慢丧失了技术创新动力，造成了目前资源依赖型企业普遍存在的技术落后、设备老化等问题，企业生产成本高，环境污染严重，现有生产条件和设备难以形成规模化。并且，由于没有资金投入，新产品及高附加值产品开发非常困难。

旅游资源的使用效率通过旅游资源产出率、旅游资源利用率、旅游资源综合利用水平、旅游再生资源回收和循环利用率等来进行评估。我国西部拥有丰富的旅游自然资源，然而，资源不等于产品，要把自然资源转变为产品就需要开发。很多景区的发展局限于旅游资源本身的初级开发，对自然旅游资源的文化价值、生态价值、商业价值挖掘不够。我国的资源型旅游产品单一，大多为依托自然人文景点的传统观光旅游，而这种顾客往往形态粗放，很难形成忠诚顾客。而生态旅游、休闲度假旅游等新型旅游品种开发不足，内涵挖掘不深，游客量少，经济转换总量低。因此，这种现状在一定程度上使该类旅游产品线的深度和宽度得不到拓展和延伸，从而降低了自然资源的产出率、利用率和综合利用水平。较低的资源利用效率，成为了资源型旅游企业降低生产成本、提高经济效益的阻碍，使自然资源的经济价值、文化价值和社会价值得不到充分体现。资源型旅游企业的最终目标是追求利润。在资源一定的条件下，如何深层挖掘自然资源的价值转换是企业关注的焦点。因此，自然资源的利用效率是促进旅游资源型企业开展技术创新的动力所在。

可见，较低的资源利用效率，是资源型企业降低生产成本，提高经济效益的阻碍，而较高的资源利用效率需求正是促进资源型企业开展技术创新的动力。

3. 资源利用方式

资源利用方式可分为完全消耗型/部分消耗型和循环使用型。凡是可以不断得到补充或能在较短周期内再产生的资源利用方式，称为循环使用型。而在较长周期内才能得到补充的资源利用方式，属于部分消耗型。在长期内都不能得到补充的资源利用方式，属于完全消耗型。

西部地区自然资源禀赋是资源型企业成长的必要条件之一，但是农业资源型中小企业大多属于可再生资源型企业，影响西部资源型中小企业的各个内部因素中，自然资源所占比重较小，说明可再生资源型企业对资源的依赖度较弱。但是，提高自然资源的附加价值对农业资源型中小企业技术创新的影响作用较大，是农业资源型中小企业技术创新的重要内部动力因素之一。传统农产品加工往往是初加工，其技术含量低，生产的产品附加值也低。某些西部农业资源型企业以提高资源附加价值为动力，在农产品深加工技术方面有所突破，它们成功开发了一系列农产品深加工技术，充分挖掘了农产品的潜在价值。例如，"宁夏红"对枸杞进行深加工，已经开发出枸杞酒、枸杞籽油、枸杞多糖、枸杞全粉、枸杞浓缩原汁、枸杞蛋白粉、活性胶囊等 50 多种产品，这些产品附加值高，市场前景较好。"新疆中基"对番茄进行深加工，开发出番茄汁、番茄酱、番茄干粉、番茄清汁、番茄红色素、番茄软糖、番茄膳食纤维等产品。

矿产资源是不可再生的"耗竭性资源"，从资源的利用方式上看，矿业资源型企业是属于"完全消耗型"。矿产资源的不可再生性和资源利用方式，影响企业生命周期，其寿命在很大程度上取决于拥有矿产资源的储量，储量多，企业就能长期发展，储量少，企业就面临生存危机。因此，矿产行业对资源利用效率的要求更高，这是促进企业技术创新的动力。

能源资源型企业对资源的依赖度相当高，现在大多数能源资源型企业仍然采取粗放型的发展模式，通过不断增加能源消耗来推动企业的发展，在客观上加剧了资源的消耗速度。企业对资源长期掠夺式的开采，导致资源已逐步枯竭。在这种形势下，资源依赖型企业经过一段时间的发展后，必然会受到资源缺失的制约，现在就有很多企业已陷入资源枯竭的困境之中。因此在资源的利用方式上，能源资源企业需要加快技术创新，采用精细化的资源利用方式。

资源开发管理型与生活方式型旅游中小企业在资源的利用方式上截然不同。由于资源开发型旅游中小企业需要旅游基础设施的初期建设，因此，需要在一定程度上进行自然资源的部分消耗，例如公路交通、旅游接待性建筑等建设都可能对原有的自然植被进行局部的破坏，这种资源的消耗需要较长时间的恢复。旅游开发和管理型的旅游中小企业在资源利用方式上会随着旅游目的地和产品周期的变化而动态变化。例如，初创和成长期，资源利用方式更加接近部分消耗型，而在成熟期则可能更加接近循环使用型。而提供生活方式的资源型旅游中小企业对于资源的利用方式主要是循环使用型，自然资源是这类企业生存和发展的基本条件，是其产品价值提升的保证。这类企业通常直接和消费者接触，虽然可以敏锐的获取这类旅游市场中顾客对于资源审美的感知，但是由于资金、规模等限制和自然资源维护的外部性，往往更有动力通过一定的创新活动来进行服务创新，而不愿对维持资源的基础地位的创新活动进行投入。

资源利用方式将在不同程度上影响企业、政府、社会公共组织等不同利益相关者对于创新的决策。

4. 资源稀缺性

资源本身的自然属性，特别是传统能源资源业，决定了资源的稀缺性。传统能源资源数量的有限性决定了它不能被多家企业共同占用、分享，而且市场供应量在一定时期是稀缺的。

一般而言，农业资源主要是土地和水，是可再生资源。但是，部分地域由于自然条件的限制，对资源的依赖程度很高，主要表现在对资源的使用和利用上。只有利用农业科学技术才能克服资源方面的短缺和困难。比如，在西北部干旱地区，农业的灌溉技术得到重视和改进。

矿产资源的稀缺性导致企业更加关注资源的利用效率，这种稀缺性成为技术创新的一种驱动力。矿业对资源的依赖主要表现在对资源进行垄断。由于矿产属于不可再生资源，且分布不均衡，企业可以通过对资源的控制或占有，实现规模经济，形成行业壁垒等。因此，有的矿产企业选择临近原材料产地建厂。相对于农业而言，矿业对资源的依赖程度相对较高。

西部地区虽然能源资源的存储量较为丰富，但是能源资源的储存量也是有限的，随着能源资源企业的不断开采，储存量越来越少，资源的稀缺性不断凸显，能源资源型企业需要利用新技术寻找新能源。能源资源型企业的发展依赖的自然资源逐步枯竭。由于能源资源型企业对资源的依赖度相当高，现在大多数能源资源型企业仍然采取粗放型的发展模式，通过不断增加能源消耗来推动企业的发展，在客观上加剧了资源的消耗速度。企业对资源长期掠夺式的开采，导致资源已逐步枯竭。在这种形势下，资源依赖型企业经过一段时间的发展后，必然会受到资源缺失的制约，现在就有很多企业已陷入资源枯竭的困境之中。能源资源型中小企业主要是能源资源的开发为主，辅之以初加工和一些后续工序。这类企业不同于其他企业的关键特点在于，它直接依赖于对自然资源的掘取和加工为其盈利模式，对能源资源的依赖程度高于其他企业，因此能源资源稀缺性非常高。

中国西部是一个自然资源丰富的地区，具有生物独特性和生物多样性，同时，自然资源又造就了独特而富集的人文环境，具有得天独厚的旅游资源禀赋。企业如何认识旅游资源稀缺性对于企业的创新环境有着重要的导向性。如果仅仅将这种稀缺性作为一种独占优势，而忽视了稀缺性背后的可持续性危机和依赖性特点，那么将在一定程度上影响企业的技术创新动力。环境保护及生物多样性保护近年来受到国际社会的高度重视。中国西部作为世界的自然基因库，受到了世界的关注，西部资源型旅游企业面临着一个国际化的合作环境，有着技术创新的良好国际化的网络环境。如果企业抓住这个机会，可以弥补自身资金、技术和人力的不足，得到丰富的公共资本支持。中国西部地区资源型旅游中小企业是以资源作为旅游产品开发最主要的载体进行运营的，然而，西部旅游资源的脆弱性特征也是非常明显的。资源型旅游企业的可持续发展需要特别关注自然资源以及与之相适应的人文旅游资源的保护性开发，否则将动摇产业的根基。基于上述分析，本节提出以下三个假设。

H_{2a}：自然资源对农业资源型中小企业技术创新的影响显著；

H_{3a}：自然资源对矿业资源型中小企业技术创新的影响显著；

H_{4a}：自然资源对能源业资源型中小企业技术创新的影响显著。

4.2.2.2　行业技术创新氛围

1. 技术机会

技术来源是影响技术创新的重要因素。农业、矿业、能源资源型中小企业的技术创新环境复杂多变，其技术机会均具有不确定性。首先，技术创新环境的不确定性体现在市场、技术、管理的高度不定性和极度模糊性之中。随技术变革而迅速变化的需求以及技术创新系统的复杂性要求，使得满足需求成为一个动态的目标；其次，技术创新的快速变化使这些技术以空前的速度创造和重组着原有的行业，废弃传统的做法，尤其是通过吸收新的和不同的科学基础，对技术发展的原有轨迹产生极大的破坏，导致创造性的毁灭，这必然要求在技术创新环境中实现供求的高度协调统一。此外，技术创新只有被市场广泛接受，才能真正对经济结构或行业发展产生重大影响。因此，如何迅速被市场所接受，也是其面临的重大挑战，所以能源资源型企业的技术机会较少。

Anne-Mette Hjalager 将科技推力理论作为重要的旅游个体企业技术创新驱动力因素。随着经济发展和用户旅游体验对技术的依赖程度越来越高，技术的价值也得到了更多的体现。对于西部旅游资源型中小企业，自然资源的保护性开发必须基于科学的资源管理和合理规划，信息通信技术的创新应用为西部旅游资源型中小企业提供了工具和模式，如 Internet、GPS、GIS 等技术基于景区内的应用。然而，技术机会获取的差异在大型企业和小企业之间的差异明显，一些大型企业越来越关注技术的应用，而小型企业却难以获得技术机会，因此严重制约了企业创新的动力。

2. 技术扩散

资源型技术的扩散伴随着技术创新首次得到商业化应用，经过大力推广、普遍采用，直至最后因落后而被淘汰的供应过程和市场反应的需求接纳过程。新技术的扩散过程可以看成是新老技术的替代过程，大小受政策环境、企业学习能力等因素的影响，通过市场反应的变化而动态变化。技术扩散能力越大，企业对于创新的感知程度越明显，越容易激发企业的创新意识。因此，技术扩散必然影响到企业的创新活动。

3. 技术协同

资源型企业技术协同性特征表现明显。资源型企业间本也存在着一定的合作机制，比如一些资源产业集群，但由于这些产业集群是基于自然资源（如煤炭）的基础上发展起来的，多表现为单一的产业结构，集群内企业间的联系多为简单的原材料供应关系，技术联系并不紧密，更缺乏与其他企业、部门和中介服务机构多样性的合作与联系。整个合作体系内成员的网络活动关系松散，难以体现出集群所应具有的互补性、网络性特点，这种资源需求的同质性，使得创新网络内企业间的竞争成为一种"零和博弈"，很难通过相互合作和协调达到共赢。

资源型企业的综合性特征提出了协同的基本要求，资源的公共性为技术协同提供了合作的可能性，而西部资源型中小企业自身实力的薄弱使技术协同具有了必要性。以旅游资源型中小企业为例，这类企业往往面临着复杂的生态系统和社会文化系统大环境，技术的协同对于平衡经济、社会、资源的矛盾问题有深刻的意义。企业依赖的资源质量需要通过信息技术、生物技术等进行检测和管理，而资源价值的多角度挖掘需要各种学科的融合，技术与技术、技术与环境之前往往存在协同演化的关系，各种技术因素和外界环境相互共生。例如，针对武汉动物园鹤岛水体的污染状况，结合景观建设，采用生物滤罐和生态型岸边带相结合的生物/生态技术对该水体进行循环净化。实验结果表明，该净化系统对鹤岛水体水质有很大的改善作用，解决了以前水体混浊、夏季水体中藻类浓度高的问题，景观功能明显提高。基于上述分析，提出以下三个假设。

H_{2b}：行业技术创新氛围对农业资源型中小企业技术创新的影响显著；

H_{3b}：行业技术创新氛围对矿业资源型中小企业技术创新的影响显著；

H_{4b}：行业技术创新氛围对能源业资源型中小企业技术创新的影响显著。

4.2.2.3 市场需求与竞争

西部农业资源型企业的产品差异化明显，注重市场需求导向，通常在当地建立农产品基地，或者以"订单农业"的方式将农户组织起来，将传统分散种植的农业经营转变为以市场为导向的规模化经营。这一农业产业化经营模式使得当地农业生产能够根据市场的变化调整产品种植结构和产量。

矿业、能源业资源型企业所处产业的产品差异化不明显，厂商数目比较多，价格是购买决策的重要因素。因此，产业的利润水平决定于市场供需状况，当需求大于供给时，价格上涨，所有产业内的企业均能够享受价格上涨所带来的利益，整体产业的平均利润水平提高；反之，当需求小于供给时，价格则下跌，整体产业的平均利润水平下降。因此，企业产品的销售价格受市场价格的左右，因而成本控制成为这些企业的共同关键发展因素。西部地区矿业、能源业资源型中小企业利用规模的扩张、生产技术水平的提高来控制成本。基于上述分析，提出以下三个假设。

H_{2c}：市场需求与竞争对农业资源型中小企业技术创新的影响显著；

H_{3c}：市场需求与竞争对矿业资源型中小企业技术创新的影响显著；

H_{4c}：市场需求与竞争对能源业资源型中小企业技术创新的影响显著。

4.2.2.4　政府政策

当科技与经济的关系更密切，政府政策对技术创新的影响变得越来越重要。

政府行为对农业技术创新的影响主要表现在它的宏观经济和科技政策以及对农业研究投资的认识和具体措施上。农业科技政策中的立法，是政府干预农业技术创新的一个方面内容，而政府对农业研究资金的注入则是对农业技术创新进行干预的主要手段。

"十一五"期间，我国节能减排行动取得了显著成就，2009年11月，我国政府公布了控制温室气体排放的行动目标：到2020年国内生产总值二氧化碳排放比2005年下降40%～45%。为了完成这一目标，必须采取大量切实有效的措施，"十二五"期间，国家依然会继续提出节能减排指标，并将其与温室气体减排挂钩，企业的碳减排压力会显著增加。具有高能耗特点的矿业和能源业资源型企业，会长期面临节能减排的压力。

中国目前对于自然景区的产业政策决定了一旦个体企业介入旅游景区，将可以获得长时间的资源使用和经营权力，这可能在两方面对个体企业技术创新产生影响。一方面，中小企业相信，国家和大型企业在旅游获得税收和利润的动力驱使下会进行资源环境的保护，并投入相应的人力物力，因此搭便车心理导致忽视自我对资源保护类技术创新活动的进行。然而他们相信，通过环境的保护来保护自身经济利益是有利可图的，因此他们会在成本和效益的比较之下支持前者这一类型的技术创新。同时，中小企业会围绕产品进行自主的技术创新，在景区内形成差异化产品。基于上述分析，提出以下三个假设。

H_{2d}：政府政策对农业资源型中小企业技术创新的影响显著。

H_{3d}：政府政策对矿业资源型中小企业技术创新的影响显著；

H_{4d}：政府政策对能源业资源型中小企业技术创新的影响显著；

4.2.2.5　组织能力

组织能力是企业经过长期生产经营管理固化下来的一系列企业内部的组织结构和流程所反映出来的一种特定能力，它是企业资源的"整合器"。Wheelwright 和 Clark 从组织管理与研发能力的角度提出，产品开发团队的组织优化，能够维持企业竞争优势，团队的功能多样化、高度集成化、项目经理良好的管理能力等都会促进创新速度的提高。组织能力是影响技术创新战略具体执行的因素。目前已有文献探讨，组织能力因素大致可以归为三个类别：与组织结构相关的组织能力、与人员配置相关的组织能力和与组织沟通相关的组织能力。基于上述分析，提出以下三个假设。

H_{2e}：企业组织能力对农业资源型中小企业技术创新的影响显著；

H_{3e}：企业组织能力对矿业资源型中小企业技术创新的影响显著；

H_{4e}：企业组织能力对农业资源型中小企业技术创新的影响显著。

4.2.2.6 环境保护

低碳环保已经成为世界的主题，环境保护对西部资源型企业产生了巨大的影响，给资源型企业带来了巨大的技术创新压力。环境保护从根本上就是大力节约和合理使用资源，提高其利用效率，严格控制钢铁、有色、化工、电力等高耗能产业发展，进一步淘汰落后的生产能力。同时，还要大力发展循环经济、积极开展清洁生产。环境无害化技术中最关键的是三大无害化处理技术。第一，污染治理技术。这是用来消除污染物的技术，通过建设废弃物净化装置来实现有毒有害废弃物的净化处理。其特点是不改变既有生产系统和工艺程序，只是在生产过程的末端通过净化废弃物实现污染控制。第二，废物利用技术。这是废弃物再利用的技术，通过这些技术实现资源依赖型企业生产废弃物的资源化处理。按照循环经济理念，垃圾只不过是放错了地方的资源，所有的废弃物都可以找到有效用途，因此废弃物利用技术是循环经济的重要技术载体。第三，清洁生产技术。这是进行无废弃物和少废弃物生产的技术，通过这些技术实现生产过程的零排放和制造产品的绿色化。清洁生产技术包括清洁的生产和清洁的产品两方面内容，即不仅要实现生产过程的无污染和少污染，而且生产出来的产品在使用和最终报废处理过程中也不会对环境造成伤害。基于上述分析，提出以下三个假设。

H_{2f}：环境保护对农业资源型中小企业技术创新的影响显著；

H_{3f}：环境保护对矿业资源型中小企业技术创新的影响显著；

H_{4f}：环境保护对能源业资源型中小企业技术创新的影响显著。

综上所述，农业、矿业、能源业和旅游业在技术创新活动中的关键影响因素具有差异性，因此各个行业的企业技术创新管理模式也不相同。

4.3 实证研究模型

4.3.1 研究假设

基于资源型企业相关理论、技术创新理论、协同创新理论，以及前述章节对资源型中小企业技术创新实际运作情况的认识，本书认为在企业实践活动中，不同行业的西部资源型中小企业的技术创新关键影响因素有所不同，企业随着自身成长路径和外界环境条件的不同，形成了不同的技术创新管理机制，为识别不同行业资源型中小企业技术创新管理的行为和管理机制，提出本章的研究假设，如表4-4所示。

表 4-4　西部资源型企业间合作技术创新模式影响因素假设检验结果汇总

假设	内容
H₁	资源型中小企业技术创新的关键影响因素包括自然资源、行业技术创新氛围、企业组织能力、市场需求与竞争、政府政策和环境保护
H₂ₐ	自然资源对农业资源型中小企业技术创新的影响显著
H₂b	行业技术创新氛围对农业资源型中小企业技术创新的影响显著
H₂c	市场需求与竞争对农业资源型中小企业技术创新的影响显著
H₂d	政府政策对农业资源型中小企业技术创新的影响显著
H₂e	企业组织能力对农业资源型中小企业技术创新的影响显著
H₂f	环境保护对农业资源型中小企业技术创新的影响显著
H₃ₐ	自然资源对矿业资源型中小企业技术创新的影响显著
H₃b	行业技术创新氛围对矿业资源型中小企业技术创新的影响显著
H₃c	市场需求与竞争对矿业资源型中小企业技术创新的影响显著
H₃d	政府政策对矿业资源型中小企业技术创新的影响显著
H₃e	企业组织能力对矿业资源型中小企业技术创新的影响显著
H₃f	环境保护对矿业资源型中小企业技术创新的影响显著
H₄ₐ	自然资源对能源业资源型中小企业技术创新的影响显著
H₄b	行业技术创新氛围对能源业资源型中小企业技术创新的影响显著
H₄c	市场需求与竞争对能源业资源型中小企业技术创新的影响显著
H₄d	政府政策对能源业资源型中小企业技术创新的影响显著
H₄e	企业组织能力对农业资源型中小企业技术创新的影响显著
H₄f	环境保护对能源业资源型中小企业技术创新的影响显著

4.3.2　实证研究模型

　　自然资源、行业技术创新氛围、企业组织能力、市场需求与竞争、政府政策和环境保护是西部资源型中小企业技术创新的关键因素。为验证本书提出的关于西部资源型中小企业技术创新影响因素及动力机制的理论框架，建立了相应的实证研究模型，如图 4-2 所示。

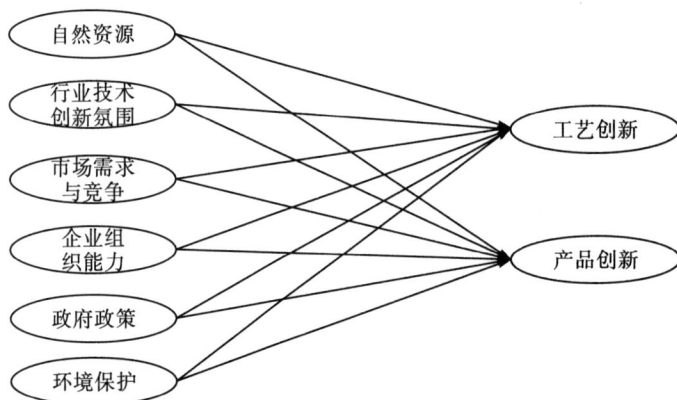

图 4-2　资源型中小企业技术创新影响因素实证研究模型

4.4 问卷设计与数据搜集

4.4.1 变量测项

4.4.1.1 自变量的测项

本书从以下 6 个维度(共计 20 个题项)进行自变量的测度(表 4-5、附录 1)。

表 4-5 自变量测项汇总

要素	序号	变量名
自然资源	Q1	自然资源的重复利用程度
	Q2	自然资源的控制程度
	Q3	获取自然资源的难易程度
	Q4	自然资源利用效率
	Q5	自然资源附加价值
企业组织能力	Q6	技术人才激励制度
	Q7	企业技术人才素质
	Q8	企业技术创新知识积累
	Q9	企业创新管理经验
	Q10	企业资金实力
行业技术创新氛围	Q11	与大型企业建立合作或契约关系
	Q12	与科研院校建立合作关系
	Q13	行业技术创新成果转化平台
市场需求与竞争	Q14	市场竞争压力
	Q15	客户需求增长
政府政策	Q16	政府优惠及扶持政策
	Q17	政府强制性法规
环境保护	Q18	资源综合利用效率
	Q19	减少能源消耗
	Q20	降低环境污染

4.4.1.2 因变量的测项

本书从以下 5 个题项,进行因变量的测度(表 4-6)。

表4-6　因变量测项汇总

序号	变量解释
Q21	近三年技术创新引起的产品销售额增长率
Q22	近三年新产品占销售额的比率
Q23	单位产品成本降低率
Q24	生产周期的降低率
Q25	近三年技术创新成果的市场占有率

4.4.2　问卷设计

本书在综合评述和充分吸收大量国内外文献与理论研究成果，并作深入分析的基础上，采用问卷调查的方式，用于检验技术创新管理的有效性和效果。《西部资源型中小企业技术创新调查问卷》共包含两个部分：第一部分是关于企业技术创新影响因素部分，共计25个题项，主要用于考察西部资源型中小企业技术创新内外部影响因素，即自然资源、技术、市场、组织能力、生态环境、政府政策，对企业整体技术创新能力水平和发展路径产生不同程度的影响；第二部分是企业技术创新绩效情况，共计5个题项，用于评价资源型中小企业的技术创新绩效。综合以上三个部分的考察结果，可以推导出不同行业的资源型中小企业具备不同技术创新驱动因素及驱动机制。

调查问卷中各项目均采用likert七级量表法，考虑企业技术创新能力的各维度部分，从"1"到"7"代表资源型中小企业技术创新相关能力表现。"1"代表"非常高"（很强、很好、很多），"，2"代表"较高"（较强、较好、较多），"3"代表"高"（强、好、多），"4"代表一般，"5"代表"低"（弱、差、少），"6"代表"较低"（较弱、较差、较少），"7"代表"非常低"（很弱、很差、很少）。

为避免产生一致性动机问题，在问卷设计中，并未明确题项所度量的变量，这样的题项安排可在一定程度上防止被访者在填写问卷时形成自己的逻辑，导致降低问卷结果的可靠性。

同时，我们邀请了五位有经验的学者与业内人员进行初测问卷的评价，这五位学者分别是课题负责人、二位对创新能力有量表设计经验的学者、二位行业内理论与实践经验丰富的资源型中小企业高管。他们从以下几方面进行了评价：①对西部资源型中小企业变量的测量是否合适，是否与其他企业相似？②不同变量的测量维度之间是否存在重复测量？③量表对重要变量的题项是否存在遗漏？用语是否简洁、清晰，避免过于理论化。④量表题项数目是否适宜？⑤在企业基本资料部分是否尚有其他需要了解的部分？

本书将结合问卷，采用描述性统计分析、主成分分析、相关分析等方法，对资源型中小企业的技术创新影响因素及其相互作用关系进行实证研究，探讨西部资源型中小企业技术创新管理模式。

4.4.3　数据搜集及样本概况

本书的问卷调查工作于2011年9～12月完成，被调查者是企业中高层管理人员及关键技术人员。这些人员不要求必须是董事长、创始人，因为本书所研究技术创新活动，不局限于企业初创时期的知识，而是包括在企业实际运营的各个阶段，同时企业中层管理人员及关键技术人员可能更了解企业在进行技术创新过程中所遇到的实际问题，也更有发言权。为了尽可能地扩大调查研究的代表范围，样本企业涉及四川、重庆、贵州、云南、西藏、宁夏、甘肃的 27 个市（州）县的 153 家资源型企业。由于问卷涵盖内容较多，而且有些数据可能涉及到企业的商业秘密，所以为保证企业填写的内容真实、完整、有效，研究人员还登录了样本企业的有关网站，并查阅了其公开的信息资料。

　　本次调查问卷设计的测量题项共 20 题，为保证研究达到预期效果，最低回收的问卷数量应为题项的 6 倍以上，故至少需要 120 份（包括三个行业）有效回收问卷。本次调查共发放《西部资源型中小企业技术创新调查问卷》240 份。其中，初期通过认识的朋友及相关企业直接发出 120 份问卷，回收到 106 份；再通过朋友或同事的朋友共 60 人，请他们每人向确定地点和区域中认识的企业各发出 2 份问卷（都是与企业有合作或业务联系的同区域企业），通过此种方式共发出 120 份问卷，实际回收 101 份。以上两种方式取得的问卷回复率与有效率均较好，回复时间也较快，在电话联系后基本上在一周内能够得到回复。最后共回收 207 份问卷，回收率为 86%；在这 207 份问卷中，有 54 份为无效问卷，实际有效问卷 153 份，有效回收率为 65%。无效问卷主要是因为问卷主要项目没有完全选择，导致问卷无效。

4.4.4　数据分析

　　本书的研究是建立在对我国西部资源型企业现状分析的基础上，通过亲自调研、间接调研（即没有接受直接访谈而填写问卷的企业）方法，得出相关研究发现。问卷部分主要由样本企业管理人员、科研人员填写（附录 2）。由于问卷内容较多，且可能涉及到一些企业内部机密。因此，为了保证数据的真实性，研究人员查询了部分样本企业的相关资料，以核实与检验问卷的有效性。

4.4.4.1　描述性统计

　　本次调查对象为 153 家西部资源型中小企业，并且让不同层次员工进行填写。虽然调查问卷的设计、发放和回收都作了充分的准备和考虑，初步保证了获取问卷数据的有效性。但是，在对这些问卷原始数据进行处理分析之前，仍有必要对样本数据的总体特征和分布进行定量的描述分析，在对样本整体把握的基础上保证样本数据的代表性。

　　1. 样本企业的产业分布

　　如表 4-7 所示，本次调查主要涉及到西部地区的三个重要资源型产业，即农业资源型产业、矿业资源型产业和能源业资源型产业。本书对调查问卷中企业选取的所在产业类型进行了汇总和重新整理，以方便进行统计描述。

表 4-7　样本企业产业分布状况

行业	样本数量	占比/%	有效百分比/%	累计百分比/%
农业资源型产业	51	33.33	33.33	33.33
矿业资源型产业	52	33.99	33.99	33.99
能源业资源型产业	50	32.68	32.68	32.68
总数	153	100.00	100.00	100.00

2. 样本企业的地区分布

从地区分布来看,样本企业分散于西南、西北地区(包括重庆、四川、贵州、云南、广西、陕西、甘肃、青海、宁夏、西藏、新疆、内蒙古等),如表 4-8 所示。

表 4-8　样本企业地区分布状况

地区分布	企业数量	占比/%
西南地区	86	56.21
西北地区	67	43.79
总数	153	100.00

3. 样本企业规模分布

鉴于资源型中小企业特征,并考虑资料的可获取性,本书主要从企业员工人数来说明样本企业的规模特征。本书根据企业的员工人数对样本企业规模进行了分类,得出的样本企业规模分布状况如表 4-7 所示。从企业规模来看,样本企业都属于中小企业。样本企业的规模从整体分布上来看,员工人数为 1001~2000 人的企业数量为 47 家,所占比重最大,达到 30.72%,员工人数不足 50 人的企业样本数量较少,所占比重为7.84%。其他规模的样本企业依次是 51~100 人的 20 家,占 13.07%;101~300 人的 18家,占 11.76%;301~500 人的 24 家,占 15.69%;501~1000 人的 32 家,占 20.92%。

表 4-9　样本企业员工人数规模分布状况

员工人数	样本数量	占比/%	有效百分比/%	累计百分比/%
不足 50 人	12	7.84	7.84	7.84
51~100	20	13.07	13.07	13.07
101~300	18	11.76	11.76	11.76
301~500	24	15.69	15.69	15.69
501~1000	32	20.92	20.92	20.92
1001~2000	47	30.72	30.72	30.72
总数	153	100.00	100.00	100.00

在问卷的基本情况中还有从业时间、申请专利数量等分布数据,在此不一一罗列。

按照统计得出的数据分布，被试者的职务主要集中在企业管理者和科研人员，能够充分反映各企业关键岗位人员的行为；部分被试者有过相关培训，保证了对问卷问题的充分理解和问卷数据的有效性。

4.4.4.2　信度分析

信度是一个测量的正确性或精确性，反映了根据测验工具所得到的结果的一致性或稳定性，是被测特征真实程度的体现。如果问卷的信度有偏差(易得高分或易得低分的问题偏多等情况)，说明问卷的信度较低。一般而言，二次或二个测验的结果愈一致，则误差愈小，所得的信度愈高。信度可分为外部信度和内部信度两大类。外部信度通常指不同时间测量时，量表一致性的程度。在多选项量表中，内部信度特别重要，它指的是每一个量表是否测量单一概念，同时测度组成量表各题项的内在一致性程度如何。本书采用克隆巴赫系数(Cronbach's alpha)作为信度的判断标准，测量同一构面下各题项间的一致性以及量表的整体一致性。一般认为，一份信度系数好的量表或问卷，其总量表的信度系数克隆巴赫系数在 0.8 以上，表示具有高信度；如果在 0.7 与 0.8 之间，还是可以接受的范围；若低于 0.6 则应考虑重新修订量表或增删题项。

本书运用 SPSS18.0 对数据信度进行处理，得出问卷第一部分的克隆巴赫系数如表 4-8 所示。

1.　技术创新关键影响因素的信度分析

本书通过六个方面对技术创新关键影响因素进行描述，即自然资源、行业技术创新氛围、市场需求与竞争、政府政策、组织能力和环境保护。因此，分别对这六个主成分因子进行信度检验，以便进一步分析。具体分析结果如表 4-10 所示。

表 4-10　技术创新关键影响因素的信度分析结果

测量因素	题项	克隆巴赫系数	基于标准化项的克隆巴赫系数	项数
自然资源	Q1-Q5	0.852	0.852	5
企业组织能力	Q6-Q10	0.853	0.855	5
行业技术创新氛围	Q11-Q13	0.727	0.725	3
市场需求与竞争	Q14-Q15	0.754	0.756	3
政府政策	Q16-Q17	0.680	0.682	2
环境保护	Q18-Q20	0.560	0.560	2
技术创新影响因素	Q1-Q20	0.898	0.897	20

除环境保护的信度系统低于 0.6 以外，其他各项均高于 0.6，说明整体信度较好，将要用于相关性分析的指标体系的克隆巴赫系数大于 0.6 说明所有指标的信度都在可接受的范围之内，可以进行下一步数据分析。

2.　技术创新绩效的信度分析

本书通过两个方面对技术创新绩效进行描述，即产品创新和工艺创新。因此，分别对这两个主成分因子进行信度检验，以便进一步分析，具体分析结果表 4-11 所示。

表 4-11　技术创新绩效的信度分析结果

测量题项		克隆巴赫系数	基于标准化项的克隆巴赫系数	项数
产品创新	Q21-Q23	0.863	0.863	3
工艺创新	Q24-Q25	0.736	0.743	2
创新绩效	Q21-Q25	0.727	0.725	5

将要用于相关性分析的指标体系的克隆巴赫系数大于 0.7，说明所有指标的信度都在可接受的范围之内，可以进行下一步数据分析。

4.4.4.3　效度分析

效度是指测量的正确性，是指测量工具能够正确地测得研究所要测量的特质与功能。本书使用内容效度来检验企业技术创新能力量表的效度。本书的技术创新能力量表是在评价和吸收大量国内外研究成果以及调查典型企业的基础上建立起来的，并经过专家访谈和小样本的预试后修改而成的，因此，它具有较高的内容效度。

1. 技术创新关键影响因素的效度分析

如表 4-12 所示，检验统计量(Kaiser-Meyer-Olkin，KMO)为 0.833，大于 0.5，表示变量间的共性因素很多，适合做因子分析；且 Bartlett 球形度检验值为 1503.309，显著性概率 P 为 0.000，小于 0.001，说明数据具有相关性，存在共同因子，适合做因子分析。

表 4-12　技术创新关键影响因素的 KMO 和 Bartlett 检验

取样足够度的 KMO 度量		0.833
Bartlett 的球形度检验	近似卡方	1503.309
	Df	190
	$Sig.$	0.000

2. 技术创新绩效的效度分析

如表 4-13 所示，KMO 为 0.740，大于 0.5，表示变量间的共性因素很多，适合做因子分析；且 Bartlett 球形度检验值为 324.6，显著性概率 P 为 0.000，小于 0.001，说明数据具有相关性，存在共同因子，适合做因子分析。

表 4-13　技术创新绩效的 KMO 和 Bartlett 检验

取样足够度的 KMO 度量		0.740
Bartlett 的球形度检验	近似卡方	324.678
	Df	10
	$Sig.$	0.000

4.4.4.4　主成分分析

为了证明资源型中小企业技术创新关键影响因素中维度划分的正确性，本书将调查问卷中第一部分 20 个问题的数据输入 SPSS 进行分析，如表 4-14 所示。

提取自变量 6 个公共因子，这 6 个因子解释了总体方差的 70.763% 的变异，结合信度和效度检验结果，说明 6 个因子的内部一致性较好。

表 4-14　方差分析

成分	初始特征值			提取平方和载入			旋转平方和载入		
	合计	方差/%	累积/%	合计	方差/%	累积/%	合计	方差/%	累积/%
1	6.931	34.653	34.653	6.931	34.653	34.653	3.355	16.777	16.777
2	2.278	11.388	46.041	2.278	11.388	46.041	3.312	16.560	33.337
3	1.619	8.095	54.137	1.619	8.095	54.137	2.287	11.434	44.771
4	1.361	6.805	60.942	1.361	6.805	60.942	2.035	10.177	54.947
5	1.028	5.140	66.082	1.028	5.140	66.082	1.710	8.551	63.498
6	0.936	4.681	70.763	0.936	4.681	70.763	1.453	7.265	70.763
7	0.831	4.157	74.920						
8	0.693	3.467	78.387						
9	0.650	3.252	81.638						
10	0.553	2.766	84.404						
11	0.539	2.696	87.100						
12	0.485	2.426	89.526						
13	0.354	1.772	91.298						
14	0.316	1.582	92.880						
15	0.299	1.494	94.375						
16	0.293	1.467	95.842						
17	0.270	1.351	97.194						
18	0.212	1.059	98.253						
19	0.205	1.023	99.275						
20	0.145	0.725	100.000						

提取方法：主成分分析。

通过正交旋转因子载荷分析，我们可以看到每个因子下各个维度的载荷(表 4-15)。其中因子 1 反映的为问卷 Q1~Q5，因子 2 反映的为问卷 Q6~Q10，因子 3 反映的为问卷 Q11~Q13，因子 4 反映的为问卷 Q14~Q15，因子 5 反映的为问卷 Q16~Q17，因子 6 反映的为问卷 Q18~Q20，从而验证了提出本研究假设 H_1。

表 4-15　正交旋转因子载荷

序号	题项	成分					
		资源	组织	技术	环境	政策	市场
1	自然资源重复利用程度	0.794	0.078	0.032	0.148	0.026	0.178
2	自然资源的控制程度	0.813	0.242	0.150	0.072	0.094	−0.016
3	获取自然资源的难易程度	0.592	0.230	−0.097	−0.091	0.356	0.006
4	自然资源利用效率	0.816	0.030	0.134	0.168	0.041	0.054
5	自然资源附加价值	0.731	0.026	0.180	0.311	0.226	−0.030
6	技术人才激励制度	0.241	0.740	0.111	0.012	0.134	−0.105
7	企业技术人才素质	0.119	0.761	0.038	0.457	0.029	0.138
8	企业技术创新知识积累	0.225	0.738	0.188	0.233	−0.133	0.232
9	企业创新管理经验	−0.056	0.684	0.048	0.172	0.310	0.268
10	企业资金实力	0.059	0.685	0.369	0.186	0.018	−0.001
11	与大型企业建立合作关系	0.125	0.274	0.777	−0.070	−0.003	0.117
12	与科研院校建立合作关系	0.284	0.218	0.670	0.336	−0.077	−0.022
13	技术创新成果转化平台	−0.022	0.030	0.724	0.175	0.268	0.179
14	市场竞争压力	0.091	−0.016	−0.002	0.172	0.455	0.750
15	客户需求增长	0.097	0.267	0.304	−0.058	−0.047	0.737
16	政府优惠及扶持政策	0.154	0.150	0.479	0.146	0.624	0.027
17	政府强制性法规	0.340	0.091	0.029	0.073	0.809	0.189
18	资源综合利用效率	0.282	0.214	0.038	0.806	0.020	0.189
19	减少能源消耗	0.139	0.373	0.221	0.563	0.205	−0.192
20	降低环境污染	0.179	0.415	0.254	0.612	0.122	0.024

提取方法：主成分分析。

旋转法：具有 Kaiser 标准化的正交旋转法。旋转在 8 次迭代后收敛。

4.4.4.5　相关分析

在经过对研究模型中各相关变量的测量题项进行效度和信度检验之后，本书将继续对各变量的有效测量题项以及在此过程中的所提取的各因子，运用 SPSS 统计软件，对研究模型中的所有变量做 Pearson 相关分析，分析结果如下。

从变量间的 Pearson 相关矩阵可以看出，对于不同行业来说，其创新特点不同，在创新类型方面存在显著的区别，同时各影响因素对不同类型创新绩效的影响作用也是不同的。在产品创新绩效的影响方面，企业组织能力因素与能源业资源型企业产品创新绩效之间的关系显著，且相关性系数为 0.342，说明其存在着正向且显著的相关关系。农业企业更多地表现为以产品创新为主，而对其影响比较显著的因素有行业技术氛围、环境保护和政府政策，相关性系数分别为 0.238、0.201、0.339，说明其存在着正向且显著的相关关系，而矿业企业中没有统计性显著的因素。同时，在工艺创新方面，自然资源、企业组织能力、行业技术氛围、政府政策与矿业资源型企业的工艺创新绩效之间存在着正向且显著的相关关系，其相关性系数分别为 0.241、0.255、0.482、0.316。行业技术创新氛围、政府政策与能源业资源型企业的工艺创新绩效之间存在着正向且显著的相关关系，其相关性系数分别为 0.293、0.365。行业技术创新氛围与农业资源型企业工艺创新绩效之间的相关性系数为 0.370，存在着正向且显著的相关关系。

其他非统计显著可能是由于样本搜集不全面，或者是现实中的国情决定等，虽然具有实务上的意义，但不具有统计上的显著性。以上研究结果已初步说明本书的假设预期。

4.5　实证结果讨论

通过对西部资源型企业技术创新影响因素的实证研究，本章得出了相关理论假设的检验结果，汇总如表 4-16 所示。

表 4-16　西部资源型中小企业技术创新影响因素假设检验结果汇总

假设	内容	检验结果
H_1	资源型中小企业技术创新的关键影响因素包括自然资源、行业技术创新氛围、企业组织能力、市场需求与竞争、政府政策和环境保护	通过
H_{2a}	自然资源对农业资源型中小企业技术创新的影响显著	未通过
H_{2b}	行业技术创新氛围对农业资源型中小企业技术创新的影响显著	通过
H_{2c}	市场需求与竞争对农业资源型中小企业技术创新的影响显著	未通过
H_{2d}	政府政策对农业资源型中小企业技术创新的影响显著	通过
H_{2e}	企业组织能力对农业资源型中小企业技术创新的影响显著	未通过
H_{2f}	环境保护对农业资源型中小企业技术创新的影响显著	未通过
H_{3a}	自然资源对矿业资源型中小企业技术创新的影响显著	通过
H_{3b}	行业技术创新氛围对矿业资源型中小企业技术创新的影响显著	通过
H_{3c}	市场需求与竞争对矿业资源型中小企业技术创新的影响显著	未通过
H_{3d}	政府政策对矿业资源型中小企业技术创新的影响显著	通过
H_{3e}	企业组织能力对矿业资源型中小企业技术创新的影响显著	通过
H_{3f}	环境保护对矿业资源型中小企业技术创新的影响显著	未通过
H_{4a}	自然资源对能源业资源型中小企业技术创新的影响显著	未通过
H_{4b}	行业技术创新氛围对能源业资源型中小企业技术创新的影响显著	通过
H_{4c}	市场需求与竞争对能源业资源型中小企业技术创新的影响显著	未通过
H_{4d}	政府政策对能源业资源型中小企业技术创新的影响显著	通过
H_{4e}	企业组织能力对农业资源型中小企业技术创新的影响显著	通过
H_{4f}	环境保护对能源业资源型中小企业技术创新的影响显著	未通过

通过问卷调查、主成分分析和相关分析，对西部农业、矿业、能源业资源型中小企业技术创新的关键驱动因素进行研究，典型行业的资源型企业技术创新影响因素可以由不同的内外部因素组成。通过对西部资源型企业技术创新影响因素的实证研究，本章主要形成以下实证结论。

（1）"理论假设 H_1：资源型中小企业的技术创新影响因素由自然资源、行业技术创新氛围、企业组织能力、市场需求与竞争、政府政策和环境保护"得到支持。

　　资源型中小企业技术创新行为同时受到内外部因素的作用，从内外部因素出发来研究资源型中小企业技术创新管理模式是有必要的。根据企业成长理论、技术创新理论及资源型企业成长特征，可将资源型中小企业技术创新关键要素归纳为外部因素和内部因素：一是资源型中小企业技术创新的外部因素，主要包括市场、技术氛围、政策、生态环境保护；二是资源型中小企业技术创新的内部因素，主要包括自然资源、技术研发能力和组织管理能力（图4-3）。

　　对资源型中小企业技术创新行为的内外影响因素进行分析，是研究典型行业资源型中小企业技术创新影响因素和管理模式的重要理论依据，本书在问卷前期曾通过对具有代表性的6家西部资源型中小企业深度访谈，并通过问卷调查、主成分分析、相关分析验证了西部农业、旅游业、矿业和能源业资源型中小企业的技术创新系统可由自然资源禀赋、行业技术创新氛围、企业组织能力、市场需求与竞争、政府政策和环境保护构成。

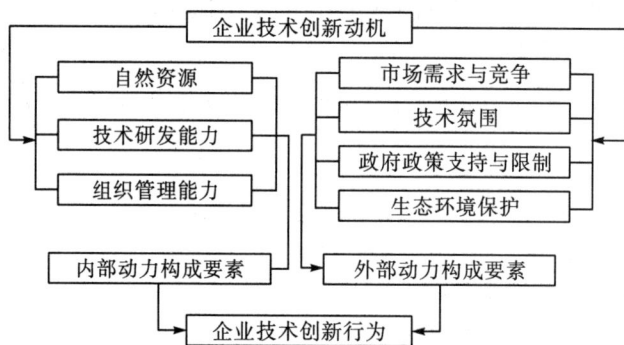

图4-3　资源型企业技术创新内外部动力构成要素

　　（2）"理论假设H_{2b}：行业技术创新氛围对农业资源型中小企业技术创新有显著影响"得到支持。

　　通过对西部农业资源型中小企业的调研表明，尽管这些企业分布在不同的产业，但是由于均属于再生资源型产业，它们所在产业的关键驱动因素存在共同之处。由于体制因素和各种历史渊源，我国农业科技企业合作意识不强，技术创新网络协同程度较低。以种业为例，有的企业只能进行基地生产，缺少健全的加工仓储设施；有的企业育种实力雄厚，却没有生产基地和加工设施；有的企业生产加工能力较强，但没有配套的营销网络；有的企业生产销售都有实力，却没有品种开发能力。长期以来，科研单位、种子公司及相关企业缺乏合作，没有充分发挥各自的优势，无法构建高效的技术创新网络，形成技术创新在企业之间的吸收和扩散机制，影响技术创新的效率。据相关资料显示，虽然国家和省（区）每年都审定成百上千个品种，但转化率仅30%～40%，大多数品种还局限在样品、展品和礼品阶段。

　　（3）"理论假设H_{2d}：政府政策对农业资源型中小企业技术创新有显著影响"得到支持。

　　中小企业的资金实力有限，需要政府为其提供一定的优惠条件，以支持技术创新活动。农业产品具有较强的公共物品属性，政府为保障农产品供给的数量和质量，在产业政策和金融政策上鼓励和支持农业的技术创新活动，这也是农业资源型中小企业的技术创新动力源。目前西部农业资源型企业主要分布在制酒、饲料、乳制品、番茄加工和食油等产业，这些企业均与地方政府联手推进农业产业的规模化经营，推行"公司＋基地"、"公司＋农户"的产业化经营模式。这些企业投资建立农产品基地，进行土壤改良、育种技术和种植技术的研究与创新，甚至在基地为当地农户进行示范种植。"新疆中基"充分利用新疆生产建设兵团的特殊体质和规模化生产优势，建立起了具有竞争优势的资源基地。"新疆中基"与兵团结成利益共同体，各团场保证根据"新疆中基"所需种植番茄，而"新疆中基"为各团场番茄种植提供运输、技术、资金等方面的支撑。

（4）"理论假设 H_{3a}：自然资源对矿业资源型中小企业技术创新有显著影响"得到支持。

矿业属于非再生资源型产业，与前面所述的农业资源型产业存在较大差异。通过对西部矿业资源型中小企业的调研表明，尽管这些企业分布在不同的产业，但是由于均属于非再生资源型产业，它们所在产业的关键驱动因素存在共同之处。西部矿业资源型企业具有距离资源产地比较近的特点，煤炭企业建立在煤炭储量最大的地区，冶金企业就近建立在矿产资源丰富的地区，火力发电企业则建立在煤炭资源丰富的地区。这些企业在充分利用优越的地理条件降低采购和运输成本的同时，通过多种方式占有和控制这些资源的开采、利用。最初，这些企业对本地资源进行占有和控制，到后来一直发展到对其他地区资源的占有和控制，并且随之建立生产基地。因此，对资源的占有与控制成为西部地区矿业、能源业资源型中小企业成长的主要内部驱动力之一。由于资源的不可再生属性和稀缺性，以及节能减排的要求，迫使矿业和能源业资源型企业必须提高资源利用效率，可促进企业进行技术创新。

（5）"理论假设 H_{3b}：行业技术创新氛围对矿业资源型中小企业技术创新有显著影响"得到支持。

矿业资源型企业依赖的资源质量需要通过信息技术、物理技术等进行检测和管理，而资源价值的多角度挖掘需要各种学科的融合，技术与技术、技术与环境的之间往往存在协同演化的关系，需要企业、政府、科研院校和行业协会等多种主体的交流与合作。

（6）"理论假设 H_{3d}：政府政策对矿业资源型中小企业技术创新有显著影响"得到支持。

矿业与国家经济建设存在密切关系，政府对其发展出台了许多产业政策，主要涉及几个方面：①控制低水平的重复建设；②提高整体技术水平，淘汰生产工艺落后和产品档次不高的企业；③进行产业重组，实现规模经济；④倡导循环经济政策，保护环境，实现经济可持续发展。顺应这些产业政策的要求，或者利用这些产业政策为企业创造成长机遇，是西部矿业资源型企业的普遍特征。

（7）"理论假设 H_{3e}：企业组织能力对矿业资源型中小企业技术创新有显著影响"得到支持。

从资源的流入、组合、淘汰到最后的沉淀，整个流程之中，组织能力具有不同程度的表现，不断地产生新的位势，如资金、技术资产（诀窍、专利）、声誉、机构、制度、互补性资产、地理位置等，所以在各个发展阶段，组织能力都是影响矿业资源型中小企业技术创新战略执行力的重要因素。

（8）"理论假设 H_{4b}：行业技术创新氛围对能源业资源型中小企业技术创新有显著影响"得到支持。

能源业资源型企业依赖的资源质量需要通过信息技术、物理技术等进行检测和管理，而资源价值的多角度挖掘需要各种学科的融合，技术与技术、技术与环境之间往往存在协同演化的关系，需要企业、政府、科研院校和行业协会等多种主体的交流与合作。

（9）"理论假设 H_{4d}：政府政策对能源业资源型中小企业技术创新有显著影响"得到支持。

能源业与国家经济建设存在密切关系，政府对其发展出台了许多产业政策，主要涉及几个方面：①控制低水平的重复建设；②提高整体技术水平，淘汰生产工艺落后和产品档次不高的企业；③进行产业重组，实现规模经济；④倡导循环经济政策，保护环境，实现经济可持续发展。顺应这些产业政策的要求，或者利用这些产业政策为企业创造成长机遇，是西部能源业资源型企业的普遍特征。

综上，行业环境对资源型中小企业技术创新管理的关键影响因素为自然资源、行业技术创新氛围、企业组织能力、市场需求与竞争、政府政策和环境保护，其中行业技术创新氛围和政府政策是影响农业资源型中小企业技术创新管理活动的关键因素；自然资源、行业技术创新氛围、政府政策、企业组织能力是影响矿业资源型中小企业技术创新管理活动的关键因素；行业技术创新氛围和政府政策是影响能源业资源型中小企业技术创新管理活动的关键因素。

4.6　典型行业的资源型中小企业技术创新管理模式选择

根据以上实证分析的结果，提出农业资源型中小企业、旅游业资源型中小企业和矿业、能源业资源型中小企业这三种类型企业的技术创新管理模式，并依据企业的现实情况，分析三种技术创新管理模式的内涵、特征与运作机理，为西部资源型中小企业的技术创新管理实践提供参考（图 4-4）。

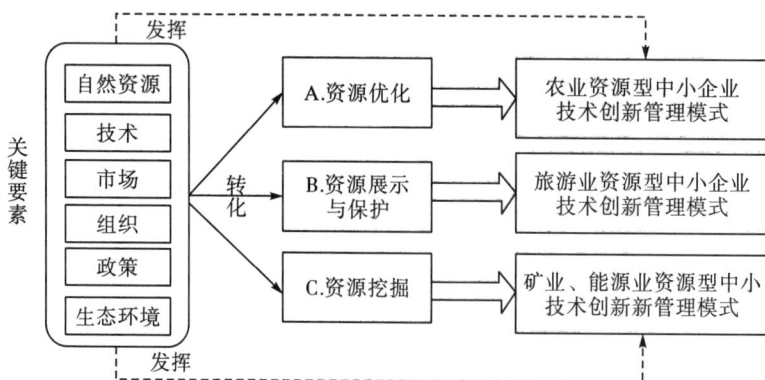

图 4-4　典型行业资源型中小企业技术创新管理模式

4.6.1　农业资源型中小企业技术创新管理模式

西部农业资源型中小企业利用技术创新建立产品差异化竞争优势是企业持续发展的

关键。西部资源型中小企业将技术创新成果应用于传统资源的开采、生产与转化过程，农业资源型中小企业需要依托当地特色资源，应用适宜的技术创新成果与管理方式，通过"资源优化"的手段将"资源优势"转化为"产品优势"，开发新产品促进产品升级换代，构建产品差异化竞争优势。

4.6.1.1　内涵与特征

从农业资源加工业来看，绝大多数企业所利用的农业资源属于同质性资源，且存在再生性，当地任何企业都可以同等地得到，这就客观上隐含着此类企业竞争趋同的可能。所以，企业不能仅对资源进行简单开发运用，应抓住改良资源的机会。农业资源型中小企业需要通过适宜的技术创新管理方式改良资源品种，提高资源附加价值。

由此，农业资源型中小企业技术创新管理模式是指农业资源型中小企业以自身技术为依托，与地方政府、科研院校、其他企业联合开展品种优化、生产方式优化等技术创新活动，以实现"资源优化"。该类模式以"资源优化"为特点，主要是依靠品种创新和生产方式创新等技术创新的应用不断优化和提高农产品的产量和品质，注重实现产品差异化，以支持企业的进一步发展。目前，西部地区的肉制品业、番茄加工业、制酒业和食用油业，具有积极示范作用。这些企业建立农产品基地，进行土壤改良、育种技术和种植技术的创新，对提高资源附加价值，实现产品差异化起到了非常重要的作用。

4.6.1.2　运作机理

该类模式的主体是农业资源型中小企业，企业由农业资源的获取开始，以技术创新实现对传统资源的利用与优化，通过整合农业企业、科研院所、地方政府、推广机构、农业协会等各类相关资源，促使农业技术创新成果沿着技术研发、孵化到大规模产业化经营的路径达到转化和增值。在该类管理模式的运作过程中，企业的立足点是"资源优化"，即提高资源附加价值，主要是通过技术创新研发开拓资源加工的新方向，或者优化与改良现有的加工环节以提高生产效率，依靠技术创新在产品开发和加工技术上突破，企业才能够构建产品差异化竞争优势和寻找新的成长点。

该类模式的主要组织形式有农业产业化经营、农业科技园、科技项目区等。产业化经营主要以"公司＋基地＋农户"、"公司＋推广机构＋农户"为基本组织模式，通过促进上游资源生产的产业化发展，实现对下游资源环节的配置、协调和优化。提高生产加工能力是推动农业产业化成功的关键环节，采用先进技术和设备，提供综合加工能力。目前，各种农业产业化经营基本是根据特色资源优势为基础形成专业化、规模化生产，并形成某一领域的技术优势，针对某种或某几种资源的生产和研究开发、销售，以达到技术创新的目的。如四川光友薯业有限公司利用当地丰富的红薯资源，以生产和加工红薯为主，自创建以来，在开发研制方便粉丝生产方面共获得 19 项国家专利、产品获 20 多项国际国内大奖，红薯增值 23 倍。光友薯业有限公司不但投入力量对红薯的种植、病虫害防治、加工包括红薯淀粉深加工系列技术进行研究，而且不断引进新技术，收集有关红薯的信息，对企业的人员和农民进行培训，让他们掌握有关红薯的技术。

该类模式的运作过程中，企业应注重整合内外部技术创新力量。在农业科技园内，龙头企业与科研院所、地方政府、农业技术推广机构采取多种形式的合作，有效地利用新品种、新工艺、新设备，共同提高农产品的特色和质量，以满足市场需求。企业应充分发挥科研院所的科技创新、技术示范、科技培训、信息服务等优势，使最新的品种、技术和成果能够直接推广、应用到农业、农村，迅速被农民掌握和应用，减少中间环节，缩短成果转化路径；同时，科研院所和农户直接接触又能使生产实践中的问题及时反馈给科教人员，促进产学研的有机结合。例如，"宁夏红"企业建立了"宁夏红枸杞生物制品工程技术中心"，还与中德食品联合研究院建立了长期的战略合作关系，以便借助外脑，依靠多层次、内外联合开发的技术创新途径，使产品深加工技术不断得到提升，在市场上保持了较强的产品竞争优势。

该类模式的运作过程中，企业应具备整合产业链的能力，产业链的延长能够增加产品的附加值，并且越接近最终产品，原材料的加工程度越高，增加的幅度也就越大。企业以协调供、产、销为目的，对产业链各个环节实现配置、协调和优化。对西部地区资源型企业的调研表明，农业资源型中小企业常常利用整合产业链的方式实现企业成长。

综上，西部农业资源型中小企业通过将技术创新与地方优势资源相结合，整合产业链条，增加产品附加价值，将地区资源优势有效转化为产品优势，从而实现农业产品生产的高效益，形成农业企业可持续竞争优势(图4-5)。

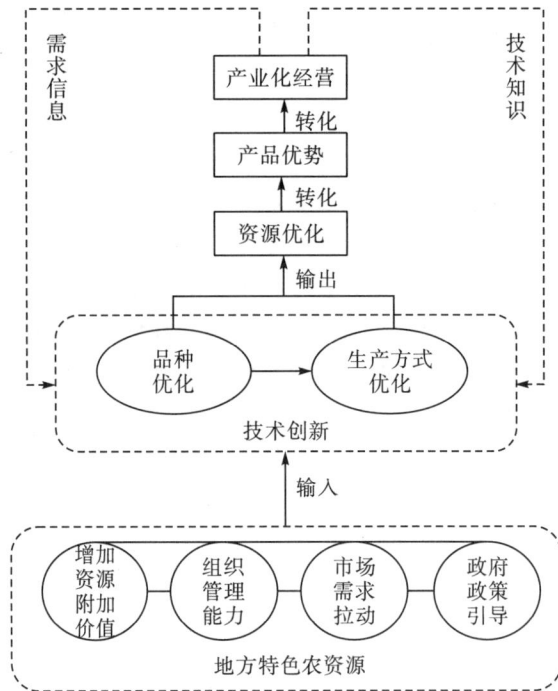

图4-5　农业资源型中小企业技术创新管理模式运行图

4.6.2　矿业、能源业资源型中小企业技术创新管理模式

西部矿业、能源业资源型中小企业利用技术创新建立低成本竞争优势是企业持续发展的关键。矿业、能源业资源型中小企业通过"资源挖掘"的手段将"资源优势"转化

为"成本优势",从而构建更为持久的企业生命周期,追求企业利润最大化。

4.6.2.1　内涵与特征

矿业、传统能源业均属于非再生资源型产业,与前面所述的农业资源型产业存在较大差异。绝大多数矿产资源和传统能源均属于非再生资源,由于资源的稀缺性,资源供给是不具有弹性的,对资源的占有和控制就是企业的竞争优势。同时因为资源的稀缺性,资源供给量趋同于企业的生命周期,企业不得不采用各种技术来提高资源利用效率,以增加资源供给量,延长企业生命周期,实现企业可持续发展。为此,矿业、能源业资源型中小企业需要借助于自身技术,通过资源综合利用、精细化开采和寻找替代资源等方式,进一步挖掘资源,提高资源利用效率。

由此,矿业、能源业资源型中小企业技术创新管理模式是指企业以自身技术为依托,与地方政府、科研院校、其他企业联合进行资源综合利用、精细化开采和寻找替代资源等技术创新活动,以实现"资源挖掘"。该类模式以"资源挖掘"为立足点,主要是依靠资源综合利用、精细化开采和寻找替代资源等技术不断提高资源转化率,注重实现低成本生产,以支持企业的进一步发展。目前,西部地区煤炭开采与加工产业、电力(火力发电)产业、铜矿开采与加工业等,具有积极示范作用。这些企业通过资源综合利用、精细化开采和寻找替代资源,对提高资源转化率,实现低成本生产起到了非常重要的作用。

4.6.2.2　运作机理

通过问卷调查、主成分分析和相关分析,对西部矿业、能源业资源型中小企业技术创新的关键影响因素进行研究,并从理论上明确界定这些企业的各种关键要素及其相互关系。西部矿业、能源业资源型中小企业技术创新关键要素可由内外部因素构成,这些因素在相互作用的过程中形成了适宜企业技术创新管理水平的模式。

该类模式的主体是矿业、能源业资源型中小企业,企业从矿产与能源资源的开采开始,以技术创新实现对传统资源的挖掘,通过整合资源供应链、企业、科研院所、地方政府、推广机构等多层次协作关系,旨在提高资源转化率,减少环境污染,实现资源环境绩效和企业经济绩效兼顾发展。在该类管理模式的运作过程中,企业的立足点是挖掘自然资源,即提高资源利用效率,主要做法是对资源综合利用、精细化开采和寻找替代资源,依靠技术创新在资源利用、提炼和废物回收技术上突破,企业才能够构建低成本竞争优势和寻找新的成长点,实现可持续发展(图4-6)。如库博红烨利用高水平的冶炼技术从矿渣中提炼新产品,充分发挥了矿产资源的优势,凭借低成本竞争优势提高了企业效益。

该类模式的主要组织形式有生态工业园等。生态工业园内的产业链主要针对废弃资源的综合利用和园区及水泥企业的产业布局设置。例如,蒙西工业园区、奈曼工业区等拥有建材(水泥)、发电、矿产等一大批项目,通过几年的实践,园区内企业步入"资源—产品—再生资源"的循环经济轨道。生态工业园区形成各种资源(能源、水、原料、废弃物等)循环流动的闭环系统,从而在提高经济效益的同时,最大限度地减少环境污染。

该类模式的运作过程中,企业应具备产业链整合能力。西部地区丰富的能源、矿产资源为西部矿业、能源业资源型中小企业整合产业链奠定了坚实的基础。近十余年来,各类非再生资源型企业在西部迅速发展，而且其中很多企业在各自的产业内进行循环经济实践，在很多领域取得了较好的经济和社会效益。具备一定实力的企业通过横向或纵向一体化，对这些企业进行兼并收购，在更多产业之间延伸产业链条，构成产业链组合的优势。例如，在内蒙古地区两大水泥工业园区（蒙西工业园和乌兰工业园）内，水泥产业回收利用火力发电产生的灰渣和煤炭企业产生的煤渣和废水，同时水泥生产过程中产生的余热可用来发电并供热。

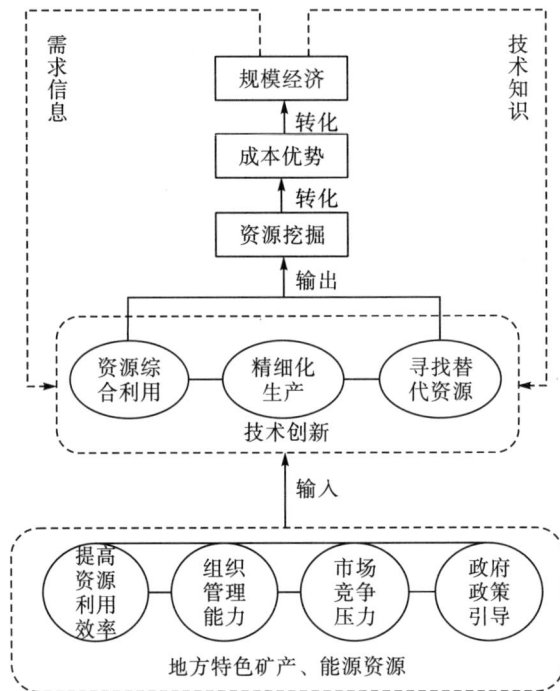

图 4-6 　矿业、能源业资源型中小企业技术创新管理模式运行图

4.6.3 　旅游业资源型中小企业技术创新管理模式

由于西部旅游业资源型中小企业分布的不均衡性和相对分散性，实地调研的难度较大，难以获得足够调查样本，因此，对于该行业，本书主要在上述研究框架下采用德尔菲法进行背对背的通信，通过多次匿名发表观点的方式，反复征询专家小组成员的意见，最终使专家小组意见趋于集中，并在此基础上做出旅游业资源型中小企业技术创新管理的结论。

本书首先选择了 10 位由旅游局推荐的旅游理论专家和西部地区中小景区管理人员组成被调研的专家小组，其中包括 5 位行业理论专家，5 位分别来自四川和贵州几个不同景区的管理人员，通过半结构式的访谈搜集对企业创新行为及影响因素的意见，然后向其发放问卷。问卷主要是征对旅游业资源型中小企业技术创新影响因素程度的评价指标进行打分。

第一轮调查中，主要是对 10 位专家针对前述提出的自然资源禀赋、行业技术创新氛围、企业组织能力、市场需求与竞争、政府政策和环境保护 6 大要素对旅游业资源型中小企业技术创新的影响进行开放性的访谈，并对 6 大要素的 20 项指标进行了问卷调查（附录 3）。专家们被邀请对问卷中涉及影响西部旅游业资源型中小企业技术创新的 20 项评价指标进行打分，分值为 0~7，代表该因素影响力的大小。问卷最终回收 7 份，其中4 份来自于理论专家，另外 3 份来自于在四川省和贵州省几个中小自然景区长期进行景区管理的专业人员。专家们普遍认为自然资源禀赋和技术因素对旅游资源型中小企业技术创新的促进作用较小，他们指出这类企业普遍缺乏研究创新人才和创新意识，与其他行业相比缺少创新氛围。由于该行业属于服务业性质，灵活性突出，且自然资源独占性优势突出，科技的作用只是影响顾客旅游体验的众多因素之一。他们认为企业组织能力、市场需求与竞争、政府政策和环境保护这几个因素对于企业创新的推动力较为明显，而市场动力和压力是技术创新的主要驱动力，同时政府和一些非政府组织有力地推动景区内的环境保护，形成了一定网络的社会资本，是旅游资源型中小企业进行技术创新的重要外部资源和影响因素。具体的调查结果如表 4-17 所示。

表 4-17　第一轮调查结果

要素	序号	变量名	最大值	最小值	中位数
	Q1	自然资源的重复利用程度	2	0	1
	Q2	自然资的控制程度	1	0	1
自然资源禀赋	Q3	获取自然资源的难易程度	2	0	1
	Q4	自然资源利用效率	3	0	2
	Q5	自然资源附加价值	2	0	1
	Q6	技术人才激励制度	2	0	1
	Q7	企业技术人才素质	7	5	6
企业组织能力	Q8	企业技术创新知识积累	6	3	4
	Q9	企业创新管理经验	3	2	2
	Q10	企业资金实力	3	1	2
	Q11	与大型企业建立合作或契约关系	2	0	1
行业技术创新氛围	Q12	与科研院校或其他机构组织建立合作关系	3	1	2
	Q13	行业技术创新成果转化平台	1	0	1
市场需求与竞争	Q14	市场竞争压力	7	4	6
	Q15	客户需求增长	7	5	6
政策	Q16	政府优惠及扶持政策	3	0	2
	Q17	政府强制性法规	6	4	5
	Q18	资源综合利用效率	4	2	3
环境保护	Q19	减少能源消耗	5	3	4
	Q20	降低环境污染	6	5	5

在第二轮调查中，基于第一轮的专家意见，整理出缩减和调整了部分评测指标的调

查问卷，分别为企业组织能力、市场需求与竞争、政府政策和环境保护 4 大要素对旅游业资源型中小企业技术创新的影响进行开放性的访谈，并对 4 大要素的 10 项指标进行了问卷调查。专家们被邀请对问卷中涉及影响西部旅游业资源型中小企业技术创新的 10 项评价指标进行打分，分值为 0～7，代表该因素影响力的大小（附录 4）。同时，向专家们展示第一轮调研的结果，邀请他们对例举出来的各个影响因素再次进行了评分，最终完全回收 7 份问卷。第二轮调查中，专家反馈的结果与第一轮中筛选出来的指标评分没有太大的区别。专家尤其强调了企业技术人才素质指标，指出旅游资源型中小企业的管理决策层的创新意识和创新能力是其中最关键的因素，而企业其他职员的素质对于企业技术创新的推动不明显，企业技术人才素质、企业技术创新知识积累及企业与科研院所或其他组织建构建立合作关系都包含在企业组织能力的范畴，具体体现为企业获得技术机会并向产品转化的意愿、可能性和可行性。而客户的需求增长不仅仅是个量的概念，更多的体现在游客对于旅游体验质量的需求提高上。旅游业市场竞争压力体现了在整个供应链上的资源整合，尤其是如何向上游的旅游经营商建立高效的沟通和合作，如何向消费者宣传旅游景区及景区内企业的形象和产品。旅游行业的政策和环境保护一般具有紧密的联系，因此专家建议将政策和环境保护合并为环保及相关政策一项。问卷的结果显示如表 4-18 所示。

表 4-18　第二轮调查结果

要素	序号	变量名	最大值	最小值	中位数
企业组织能力	Q1	企业技术人才素质	7	6	6
	Q2	企业技术创新知识积累	6	5	5
	Q3	企业创新管理经验	4	2	3
	Q4	与科研院校或其他机构组织建立合作关系	5	3	4
市场需求与竞争	Q5	市场竞争压力	7	4	5
	Q6	客户需求增长	7	6	6
政府政策	Q7	政府强制性法规	6	5	5
	Q8	资源综合利用效率	4	2	3
环境保护	Q9	减少能源消耗	5	3	4
	Q10	降低环境污染	6	5	5

在第三轮调查中，调研人员向专家们再次展示了第二轮调研的结果和相关的结论，专家一致认同西部旅游业资源型中小企业利用技术创新吸引顾客并适应顾客的体验需求是最核心的动力。作为服务业范畴，旅游产品有着完全不同于矿业、能源业及农业产品的相对同质属性，而是以顾客的消费心理作为企业创新行为的导向。因此，西部旅游业资源型中小企业技术创新解决如何将当地特色资源向游客展示的问题，即通过"资源展示"的手段将"资源优势"输出为"顾客体验"。同时，由于资源型旅游产品的实现方式是通过大量游客的进入，这又不可避免的带来了景区环境的压力及资源品质的下降，因此"资源保护"也成为西部资源型中小企业持续将"资源优势"向"顾客体验"转化的手段之一。

4.6.3.1　内涵与特征

从旅游行业来看，虽然企业占有的资源具有相对独特性和独占性，但是，由于旅游产品不是生活必备性消费品，消费者选择性大，同时，旅游产品具有整体性、体验性、过程性等特点，旅游资源的产品化过程与消费者的消费习惯与偏好紧密相关。只有通过技术创新，拉近资源与游客的距离，吸引顾客关注、了解、体验并推荐旅游产品，才能最终实现产品价值。

由此，旅游业资源型中小企业技术创新管理模式是指旅游业资源型中小企业以所在地域范围内的自然资源为依托，与地方政府、科研院校、其他企业、当地社区等联合进行优化营销手段、提升顾客体验及加强环境保护等技术创新活动，以实现"资源展示与保护"。该类模式以"资源展示和保护"为特点，主要是依靠营销优化、产品展示优化、环境保护等技术不断提高旅游产品的市场渗透和游客满意度，注重实现产品的顾客体验价值和市场营销，并保持资源质量，以支持该类企业的可持续发展。对于西部资源型旅游中小企业，自然资源的保护性开发必须基于科学的资源管理和规划，推广 Internet、GPS、GIS 等 ICT(信息通信技术)技术的创新应用。然而，目前西部地区的旅游资源型中小企业技术创新活动相对大企业来讲明显不足，信息技术的应用程度较低，尤其是在环境保护方面更显得力不从心。

大量的研究显示，不同类型企业的创新能力差异显著，而旅游业是服务业中创新率较低的行业，有的企业表示他们没有员工能够胜任企业技术创新活动，而技术原因并不是主要的因素。企业家的创新组织能力是影响旅游中小企业组织能力另一个重要因素。作为西部资源型旅游中小企业，占有资源成为了主要的获利资本，行业进入门槛低，基于资源的旅游产品目前呈现出的同质化特点，企业家普遍欠缺创新意识和能力，也极少有创新行为。

Decelle 研究结果认为，"社会黏合"对于旅游企业创新成功有着特殊重要的意义重要性。公共部门常常是旅游创新系统中的关键利益相关者和合作驱动者，例如贡献战略能力、基础设施、研究基础知识、法律框架和技能提升设施。与外界有广泛联系的企业比相对封闭的企业家有更多的创造行为。中国西部资源型旅游中小型企业的区域特征和行业特征使其技术创新系统的管理也呈现出明显的地理空间维度和经济空间维度的特征。首先，由于西部资源型企业直接作用于广受关注的中国西部生物多样性区域，因此受到了联合国、世界自然保护基金等诸多政府间和民间跨国组织不同领域的关注，形成了良好的国际合作的氛围。从这些组织、个人可以获得相应的物质、资金、技术、人力的支持。因此，这些资源在地理和经济空间相互交织，形成了巨大的社会互助网络，给中国西部资源型旅游企业提供了丰富的社会资本，但这些社会资本需要经过整合和创造性利用。其次，由于旅游产业的综合性特征，这种特征既体现在旅游行业内部，又体现在与之相关的农业等相关行业中。因此，中国西部资源型中小企业往往处于一个庞大的价值链体系的中层甚至是底层，其技术创新必然会对整个旅游行业产生联动式影响。

根据核心竞争力的理论，Pechlaner 等指出了管理和合作要素对于知识在企业内部传播并形成竞争力的重要性。知识管理的方法可以应用到加强环境可持续发展的旅游服务中。产品、程序(加工工艺)、管理、市场和制度等各种类型的技术创新，主要的维度是知识的创新，知识的代表性被认为是创新发生的关键因素和本质属性。企业的创新行为离不开知识的管理，而西部旅游资源型中小企业同样面临着技术创新的知识管理问题，同时表现出了其特殊性。

西部旅游资源型中小企业旨在向游客提供基于自然资源的区域性综合旅游体验产品，因此其区域性特征凸显了地方性的知识对于这类企业的特殊重要性。首先地方性知识往往是独特的、无法效仿的，是提升旅游服务的重要因素，如冰岛的观鲸旅游，正是来源于捕鲸业、生物学、遗产保护和传统旅游知识的启发 *。地方性的知识往往是隐藏的重要资源，建立一个正式或非正式的机构来整合、开发这些知识对于西部资源型旅游中小企业的技术创新非常重要。

综上所述，西部资源型旅游企业由于本身的资源依赖性，缺少技术推动力，企业家精神也相对欠缺，缺乏创新集群思维，与其他旅游企业在创新行为上存在较大的差距。因此，加大这类企业技术创新的研究对推进企业的可持续发展甚至是当地经济的可持续发展都具有重要的意义。

4.6.3.2　运作机理

该类模式的主体是旅游业资源型中小企业，企业从旅游业资源的源头上开始，以技术实现对自然资源的展示与保护，通过整合旅游业企业、科研院所、地方政府、环保机构等各类相关资源，促使旅游创新成果通过优化资源展示及保护的路径达到实现资源价值转化和增值。在该类管理模式的运作过程中，企业的立足点是展示和保护自然资源，适应旅游者的旅游消费习惯和偏好，并防止资源环境的恶化，主要做法是通过技术的创新应用，提升顾客对资源价值的感知和体验，优化营销途径，并持续性地保护资源环境(图 4-7)。

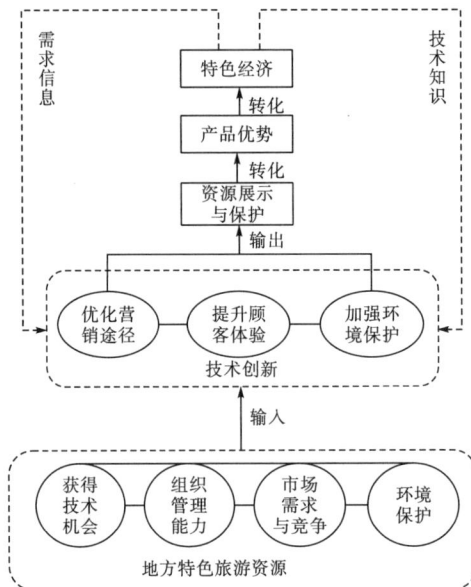

图 4-7　旅游资源型中小企业技术创新管理模式运行图

---

* 参考：http://www.nordicinnovation.net/prosjekt.cfm? Id=1-4415-282.

该类模式应用主要通过三种组织形式实现。

一是"旅游企业＋科技企业"，这种类型的组织形式通常是在企业家精神、市场需求和竞争的驱动力下推动的，属于内部驱动。企业为了扩大利润或市场影响力，引入科技企业技术机会。

二是"旅游企业＋政府＋科研院所"或"企业＋政府＋科技企业"，主要目的是通过技术创新实现资源的管理创新、过程创新和产品创新，最终实现资源的营销、现场展示及资源环境管理。因为，一方面，旅游业作为当地农业的替代性产业，往往受到政府的重视，而且由于旅游业具有集群效应，政府牵头以便把中小企业纳入当地旅游资源的整合管理与营销系统当中。另一方面，由于旅游行业普遍性缺乏创新人才，尤其是科技人才，科研院所或科技企业往往被作为技术引进方，这类主体承担了主要的技术性开发和研究工作。

三是"旅游企业＋环保机构＋科研院所"。这种组织形式主要是由旅游业的环境外部性决定的，环境保护是主要驱动力。西部旅游业资源型中小企业在经营过程中引起的环境问题备受国内外的关注，由于环境保护和治理的高额成本和专门技术，企业往往不愿自行承担，而通常是在国内外的环保组织或机构主导下，由企业、环保机构和科研院所形成合作创新系统。在该合作系统中，当地社区也常常被纳入，形成"旅游企业＋环保机构＋专家＋当地社区"的组织形式，当地社区拥有的地方知识被作为知识管理的重要内容来考虑。

4.7　小　　结

本章对农业、旅游业、矿业和能源业资源型企业技术创新的关键因素分析，对西部地区资源型中小企业具有重要指导作用。抓住资源型企业的关键成长因素是实现西部资源型中小企业快速发展的有效途径。从西部资源型中小企业的发展规律来看，加强企业技术投入，积极筹建企业级技术研究中心，吸引高水平研究人才，有针对性地进行技术研发，充分发挥资源优势，形成产品差异化、低成本竞争优势是西部资源型中小企业获取技术创新优势的关键。

西部资源型中小企业往往通过技术创新建立产品差异化、低成本竞争优势。西部资源型中小企业将技术创新注入传统资源：农业资源型中小企业将技术创新与当地特色资源相结合，通过"资源优化"的手段将"资源优势"转化为"产品优势"，开发新产品促进产品升级换代，构建产品差异化竞争优势；而矿业、能源业资源型中小企业通过"资源挖掘"的手段将"资源优势"转化为"成本优势"，从而构建更为持久的企业生命周期，追求企业利润最大化，旅游业资源型中小企业通过"资源展示"和"资源保护"的手段将"资源优势"转化为"产品优势"，从而拓展市场渠道、优化顾客体验、保护赖以生存的资源环境，最终实现企业与景区的可持续发展。

根据分析，西部不同产业的资源型中小企业在技术创新活动中的关键影响因素不同，因此各种技术创新管理模式各有特点，因而没有一种技术创新管理模式能够在各个产业广泛应用，只有根据实际情况，因地制宜地选择和建立不同的技术创新管理模式，才能真正促进资源型产业的可持续发展。

第五章　基于企业间合作的西部资源型
中小企业技术创新管理模式

西部资源型企业的发展多以粗放式的方式进行，以破坏环境为代价，片面追求经济效益，而出于资金、人才、信息等技术资源的限制，中小企业的技术能力更显薄弱。在面临自然资源日趋枯竭的现实状况和国家提倡建设资源节约型、环保型社会的政策条件下，西部资源型中小企业原有的开发利用模式已不能适应生态社会协调发展的要求。如前文所述，技术创新层次、创新技术、创新过程、创新环境具有复杂性，使企业在技术创新过程中面临众多的挑战；同时，资源型中小企业通过与内外资源的协同能更好地发挥作用。

我国的资源型企业大都集中在资源丰富的西部地区，其中资源型中小企业在我国西部国民经济建设中占有十分重要的地位。然而，我国优势技术相对集中于东部沿海地区和高新技术产业，对于技术基础薄弱，技术能力不足的西部资源型中小企业而言，要实现从资源依赖型向技术创新型企业的转变，必须首先正确看待自身的合作技术创新行为，进而达到技术能力提升的最终目标。

5.1　西部资源型企业间合作技术创新现状

技术创新网络的出现，为企业间的合作技术创新提供了更加有利的外部环境，尤其是对于缺乏内部研发能力的西部资源型企业来说，通过合作企业间的知识转移来提高自身的技术创新能力，不失为一种明智的选择。

同其他企业一样，西部资源型中小企业的技术创新方式也包括独立技术创新和合作技术创新两种方式。独立技术创新是指在无其他企业技术引导的条件下，企业在获取技术和市场创新机会后，依靠自身力量独立研究开发，攻克技术难关，获得新的技术成果，并完成技术成果的商业化过程。独立技术创新对企业技术创新投入费用要求很高，同时要求有相当数量和质量的技术创新人员，这些都是西部资源型企业，尤其是中小企业所缺少的。而合作技术创新虽然同时发生技术创新费用和合作费用，但能实现合作企业对技术创新资源的整合和信息的有效沟通，从而降低获取技术创新成果的总体费用。

理论上讲，合作技术创新更适应西部资源型中小企业的实际情况。然而现实却恰恰相反，目前西部资源型中小企业的技术创新方式以独立创新为主，合作技术创新尤其是企业间的合作技术创新发展状况不佳。

5.1.1　西部资源型企业合作技术创新发展状况

合作技术创新是指企业通过与其他企业、科研机构、高等学校等建立技术合作关系，在保持各自相对独立的利益及社会身份的同时，在一段时间内开展协作，从事技术或产品的研究开发，在共同确定的研究开发目标的基础上实现各自目标的技术创新活动。

5.1.1.1　合作技术创新总量有限

根据西部资源型企业 2005~2008 年科技活动经费的支出情况，可以发现科技活动经费外部支出远远低于内部支出，包括研发经费内部支出，具体指标数据如表 5-1 所示。

表 5-1　西部资源型企业科技活动经费支出情况　　　　　　　　　单位：万元

	2005 年	2006 年	2007 年	2008 年
科技活动经费内部支出	919471	1055047	1373997	1905055
研发经费内部支出	352124	291509	473479	629160
科技活动经费外部支出	89164	105370	168340	240741

资料来源：根据《工业企业科技活动统计年鉴》(2006~2009)数据整理，中国统计出版社。

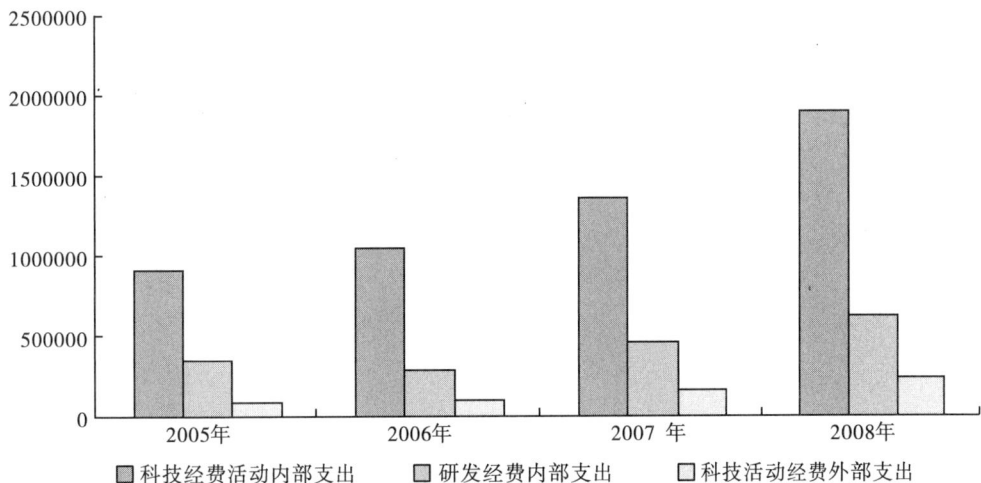

图 5-1　西部资源型企业科技活动经费支出情况

资料来源：根据《工业企业科技活动统计年鉴》(2006~2009)数据整理，中国统计出版社。

图 5-1 表明，西部资源型企业各年度科技活动经费外部支出仅分别为科技活动经费内部支出的 9.70％、9.99％、12.25％和 12.64％；分别为研发经费内部支出的 25.32％、36.15％、35.55％和 38.26％。

由此可以看出，目前西部资源型企业的技术创新仍然以独立创新为主，合作创新只占其中很少部分。

5.1.1.2　合作技术创新投入增加

对于西部资源型企业而言，合作技术创新除了能够解决企业从事独立技术创新资源不足的问题外，也为企业提供了一个学习的机会。为了技术创新目标的实现，合作各方会根据合作要求将自身具有的部分技术诀窍在合作组织内公开，实现技术共享。因此，更多的企业开始增加在合作技术创新方面的投入。

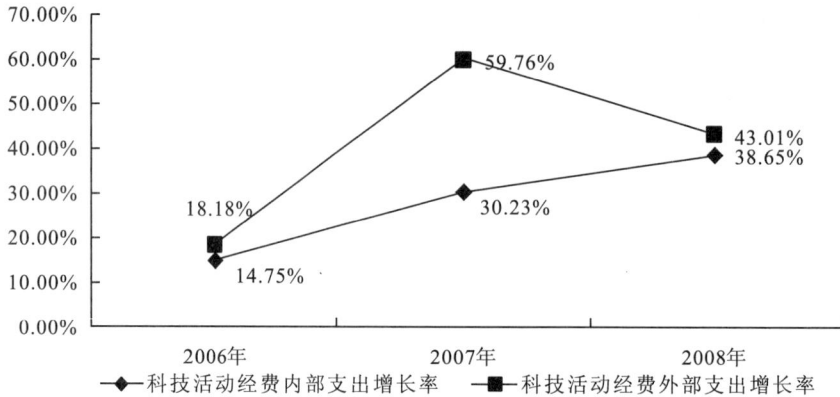

图 5-2　西部资源型企业科技活动经费外部支出增长情况

资料来源：根据《工业企业科技活动统计年鉴》(2006~2009)数据整理，中国统计出版社。

如图 5-2 所示，2005~2009 年，西部资源型企业的科技活动经费外部支出逐年递增，增长的速度远远高于内部支出的增长速度，始终保持在 18％以上，这也标志着西部资源型企业对合作技术创新的重视程度不断提高。

5.1.2　西部资源型企业间合作技术创新发展状况

企业合作技术创新具体有企业间的合作技术创新和企业同高等院校、研究机构之间的产学研合作技术创新两种方式。

企业间的合作技术创新是两个相互独立的企业为开展技术创新活动而达成合作关系，按照事先约定，在技术创新的不同阶段，各企业依据自身优势投入资源，并按照约定分摊创新风险，分配创新收益的合作过程。

而产学研合作技术创新是指企业、高等院校、科研机构相互配合，发挥各自优势，形成强大的研究、开发、生产一体化的先进系统，并在运行过程中体现出综合优势。

5.1.2.1　企业间合作技术创新投入不足

长期以来，西部资源型企业，尤其是同行企业之间竞争激烈、往往视对手为仇敌，彼此势不两立。为了取得竞争优势，很多企业甚至不惜采取恶意竞争的方法影响对手的技术创新活动，更不可能参与到企业间的合作技术创新中去。事实表明，其造成的结果是企业的两败俱伤，也不利于社会经济的繁荣和进步。

表 5-2 是西部资源型企业 2005~2008 年科技活动经费外部支出情况，可以看到 4 年间，西部资源型企业用于支付研究院所和高校的科技活动经费分别为：36469 万元、56683 万元、92984 万元和 112690 万元；用于支付其他企业的科技活动经费分别为 46481 万元、43175 万元、64923 万元和 92583。

表 5-2　西部资源型企业科技活动经费外部支出情况　　单位：万元

	2005 年	2006 年	2007 年	2008 年
科技活动经费外部支出	89164	105370	168340	240741
对研究院所和高校支出	36469	56683	92984	112690
对其他企业支出	46481	43175	64923	92583

资料来源：根据《工业企业科技活动统计年鉴》(2006~2009)数据整理，中国统计出版社。

如图 5-3 所示，西部资源型企业从事合作技术创新支出的各种科技活动经费中，企业对研究院所和高校的支出要高于对其他企业的支出，企业间合作技术创新投入不及产学研合作技术创新。

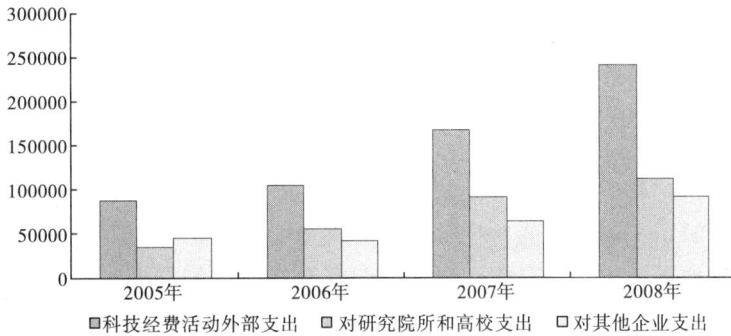

图 5-3　西部资源型企业科技活动经费外部支出情况

资料来源：根据《工业企业科技活动统计年鉴》(2006~2009)数据整理，中国统计出版社。

5.1.2.2　企业间合作技术创新发展速度较快

虽然西部资源型企业间合作技术创新的基础不好，但近年来发展速度较快。图 5-4 科技活动经费外部支出的增长趋势基本吻合，增长稳定，尤其是近年的增长速度要明显高于对研究院所和高校的支出增长速度。

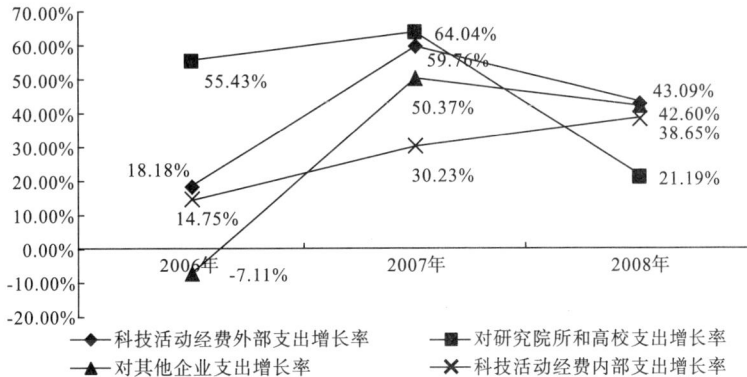

图 5-4　西部资源型企业科技活动经费外部支出增长情况

资料来源：根据《工业企业科技活动统计年鉴》(2006~2009)数据整理，中国统计出版社。

图 5-4 说明，企业间的合作技术创新开始成为越来越多的西部资源型企业的技术创新方式选择。这是因为，大部分企业都意识到了企业之间不仅存在竞争，也存在合作的可能，企业间合作技术创新能使合作企业获得市场信息的共享、资源优势的互补、创新成本的降低和创新风险的分担，这些都是独立技术创新和产学研合作技术创新方式所不能比拟的优势。

5.1.2.3　企业间合作技术创新形式多样

目前西部资源型企业间的合作技术创新形式多样，包括技术转让、研发外包或转包合同、专利和许可证、联合开发、设备共享、并购其他企业、合资创办新企业、建立股权技术联盟等。

虽然具体形式很多，也有不同的组合，但可以分为两大类模式：产权合作技术创新模式和非产权合作技术创新模式。其中，产权合作技术创新模式是西部资源型企业之间一种紧密的合作技术创新方式。无论是以购并、合资或少数股权投资的哪种产权合作方式，它们都是在企业间建立起一种资产的纽带，这种基于产权关系会增强企业彼此之间的相互依赖性。

与此相反的是，非产权合作技术创新模式是一种相对松散的合作组织模式。在这种模式下，西部资源型企业之间的合作关系是一种合约联盟，如研发合作、技术外包或转包合同、专利和许可证协议等。这种模式比产权合作技术创新模式有更大的灵活性，这些灵活的合作形式可以提高企业对合作关系的适应能力，它们正在成为西部资源型企业间合作技术创新的主导模式。

5.1.2.4　企业间合作技术创新失败率高

虽然没有研究对西部资源型企业间合作技术创新的失败率进行统计，但通过国外众多学者的研究，均发现企业间合作技术创新的失败率大约在 60%。Brouthers、Douma、Bleeke 和 Ernst 等的分析虽然没有那么悲观，但也估计约有 50% 左右的企业间合作技术创新会失败。

可以推测，西部资源型企业间的合作技术创新，失败率更高。这是因为，在西部资源型企业间的合作技术创新过程中，由于技术、资金、市场和合作关系等因素的不确定性，往往存在更多风险，对于中小型企业而言，其承担的风险压力相对更大。

首先是技术风险。因为企业间合作技术创新的各阶段可能存在多个合作企业的参与，各合作企业所应用的技术思路、技术平台可能不同，企业之间技术水平和创新能力也可能具有一定的差异。特别是西部资源型中小企业与大企业之间的技术合作中，若企业间的技术水平相差很大，那么在成果或信息相互集成时就会出现技术衔接与交流困难，从而导致技术交流的黏滞与失真现象。在企业间合作技术创新过程中，合作伙伴也可能是潜在的竞争对手。拥有技术较高的企业往往会担心核心技术在合作中外泄，进而削弱自身优势地位，所以会对核心技术进行保密与控制。而作为技术接受方的企业，也可能是由于基础较差，无法理解或接受新的技术、方法和工艺，引致技术扩散过程的知识黏滞，从而严重影响合作技术创新的效果。

第二是财务风险，西部资源型中小企业资金实力薄弱、融资渠道不畅，致使技术创新资金不足，就可能产生在合作过程中一方因资金链条断裂无法继续投入，合作技术创新中途夭折。

第三是市场风险。在技术创新产品投入市场之初，由于市场引导或宣传不足，用户可能抱有怀疑态度，甚至会否定新产品。即使保障了充分的市场引导，但若新产品的推出时间落后有效需求时间，并且时滞过长，也会导致技术创新资金回收困难。对西部资源型中小企业而言，很多行业的创新技术与产品市场尚未形成，企业难以在短时间内找到有效需求的用户，或是企业确定有顾客对合作技术创新产品或服务有需求，但不能很快且精准地确定用户是谁以及他们在哪里，从而导致无法较快制定将新技术和新产品推向市场的营销策略，最终导致合作技术创新的失败。有时新产品的市场需求已显现出来，但企业不能预测市场需求的规模，从而会作出错误的合作技术创新研发、生产及营销策略。

第四是道德风险，在大多数情况下，企业间合作技术创新的失败，可以归结为合作企业之间的信任缺失，产生道德风险。这是因为企业间的合作创新关系，实际上是对未来行为的一种承诺，只有彼此间充满信任，并信守承诺，才能使这种承诺变为可靠的计划，并最终付诸实施。但信息不对称、法律不健全等不确定性因素的存在，是由于西部资源型企业间合作伙伴弄虚作假、泄漏机密等不道德行为时有发生，甚至违法行为屡屡发生，其后果不是获得了机密的成员离开合作技术创新组织，成为新的竞争对手，就是造成信任危机，相互设防，不能形成正常的协调机制，不能建立有效的沟通渠道，从而导致企业间合作技术创新组织面临解体的威胁。

最后对西部资源型中小企业影响最大的是管理风险。由于企业间合作技术创新涉及多个企业，对企业间的组织协调和创新配合要求很高。然而参与企业间合作技术创新活动的各个企业，组织结构存在差异。这种差异在满足知识互补性和能力协同性要求的同时，会导致企业间合作技术创新工作效率降低、组织协调失衡或者管理失控，当差异太大时，甚至会导致合作技术创新活动的解体。企业间合作技术创新过程中的溢出效应，对社会的技术进步与发展能起到积极的推动作用。但是对合作企业而言，企业间合作技术创新更容易因技术的溢出，导致企业竞争优势的丧失。西部资源型企业间合作技术创新失败的另一个重要原因是无法建立起公平、公正的合作技术创新收益分配办法与激励机制。合作企业间不能充分实现风险共担、利益共享的原则，致使合作企业承担的风险与获得的收益不匹配，导致降低合作企业参与创新的积极性。

5.1.3　西部资源型企业间合作技术创新管理的困惑

企业间合作技术创新主要关注技术意义上的技术创新和管理意义上的合作管理两大领域。其中技术创新是企业在经济活动中引入新产品或新工艺，从而实现生产要素的重新组合，并在市场上获得成功的过程，包括新产品或新工艺的构思、设计、研发、制造和市场开发、认同与应用到商业化的各个环节。其根本目的就是通过满足用户不断增长和变化的需求来保持和提高企业的竞争优势，从而提高企业当前和长远的经济效益。

企业间合作技术创新管理是指合作企业为了使各种技术创新资源利用更加合理、整个技术创新系统运行更加和谐高效、技术创新能力得到更充分有效的发挥而进行的对合作动机、合作模式、合作关系以及最终的合作绩效等方面的管理。

目前，西部资源型企业对于企业间合作技术创新的管理水平不高，尤其是中小企业在很多方面还存在着许多困惑。

5.1.3.1 西部资源型企业间合作技术创新的动机难以决定

西部资源型企业间合作技术创新的动机就是合作各方依据自身的内外部环境，在企业间合作技术创新行为中所制定的战略目标。虽然西部资源型企业间合作技术创新的基本动机都在于对经济利益的追逐，但是不同的企业因其自身规模、所处行业、资源条件、技术能力等不同，表现出合作动机上的差异，有的是"得陇望蜀"，有的是"借船出海"，有的是"同舟共济"，还有的是"嫁祸于人"。

结合西部资源型企业的具体情况，其企业间合作技术创新行为的动机主要有以下几种。

1. 关注于技术研发的企业间合作技术创新动机

首先，大部分西部资源型中小企业走向企业间合作技术创新的原因是为了减少、分担研究开发活动的不确定性。这种不确定性带来的创新风险在于企业可能得不到预期的成果，成果没有以足够的速度出现或是超出财务预算等。事实上，技术研发活动的每一个环节都存在着风险。尤其是基础研究项目，具有极强的探索性和很大的风险，而且成果具有极大的溢出效应，在我国，专利技术往往不能有效得到保护，模仿很容易，企业难以独占研发成果，因而不愿意投资于基础研究。倘若采取与其他企业合作，通过合作双方的共同努力，既可达到技术创新资源的互补、减少研发活动的不确定性、增加获得积极结果的可能性，又可以减少潜在的模仿者，降低风险。

随着现代科学技术的发展，研发过程日益复杂，研发成本不断上升、试验仪器越来越精密且耗资巨大，高素质的研究人员需高额的薪金来维持。西部资源型中小企业在单独开展研发活动时，难以承受所有的技术创新成本。加之我国，尤其是西部地区中小企业融资渠道还不顺畅，企业难以从资本市场上获得所需要的资金。通过企业间合作技术创新，不仅能在合作企业间分担技术创新活动的成本，而且可以帮助企业避免重复研究或不必要的努力，节约成本的同时还可能获得规模经济效益。

同时，资源型中小企业技术交易的对象正变得越来越复杂，技术交易双方之间信息的不对称导致交易成本日趋高涨，企业获得的必要知识和技术市场越来越无效率。通过企业之间的合作技术研发，在原有的技术交易双方中间构建一个中介机制，有利于打破企业间的技术壁垒，通过研发人员之间的相互接触和共同参与，实现企业间的技术转移，从而降低由交易双方信息不对称引起的交易成本。

此外，很多西部资源型中小企业参与企业间合作技术创新是为了获得政府对合作技术创新的资助。近年来，我国各地政府都将科技发展作为地方经济发展的重要动力，都将企业间的合作技术创新看作是推动科技进步、增强地方经济活力和竞争力的重要手段，纷纷制定各种资助或激励政策、采取激励措施鼓励企业间的合作技术创新。西部资源型中小企业为了得到政府的资助，同时建立起良好的政企关系，开始参与到企业间合作技术创新中来。

2. 关注于组织学习的企业间合作技术创新动机

一些西部资源型中小企业与其他企业开展企业间合作技术创新,主要是为了获得合作企业中难言的隐含经验的知识,希望通过在实干中学习,获得各种知识经验和技术诀窍。

随着现代技术的发展,即使是资源型中小企业也不得不处理多种技术相互融合、多个学科相互交织的复杂科学技术问题。然而,要求这些企业原有的每一位技术人员都具备多种必要的技术知识和资源是不现实的。当今时代,技术发展的复杂性使很少的企业依靠自己的力量获得综合所有必备的知识和资源。所以,综合复杂技术领域更鼓励企业与其他领域具有不同科学技术优势的企业合作,获得必要知识和互补技术。

为了快速反应技术环境的变化,灵活的组织是必要的。企业间合作技术创新为西部资源型中小企业提供了一种灵活的组织形式来吸收新技术,适应技术的变化,促进企业间知识的转移,分担潜在的技术老化的风险。

企业间的合作技术创新是一种有效的学习方式,它不仅为合作伙伴提供了理论交流的机会,还提供了一个以研发工作验证这些理论交流结果在实践中是否可行的平台。为了保证实现研发目标,合作各方会根据合作的要求把自身具有的部分技术诀窍或方法在合作组织内部公开,实现技术共享,进而在为西部资源型中小企业提供了学习对方已有知识和技术的机会的同时兼具在实践中共同探索新技术的特点。合作企业在合作技术创新过程中的学习,在提高合作技术创新参与者个人学识和智力的同时,使群体智力得到了开发,实现了以较低的成本获得企业技术创新人力资本的增加和企业技术创新能力的增强。

资源型产业知识化的程度正在不断加强,西部资源型中小企业必须成为学习型组织,但学习是要支出成本的,企业在合作技术创新过程中建立合作伙伴关系有利于降低学习成本。

3. 关注于竞争战略的企业间合作技术创新动机

市场竞争日益激烈是当今西部资源型中小企业共同面临的挑战,因此其参与企业间合作技术创新的动机也绝不局限于技术领域,还包括其他各方面的知识,特别是提高销售能力和占领市场的知识。事实上,对于西部资源型中小企业而言,关键的知识往往并非在技术方面,而在于其销售能力和渠道资源,毕竟不是所有企业都有能力将自己的产品导入市场。企业之间的合作技术创新不仅使部分西部资源型中小企业获得了他们所缺乏的新产品的知识,还获得了有关新产品市场的知识,为其提供了进入更广阔的国内外市场的机会。正是由于这个原因,一些西部资源型中小企业为了进入新的市场,着力与已经拓展了这一市场的其他企业合作,力求扩大产品的销售范围,提高产品在国内外市场上的销售份额。

在西部资源型企业间合作技术创新的实践中,有部分企业参与合作是为了排除潜在的竞争者。因为企业间的合作技术创新,可以实现产品的多元化或成本的领先,进而对本行业的新企业构成入门障碍,达到排除潜在竞争者的目的。也有的企业通过与既有竞争对手或竞争对手的上下游企业之间进行合作技术创新,从技术上牵制甚至控制竞争对手,实现自己在行业内的技术领先、技术主导甚至技术垄断。

5.1.3.2　西部资源型企业间合作技术创新的模式难以选择

企业间的合作技术创新模式，是指企业间进行合作技术创新时所采用的具体合作组织方式。好的企业间合作技术创新模式有利于西部资源型中小企业充分发挥合作参与各方的技术创新优势，共同合作进行新产品与新技术的研发，从而弥补企业创新资源和能力的不足、降低创新投资风险、提升技术创新的质量。

由于西部资源型中小企业参与企业间合作技术创新的时间还比较短，经验不足，合作技术创新行为还带有很大的盲目性，因此在面临合作技术创新模式的诸多选择时，往往不能做出最适合自己和合作伙伴的决策。总体来说，西部资源型中小企业目前所采取的企业间合作技术创新模式可以根据合作是否涉及产权，大致分为产权式和非产权式技术创新合作模式。

1. 产权式合作技术创新模式

产权合作模式是在企业间合作技术创新过程中涉及产权，具体方式有技术并购、创办研究型合资企业、建立股权式战略联盟等。

（1）技术并购。部分西部资源型中小企业为了获取自己所需的技术资源，通过兼并其他中小型企业或技术力量较为雄厚但处于困境的大型企业的方式，依据自身的发展战略对其拥有的技术资源重新整合，使其与自身的要素有效结合，从而进一步提升自身的技术创新能力，实现技术创新。这种方式是最彻底、最省时的技术转移方式，通过技术并购，可以将企业外部的技术资源转化为企业内部的技术资源。虽然技术并购在形式上看是一个企业并购了另一个企业，成为一个新的企业。但是，在某种意义上讲，并购后的新企业是原并购前两个企业的共生。通过技术并购，不仅技术的转移将直接促进被并购企业的技术能力的提升，而且并购企业与被并购企业在技术创新领域的合作亦将提高企业的整体技术水平。并购后的企业双方利用自身的优势与专长，共同研发新的技术或产品，使技术的扩散和溢出效应更加明显。

（2）创办研究型合资企业。很多参与企业间合作技术创新的西部资源型中小企业是按照一定比例进行资源投入，共同成立双方拥有的研究型合资机构或组织，进行独立、专门的技术创新，并共享技术创新成果。合作各方企业通过建立法人实体机构来规范各参与企业的权利与义务，合作技术创新的成果属于新的企业。在这种合作技术创新方式的情况下，由于各参与企业会经常面对面地交流那些不可编码的技术，所以背叛行为就会很少，而且该方式下建立的新企业是双方共同拥有的，任何一方实施背叛也等于损害自己的利益。

（3）建立股权式战略联盟。西部资源型中小企业也经常为了参与企业间合作技术创新，长期地相互持有合作伙伴企业少量的股份，与创办研究型合资企业和技术并购不同的是，这种方式不涉及设备和人员等要素的合并。

技术购并、创办研究型合资企业、通过少数股权投资建立股权式战略联盟都是在企业之间建立一种资产的纽带，这种产权上的关系进一步增强了西部资源型企业之间的相互依赖性。

2. 非产权式合作技术创新模式

与产权式合作技术创新模式相对比而言,非产权式合作技术创新模式下的企业间合作技术创新过程不涉及产权关系,是一种相对松散的合作组织模式,企业间可能是一种契约式合作关系。具体形式包括研发合作、技术外包、转包合同、专利和许可证协议等;也可能是更为松散的非股权技术联盟或企业集群网络组织。

(1) 契约式合作方式。大部分参与企业间合作技术创新的西部资源型企业各方通过契约缔结成合作研发关系,包括共同发展协议、共同研究合同、交叉许可以及研发契约等。一般而言,这种非正式的组织只是通过一定的契约或合同来形成,不需要合作参与企业投入太多的组织资本。也正因为其非正式性,组织中的成员企业具有较大的灵活性。合作参与企业的目标一般仅仅是针对某一具体技术的研发,在目标实现后,合作关系就会自然结束。或者在合作过程中发生不愉快时,由于合作的成本较低,合作也比较容易中止。但是在西部资源型企业间的合作技术创新实践中,采用契约式合作方式的各方企业很容易遭受对方背叛行为的侵害,核心技术很容易发生泄漏,因为合作并不紧密,对方的背叛行为不太容易被发现。

对西部资源型中小企业而言,并非所有的技术都是同等重要的,有核心技术和非核心技术的区别。为了减少非核心技术分散管理者和技术人员对于核心技术的精力和时间,很多企业都会把自身不能形成核心竞争力的非核心技术外包给其他企业,进而维持和发展企业的核心技术。企业不需要参与外包技术的创新工作,只需要支付一定的版权费来获得技术创新成果的版权。西部资源型企业可以通过把非核心技术外包给其他合作企业的方式来节约技术创新成本,并分享规模经济所带来的收益。更为重要的是,它可以更加专注核心技术的创新工作,进而增强核心技术的竞争优势。另外,实行技术外包还可以缓解一些西部资源型中小企业由于技术人员缺乏或流失所带来的困境。但现实中,技术外包往往造成西部资源型中小企业对合作企业的技术依赖,使自己处于不利地位。

除此之外,西部资源型中小企业间合作技术创新的契约式合作方式还有技术交换协议和许可证协议等。技术交换协议包括技术共享协议和交叉许可证协议。采用技术共享协议的方式,输出技术的企业能够通过技术的输出继续保持其领先地位,而同时获得该技术的企业也可以迅速增加自身的技术能力。许可证协议是指拥有特定技术的企业以向其他企业发放专利和许可证的方式,实现技术合作与转让。这种形式最主要的优点在于加快了新产品开发速度和进入市场的速度。

(2)非股权技术联盟。随着科技发展的日新月异和市场竞争的白热化,任何一个企业都不可能在所有的技术领域都具备所需要的技术能力和拥有进行市场竞争所需要的全部资源优势。在这样的情况下,非股权技术联盟的形式应运而生。它是以技术为基础发展起来的知识纽带,主要由在资金或技术力量方面相当的两个或两个以上的企业,以共同研究和开发高新技术为共同目标而建立的一个互补性战略联盟。这种非股权技术联盟突破以往西部资源型中小企业技术创新行为的地理界限,将外部竞争变为内部协调,形成一种全新的合作竞争局面。非股权技术联盟的成员企业以自身的优势与专长通过部分契约结成战略联盟,并非独立的经济实体,仍然保留了合作各方企业的独立性。因此其行为非常灵活,可以因技术创新项目而结盟,也可以因技术创新项目结束而解散。但是在西部资源型企业间合作技术创新的实践过程中，非股权技术联盟成功率并不高，主要原因是存在管理权关系的模糊性、合作伙伴的背叛风险以及企业文化差异冲突。在非股权技术联盟中，参与企业过多地把合作伙伴企业放在竞争对手的位置，都希望将自身的优势强加给对方，要求对方按照自身的意图来定位，把自身的利益放在共同利益之上，这会加剧了合作中的信任危机。

(3)企业集群网络组织。在西部的一些资源型企业集群内，存在着一种由众多企业建立的松散的合作关系——网络组织。在其内部，合作企业可以自由地分享和传播技术知识和信息，意在通过组织内企业间的相互依存和合作来提高整个网络组织中个体企业的技术创新能力和创新效率。这种网络组织适用于共同技术创新专业化的利益、技术装备设施和技术标准的分享以及其他的网络外在性超过网络管理和维护成本的情况。在网络组织内部，各企业相互独立，有着独立的产权和管理制度。对于单个企业而言，可以较为自由地进入和退出某个企业网络组织，也可以同时参加两个不同的企业组织网络。虽然成员企业有很大的自由，但网络组织之间仍然存在一定的关联纽带，如合作协议、委托合同等。而在网络组织内部，企业彼此之间存在高度的技术与资源互补性，保证了企业网络作为整体的竞争优势，每个参与成员企业都将彼此的技术优势与专长进行补充，紧密合作。特别是对于西部中小资源型企业而言，可以在不扩大自身规模的条件下通过集群网络组织中的合作技术创新方式获取"准一体化和多元化"产生的规模经济和范围经济效应。遗憾的是，在西部资源型企业现有的集群网络组织中，成员企业之间在相互移交技术时缺少统一的标准，由于潜在的机会主义，成员企业不可能完全把自己的技术与其他的成员企业进行分享，因而在一定程度上了影响了合作的效应。

5.1.3.3　西部资源型企业间合作技术创新关系不佳，合作程度不高

由于西部资源型企业间合作技术创新的动机不一致，模式也不尽适合，因此致使西部资源型企业间合作技术创新的关系也充满障碍，难以稳定地维系，进而导致企业间合作技术创新程度不高，主要表现在以下几个方面。

(1)企业间信任度低。西部资源型中小企业在合作技术创新管理过程中，参与企业为获得更大、更多的利益，必须进行多方合作，而合作的基础就是信任。信任是各成员企业间有效进行知识共享的前提，如果成员企业间的信任程度低，那么就意味着企业不愿意与其他成员企业共享知识，同时对从其他成员企业共享来的知识持怀疑态度，从而会引发机会主义和道德风险，阻碍了合作技术创新的有效进行。

技术是具有溢出性的一种资源。合作技术创新过程中要求各参与成员企业将自身的专有技术和知识整合起来并与其他成员企业共享，但对西部资源型中小企业而言，合作伙伴企业可能就是既有或潜在的竞争对手。所以，成员企业如果将技术完全开放便会损害自身的竞争地位。虽然有很多企业将专利作为优先选择的技术保护机制，但是在我国西部地区，专利政策难以实施有效保护，缺乏对技术共享和关键技术交换保障措施，从而导致很多企业不得不选择保守自身的技术秘密，其结果是合作各方企业都无法通过合作实现真正的技术共享，降低了企业间合作技术创新的实效性。

(2)企业利己思想严重。西部资源型企业间建立的合作技术创新组织是一个动态的组织，在它的生命周期，内各合作成员企业随时可以加入或退出。这些合作成员企业彼此

之间又是相互独立的经济个体，存在既合作又竞争的关系，因此各成员企业间难免会存在利己思想。

接收技术和知识的企业在合作技术创新的过程中希望尽可能多地获取合作成员企业的技术和知识，并最小化自身技术和知识的输出，然后把所吸收的技术和知识转化为与合作伙伴企业相类似的技术或产品，并借机侵入属于原合作伙伴企业的市场，侵占它的市场份额。这种机会主义行为不但损害了合作伙伴利益，而且破坏了各方的长期合作伙伴关系。因此，在进行合作技术创新时，提供技术和知识的企业，总是倾向于保护能给自身带来利益的技术和知识，特别是与核心技术相关的知识，避免因技术和知识的外溢使自己丧失原有的竞争优势地位。

（3）企业间知识产权与利益划分不均。在西部资源型中小企业的合作技术创新过程中，合作各成员企业由于可以通过不同的技术创新投入获得相同的合作成果，因而会出现一个企业通过合作获得的利益大于另一个企业的现象。这种在合作过程中产生的利润和权益的不平衡，引发了大量关于企业间合作技术创新成果专利权及相关利益分配归属的争议和纠纷。这在西部资源型企业间的合作技术创新实践中不乏其例，而解决该类知识产权纠纷事件通常的方法是双方自行调解，法律的支持作用反而较弱。同时，由于很多西部资源型企业管理水平不高、法制观念淡薄，在合作技术创新之前都没有制定比较完善的合作协议，合作各方对合作的利益分配问题没有达成明确的共识，增加了合作的不稳定性。

（4）企业间技术和知识转移受阻。西部资源型企业间的合作技术创新涉及众多行业、多个企业，各企业具有不同的背景，从技术研发设计到资源开发利用、再到产品生产制造，各类技术和知识的存在形式和表现形式都不完全相同，再加上技术和知识自身所具有的模糊性，很难被各合作企业精确认知和把握，在这种情况下，技术和知识的转移便存在一定难度。

另外，西部资源型中小企业的技术基础较差，对技术和知识的传递能力较低，使本该参与共享的技术和知识无法在合作各方间的传递，进而降低了合作企业间的知识存量，使企业间的合作技术创新无法实现预期目标。

制约西部资源型企业间技术和知识转移效率的还有企业的学习能力，包括企业吸收新技术、新知识以及转换新技术、新知识的能力。总体来说，西部资源型企业的学习能力普遍偏低，技术和知识的吸收和转化能力都明显不足。

（5）企业间技术和知识沟通不畅。技术和知识沟通渠道的不通畅也是阻碍西部资源型企业间合作技术创新关系的重要影响因素。参与企业间合作技术创新的成员企业来自不同行业或地区，其文化背景不尽相同。文化上的差异使企业在进行技术和知识的沟通交流时，在传递、接收和理解的过程中容易出现遗漏或偏差，甚至导致文化冲突，从而阻碍了企业间技术和知识的交流与共享。同时，处于不同地区的西部资源型企业在开展企业间技术和知识交流、共享时都需要完善的技术支持平台。但因西部资源型企业在信息化建设方面参差不齐，相当一部分企业的技术信息管理系统非常落后，其系统安全保障能力较差，因此在与其他成员企业或外部环境进行技术和知识传播交流时的效率低下，甚至根本无法与其他企业的技术信息管理系统相兼容，影响了企业间的合作技术创新关系。

（6）企业缺乏技术发展战略

在西部资源型企业中，尤其是大部分中小型企业，都缺乏比较长远的技术发展战略。由于许多企业的合作技术创新管理人员都是直接从事技术研发的技术人员，他们的管理水平较低、决策盲目性较大，导致企业对未来的发展战略考虑不足。另外，很多企业以短、平、快为出发点，仅着眼于现有的技术改造，或几项有限的技术研发，对持续技术创新的追求不是太强烈，造成企业间的合作关系持久性较差。

5.1.3.4 西部资源型企业间合作技术创新的绩效难以改善

在国内很多学者对我国各地区企业合作技术创新绩效的比较中，西部资源型中小企业技术创新效率低下、技术溢出较低、成果转化率不高，对地方经济的贡献也非常有限。

1. 技术创新效率低下

在西部资源型企业间合作技术创新的实践中，技术创新效率低下是一个不可回避的问题，并且正在影响着西部资源型中小企业参与合作技术创新的积极性。东部地区企业在平均技术效率、配置效率和成本效率方面均高于西部地区企业的相应指标。

西部地区企业自身资金实力薄弱，大部分中小企业融资渠道不畅，地方政府投入有限、无法发挥杠杆效应，致使西部资源型中小企业技术创新投入不足，特别是对基础技术研究的投入过低，因而在平均技术效率方面落后于中东部地区企业。

与此同时，西部资源型企业间的合作技术创新在配置创新资源的结构上不够合理，缺少技术创新人力资源的投入，所以较难提高技术创新的吸收能力，因此不能形成技术密集型的合作组织。

成本效率是技术效率与配置效率的乘积。由于西部资源型中小企业在技术效率和配置效率上均低于中东部地区企业，导致其成本效率远低于中东部地区企业。

2. 技术溢出较低

从西部地区经济发展和西部资源型中小企业整体竞争力提升的角度来看，目前企业间合作技术创新的技术溢出较低。这是因为西部地区人力资本水平有限，不能提高对技术溢出的吸收能力，难以充分发挥企业间合作技术创新的技术溢出正效应。而对于单个西部资源型中小企业来说，企业内相应技术的专业人才存量是决定企业吸收能力强弱的关键因素，直接影响企业对合作组织内专项技术的吸收效果以及对所吸收的技术向现实的产品和企业效益的转化能力。

目前西部地区各级政府在为企业建立有利于企业间合作技术创新的制度环境方面还做得不够。相关法律法规还有待进一步建立和完善，知识产权保护问题亟待解决；缺少支持企业间合作技术创新的支持体系和风险承担机制；各种体制机制性障碍还有待消除，地方保护、行业和市场垄断需要打破，需要建立适合所有西部资源型企业的公平竞争环境；需要进一步为西部资源型企业的合作技术创新活动提供社会化、市场化服务。

3. 成果转化率不高

科技成果转化率不高是我国企业面临的普遍问题。目前我国的科技成果转化率大约为25%，真正实现产业化的不足5%，与发达国家80%的转化率差距巨大。

由于长期以来西部资源型中小企业的产品技术含量不高，技术商品结构配置比例失调，处于行业价值链底层，造成了低水平技术成果转让过剩而高水平科技成果难以转化的困难局面。虽然近年来高层次技术商品所占比例不断提高，但与中东部地区，尤其是与国际先进企业的高技术化趋势相距甚远。这种状况严重地挫伤了西部资源型中小企业技术创新人员从事技术创新的积极性、主动性和创造性，同时也增加了进一步开展企业间合作技术创新的困难和阻力。

同时，由于西部资源型中小企业管理能力的不足，致使企业对新技术、新产品的发展趋势没有准确的把握和判断，由于技术成果转化带有很大的风险性，因此企业不愿意或无法提供巨额的资金。毕竟西部资源型企业中有很多还处于发展期，还属于中小型企业，资金严重不足、负债率较高，"税、费、集、摊"以及企业职工工资增加、福利待遇提高的压力很大，难以对技术成果转化进步提供足够的资金支持。

4. 技术竞争力改善不大

核心竞争力是保持西部资源型中小企业竞争优势的重要手段，而技术竞争力是企业核心竞争力的重要组成部分，是企业持续竞争优势的源泉。目前绝大多数西部资源型中小企业的核心技术仍然受制于人，大量关键设备依赖进口，技术发展水平比较低，这很大程度上影响了企业由粗放型增长向资源节约型、环境友好型的转变。没有很强的技术竞争能力，企业难以持续发展。就西部资源型企业间的合作技术创新实践来看，还没有从根本上改变西部资源型中小企业落后的技术竞争力水平，企业仍旧难以走出粗放型经营及边发展边污染的老路。由于没有独立创新能力，又缺乏较好的企业间合作技术创新绩效，西部资源型中小企业难以突出自身的资源优势，在激烈的市场竞争中很难脱颖而出。

5. 对地方经济贡献有限

目前，西部资源型企业间的合作技术创新对地方经济发展的贡献率还比较低。现阶段西部地区经济的增长主要还是靠传统的生产模式。国家级的先进技术企业还很少，尤其达到国内和世界先进技术水平的资源型企业较少，企业产品的技术含量较低，管理多是粗放式。西部资源型中小企业在消耗西部地区大量可再生和非可再生资源的同时，对地方经济的贡献却没有相应的增长。

5.2　西部资源型企业间合作技术创新动机

对西部资源型中小企业而言，其企业间合作技术创新动机由市场结构、自然资源、技术能力、政府政策等因素所决定。

5.2.1　市场结构因素

人类一切活动是通过对自身利益的不断追求来实现的，对西部资源型中小企业而言，自身利益主要是通过其在产品市场上竞争获得的利润表现出来。古典经济学把企业的经济利益作为了企业唯一追求，每个企业追求利润的最大化必将带来社会利益的最大化。新古典经济学指出，企业总是通过尽可能缩小成本来追求经济利益的最大化。现代企业理论同样是基于企业追求利益最大化来分析企业如何解决问题。作为独立的经纪人，每个企业都是趋利的，都希望通过企业间合作技术创新得到更多收益，包括显性收益（利润、收入等）和隐性收益（风险分担等）。面对激烈的市场竞争，西部资源型中小企业如果没有核心技术，就面临被市场淘汰的可能。企业是市场经济的细胞，为经济利益而产生、存在，企业对经济利益的追求有一种战略性的思维，是在权衡短期经济利益和长期经济利益利弊的基础上对利润的不懈追求，所以企业追求经济利益最大化是在保证企业可持续发展基础上理性追求利润最大化，从而实现企业科学发展的一种行为。

产业发展状况越好，西部资源型企业越有意愿通过企业间合作技术创新，增强合作双方产品的竞争力，扩大市场需求，减轻市场竞争压力，反之亦然。

而合作企业间竞争越激烈，即企业间市场竞争强度越大，西部资源型企业越出于对竞争对手的忌惮而不愿意通过企业间合作技术创新来提升自身的技术创新能力和效率。

因此，本章假设，

H_1：市场结构因素对西部资源型中小企业间合作技术创新的合作动机有显著影响。

5.2.2　自然资源因素

资源基础理论认为，企业的经营绩效并非单纯依靠执行产业结构分析而确定的竞争战略就能够获得，更重要的是自身所具有的资源是否能够与战略规划相适应；并非所有的资源都能够成为企业竞争优势的来源，企业竞争优势来源于企业内部有价值的、稀缺的、不完全模仿性的、不完全替代性的异质性资源。由于资源的不可流动性或不完全流动性导致资源的非商业性或对其他企业的低价值，而这些资源只有在独特的企业中发挥作用，但是企业投入到战略中的资源是有限的，企业希望通过战略行为来获取技术创新资源。企业技术能力提升战略的选择取决于其在技术能力提升过程中的资源积累速度和使用方式。发达国家产业技术链延伸到发展中国家，在全球范围内配置技术资源，进而使产业技术链呈现时间与空间上的分布，它是众多企业组成的群体，纽带是全球要素资源。因此，企业间进行合作技术创新的根本动因是需求资源的互补性。

所以，西部资源型中小企业在形成企业间合作技术创新的动机时，会考虑企业间合作技术创新的投入水平。而技术创新投入水平是与企业拥有的实物资源及技术能力呈正相关关系的。也就是说，企业拥有的自然资源条件越好，越具备企业间合作技术创新的投入条件；而企业的自然资源条件越有限，对企业间合作技术创新进行资源投入的意愿就越不强烈。

因此，本章假设，

H_2：自然资源因素对西部资源型中小企业间合作技术创新的合作动机有显著影响。

5.2.3　技术能力因素

企业的技术投入能力是企业从事技术能力提升活动的基础能力，技术转移、消化能力是对技术进行编码及其沟通的能力，它们共同对企业间合作技术创新中各合作企业的合作水平与合作关系导向产生重要的影响。其中，企业的技术投入能力与合作技术创新的频度呈倒 "U" 形二次曲线关系。企业的技术投入能力影响着企业间合作技术创新的深度，技术转移与消化、吸收能力则影响着企业间合作技术创新的速度。而技术吸收能力是企业辨识外部新知识、使用新知识，并将它进行商业化的能力。企业间合作技术创新中重要的是企业对技术的"响应能力"，即在恰当的时间内对重要事件、机会和外部威胁做出有意识的反应以获得或保持竞争优势的能力。

所以，西部资源型中小企业自身的技术消化、吸收能力越强，越有可能获得比独立技术创新更大的知识溢出，越有可能学习到合作伙伴企业的新技术或实现技术上的互补，从而越愿意参与企业间合作技术创新。当合作企业的产品互为替代产品时，企业自身的技术消化、吸收能力越强，越容易引起合作伙伴的警惕，进而遭遇合作伙伴从技术上对自身的控制和竞争等。只有当合作企业的产品为互补产品时，企业才会为了与合作伙伴一起提高双方产品的技术含量、增强产品竞争力而参与企业间合作技术创新。

因此，本章假设，

H₃：技术能力因素对西部资源型企业间合作技术创新的合作动机有显著影响。

5.2.4　政府政策因素

在西部资源型企业间的合作技术创新过程中，地方政府扮演着重要的角色。它能够通过实施一系列有利于企业合作技术创新的政策和措施，如产业政策、政府资助、税收优惠等，来支持和引导企业积极参与合作技术创新活动。在西部资源型企业间进行合作技术创新的实践过程中，政府政策还包括政府和科技中介服务机构提供的科技公共服务等，这些手段都对西部资源型中小企业参与企业间合作技术创新产生了巨大的吸引力。有一部分的西部资源型企业参与企业间合作技术创新的目的就是为了获得政府的政策支持，建立良好的政企关系。因此可以判断，政府政策越是鼓励企业参与合作技术创新，企业参与企业间合作技术创新的意愿就越强烈。

因此，本章假设，

H₄：政府政策因素对西部资源型企业间合作技术创新的合作动机有显著影响。

5.2.5　实证结果讨论

通过本章对西部资源型企业间合作技术创新动机影响因素的实证研究，得出了相关理论假设的检验结果，汇总如表 5-3 所示。

表 5-3　西部资源型企业间合作技术创新动机影响因素假设检验结果汇总

假设	内容	检验结果
H₁	市场结构因素对西部资源型企业间合作技术创新的合作动机有显著影响	通过
H₂	自然资源因素对西部资源型企业间合作技术创新的合作动机有显著影响	通过
H₃	技术能力因素对西部资源型企业间合作技术创新的合作动机有显著影响	通过
H₄	政府政策因素对西部资源型企业间合作技术创新的合作动机有显著影响	通过

如表 5-3 所示，本章对西部资源型企业间合作技术创新动机的影响因素的实证研究结论如下。

（1）"理论假设 H_1：市场结构因素对西部资源型企业间合作技术创新的合作动机有显著影响"得到支持。

市场结构因素对西部资源型企业间合作技术创新动机的影响主要表现在引发企业的技术学习动机和竞争战略动机上。市场环境对企业越有利，西部资源型中小企业越愿意和合作伙伴在技术上进行交流和相互学习，越希望通过企业间合作技术创新来进一步加强自身的竞争力，通过合作技术创新，从技术上控制合作伙伴，甚至引导整个市场的技术走向。这是因为此时的企业竞争压力不大，或在市场上已经积累了相当的竞争优势，对优势企业而言，并不需要担心合作伙伴通过合作技术创新就能简单模仿到自己的技术竞争力，更不担心相对弱势的合作伙伴会借机控制住自身。反而此时企业正面临着战略扩张的有利条件，企业需要通过企业间合作技术创新，抓住机会，进一步强化市场竞争优势地位，完成战略扩张。

（2）"理论假设 H_2：自然资源因素对西部资源型企业间合作技术创新的合作动机有显著影响"得到支持。

自然资源因素将引发西部资源型企业间合作技术创新的研究开发动机和竞争战略动机。企业拥有的自然资源条件越有利，越有可能通过参与企业间合作技术创新，与合作伙伴一起降低技术创新的成本和风险，进而实现其控制合作伙伴、影响市场结构的战略意图。由于自然资源是西部资源型中小企业生存和发展的重要战略储备。相比自然资源匮乏的企业，若企业自身拥有的自然资源条件良好，就更具备企业间合作技术创新的参与条件，如果合作伙伴同样也拥有良好的自然资源条件，双方的合作技术创新就有了更坚实的物质保障。与此同时，自然资源条件良好的企业往往在其他方面也表现出了较强的竞争力，企业往往会首先通过与其他企业展开企业间合作技术创新，更好地发挥其优质资源的战略作用，实现企业的战略扩张或核心竞争力的打造。

（3）"理论假设 H_3：技术能力因素对西部资源型企业间合作技术创新的合作动机有显著影响"得到支持。

技术能力因素将引发西部资源型企业间合作技术创新的研究开发动机和技术学习动机。企业的技术能力越弱，通过合作技术创新来提升研发工作效率和加强企业间相互交流学习的动机越强烈。原因是技术能力弱的企业独立进行研究开发的成功率很低，与其他企业间的合作技术创新能够更好地将双方的技术能力进行互补，大大提高研发工作的效率，并且实现研发成本的节约和风险的降低。与此同时，由于合作伙伴间的技术能力和知识水平存在差异，技术能力弱的企业可以充分利用企业间合作技术创新的机会向技术能力强的企业学习先进的技术和知识，进而实现自身技术水平的提升和进步。

（4）"理论假设 H_4：政府政策因素对西部资源型企业间合作技术创新的合作动机有显著影响"得到支持。

政府政策因素主要通过引发西部资源型中小企业的技术学习动机和竞争战略动机来实现对企业间合作技术创新动机的影响。政府政策对企业越不利，西部资源型中小企业越希望通过企业间合作技术创新来实现企业间的相互交流和技术学习。而政府政策对企业越有利，西部资源型中小企业越希望通过企业间合作技术创新来实现企业自身竞争战略。当政府鼓励政策力度不大时，一方面企业不会过多地将注意力转移到通过企业间合作技术创新来投机，获得政府的财政补贴或税收优惠，另一方面缺少外力的帮助会使企业更加重视自身技术能力的培养和提高，更愿意通过与其他企业的合作来进行技术的互补和知识的交流。一旦政府的鼓励政策加大力度，企业就会将注意力转移到政策引导的方向上，一些规模不大的企业就寄望于通过企业间合作技术创新来组建一个战略联盟或者收购兼并其他企业以保持自身对自然资源的开采和利用权。

5.3　西部资源型企业间合作技术创新模式

西部资源型企业间合作技术创新模式都主要受到市场结构、自然资源和技术能力等因素的制约和影响。

5.3.1　市场结构因素

合作伙伴间的机会主义产生了合作风险。非产权式合作技术创新模式具有较高的灵活性，合作企业可以很容易地退出合作关系。但是，采用产权式合作技术创新模式通常需要进行特定的投资，而这种投资不易转作他用，因此，与非产权式合作技术创新模式相比，产权式合作技术创新模式具有更高的退出成本，交易失败的代价相当高。所以，除非市场能为企业间合作技术创新提供巨大的利益回报，否则西部资源型中小企业会基于对合作风险的规避更倾向于非产权式合作技术创新模式。

西部资源型中小企业在选择企业间合作技术创新模式时，也将市场结构因素尤其是合作伙伴间的竞争强度作为主要的因素予以考虑。通常状况下，企业间市场竞争强度越大，即合作伙伴间的竞争越激烈，企业越出于对自己的保护而倾向于选择产权式合作技术创新。

因此，本章假设，

H_5：市场结构因素对西部资源型企业间合作技术创新的合作模式有显著影响。

5.3.2　自然资源因素

通过企业间合作技术创新，企业可以吸收合作伙伴所拥有的资源。在合作技术创新活跃的工业领域，一个企业越重视技术创新的合作，就越有综合获取内外部各种资源的倾向。非产权式合作技术创新能够为西部资源型中小企业提供一个宽松的环境，有利于研究人员对技术问题的讨论与交流。而产权式合作技术创新的双方合作关系更为紧密，双方各自投入研发力量在同一个场所内共同工作，因此合作企业可以更好地实现对合作伙伴的监督和对自身核心资源的控制。

所以，企业进行产权式合作技术创新的条件是能够比非产权式合作技术创新具有更优的技术创新投入产出比率，即企业可以在保证技术创新成功的前提下，最大限度地节约自身的自然资源投入。因此，企业的自然资源条件处于不利时，会更倾向于使用成本更低的非产权式合作技术创新；相反，企业一旦拥有良好的自然资源条件，则有了选择产权式合作技术创新的投入基础。

因此，本章假设，

H_6：自然资源因素对西部资源型企业间合作技术创新的合作模式有显著影响。

5.3.3　技术能力因素　.

生物制药企业在合作技术创新过程中，企业自有知识不足是促使生物制药企业进行产权式合作技术创新的主要原因。为实现技术共享，企业在进行合作技术创新时更倾向于选择非产权式的合作模式。另外，企业彼此之间的技术互补程度对企业间合作技术创新组织模式的选择具有重要影响。

西部资源型中小企业在选择企业间合作技术创新模式时会考虑企业间合作技术创新能够给企业自身带来的技术创新效率的提升，另外，企业在选择合作模式时还会考虑合作伙伴的技术能力，尤其是对技术的消化、吸收能力。合作伙伴技术能力越比自己强，越可能从企业间产权式合作技术创新中获得的更多的技术溢出，此时企业会出于对核心技术的保护选择非产权式合作技术创新模式。

因此，本章假设，

H_7：技术能力因素对西部资源型企业间合作技术创新的合作模式有显著影响。

5.3.4　实证结果讨论

通过对西部资源型企业间合作技术创新模式的影响因素和调节因素的实证研究，表5-4汇总了相关理论假设的检验结果。

表5-4　西部资源型企业间合作技术创新模式影响因素假设检验结果汇总

假设	内容	检验结果
H_5	市场结构因素对西部资源型企业间合作技术创新的合作模式有显著影响	通过
H_6	自然资源因素对西部资源型企业间合作技术创新的合作模式有显著影响	通过
H_7	技术能力因素对西部资源型企业间合作技术创新的合作模式有显著影响	通过

如表5-4所示，本章关于西部资源型企业间合作技术创新模式影响因素的理论假设经验证后，结论如下。

（1）"理论假设 H_5：市场结构因素对西部资源型企业间合作技术创新的合作模式有显著影响"得到支持。

对于西部资源型中小企业而言，其面临的市场环境越不利，企业越偏好于选择产权式企业间合作技术创新模式来实现对自己竞争地位的保护；而企业面临的市场环境越有利，越偏好于选择非产权式合作技术创新来组织更为广泛的企业间合作技术创新。

（2）"理论假设 H_6：自然资源因素对西部资源型企业间合作技术创新的合作模式有显著影响"得到支持。

西部资源型中小企业拥有的自然资源条件越差，越无力支付产权式合作技术创新模式的高成本，进而倾向于选择非产权式合作技术创新模式。后者能够最广泛地组织众多企业的参与，在不增加合作技术创新投入的前提下，可以很好地整合彼此的优质资源。

（3）"理论假设 H_7：技术能力因素对西部资源型企业间合作技术创新的合作模式有显著影响"得到支持。

这说明，西部资源型中小企业的技术能力越强，越倾向于采用产权式合作技术创新模式。因为技术优势企业对从更广泛的合作群体里获得技术共享和知识溢出的愿望不强烈，反而出于对自身技术的保护，对合作伙伴有着严格要求和限制。相反，技术能力不强的企业为了在更宽松的环境下学习合作伙伴的技术和知识，更倾向于选择非产权式合作技术创新模式。

5.4　西部资源型企业间合作技术创新绩效

西部资源型企业间合作技术创新创新绩效主要由合作技术创新关系、市场结构、自然资源、技术能力和政府政策等因素决定。

5.4.1　合作技术创新关系

企业间合作技术创新过程中的合作关系存在很大的不稳定性，并且是动态变化的，本章主要考虑其合作关系形成时，企业持有的合作关系导向。因为西部资源型中小企业的合作关系导向通过其对合作技术创新过程中合作双方关系的引导而对企业间合作技术创新绩效产生影响。同时，西部资源型企业间合作技术创新的绩效与双方对合作技术创新的投入和双方的技术溢出系数密切相关。而决定双方对合作技术创新的投入以及双方的技术溢出系数的，除了合作双方拥有的资源条件和技术能力外，最重要的就是双方的合作关系导向。

因此，本章假设，

H_8：企业参与企业间合作技术创新的合作关系导向对西部资源型企业间合作技术创新的绩效有显著影响。

5.4.2　市场结构因素

企业间合作技术创新绩效与市场结构因素的关系是显而易见的。同一产业中企业数量的增加，导致市场竞争加剧，企业利润下降；企业数量的减少，意味着市场竞争比较缓和，企业利润上升。企业利润与合作技术创新投入是正相关的，企业利润高时，就有更多的资金投入企业间合作技术创新；企业的利润较低时，合作技术创新的投入也就相应减少。因此，企业数量较少，产品市场结构较集中时，企业的合作技术创新投入就较多，企业间合作技术创新的合作绩效也就越好。

当产业发展状况越好时，西部资源型中小企业的产品竞争力都得以增强，市场需求扩大，市场竞争压力减轻，企业间合作技术创新的绩效也越好。当合作企业间竞争越不激烈，即企业间市场竞争强度越小时，企业间合作技术创新越有可能加强西部资源型中小企业自身产品的差异性，或者利于其开发出与合作伙伴企业产品配套或互补的新产品，带来更高的合作绩效。

因此，本章假设，

H_9：市场结构因素对西部资源型企业间合作技术创新的绩效有显著影响。

5.4.3 自然资源因素

西部资源型企业间合作技术创新的绩效与企业对合作的投入相关，与企业技术创新投入产出比率有关。而各合作企业和企业自身的自身技术创新投入产出率都受自然资源条件制约。企业拥有的自然资源条件越好，对企业间合作技术创新的投入就越多，合作绩效就越高；相反，如果企业拥有的自然资源条件有限，就无力增加对企业间合作技术创新的投入，双方的合作绩效也会受到限制。

因此，本章假设，

H_{10}：自然资源因素对西部资源型企业间合作技术创新的绩效有显著影响。

5.4.4 技术能力因素

西部资源型企业间合作技术创新绩效与合作企业获得的技术溢出系数有关。而对技术溢出系数影响最直接的就是合作企业各自的技术能力，包括技术投入能力及技术消化、吸收能力等。企业自身的技术能力越强，从企业间合作技术创新中获得的技术溢出就越多，自身参与企业间合作技术创新的合作绩效就越高。与此同时，合作伙伴的技术能力越强，就越有可能从合作中获取到企业自身的核心技术、关键知识等，从而削弱企业的技术竞争力，降低该企业的合作绩效。

由于西部资源型中小企业自身的技术创新效率也与其技术能力密切相关，因此西部资源型中小企业自身的技术能力越强，其技术创新的投入产出比率越小，技术创新的投入产出比率越低，企业间合作技术创新绩效越高。

因此，本章假设，

H_{11}：技术能力因素对西部资源型企业间合作技术创新的绩效有显著影响。

5.4.5 政府政策因素

在西部资源型中小企业参与企业间合作技术创新的实践过程中，政府政策激励与支持的货币化形式，也是西部资源型企业间合作技术创新的绩效表现形式之一，强有力的政府政策激励和支持，能够使参与企业获得更大的合作收益，带给西部资源型中小企业更高的创新绩效。

因此，本章假设，

H_{12}：政府政策因素对西部资源型企业间合作技术创新的绩效有显著影响。

5.4.6　实证结果讨论

通过对西部资源型企业间合作技术创新绩效的影响因素的实证研究，本章得出了相关理论假设的检验结果，汇总如表 5-5 所示。

表 5-5　西部资源型企业间合作技术创新动机影响因素假设检验结果汇总

假设	内容	检验结果
H_8	企业参与企业间合作技术创新的合作关系导向对西部资源型企业间合作技术创新的绩效有显著影响	通过
H_9	市场结构因素对西部资源型企业间合作技术创新的绩效有显著影响	通过
H_{10}	自然资源因素对西部资源型企业间合作技术创新的绩效有显著影响	通过
H_{11}	技术能力因素对西部资源型企业间合作技术创新的绩效有显著影响	通过
H_{12}	政府政策因素对西部资源型企业间合作技术创新的绩效有显著影响	通过

如表 5-5，本章对西部资源型企业间合作技术创新绩效影响因素的实证研究结论如下。

（1）"理论假设 H_8：企业参与企业间合作技术创新的合作关系导向对西部资源型企业间合作技术创新的绩效有显著影响"得到支持。

依据企业间合作技术创新动机和合作技术创新模式对西部资源型企业间的合作技术创新关系导向进行了分类。通过研究发现，西部资源型企业企业间合作技术创新关系导向比其他类型的企业间合作技术创新关系导向更能为西部资源型中小企业带来较高的企业间合作技术创新绩效，体现出非产权式合作技术创新模式在西部地区资源型企业间的合作技术创新实践领域具有的优越性。其原因是对西部资源型中小企业而言，制约企业间合作技术创新绩效的瓶颈主要在于技术基础的薄弱和技术创新投入的不足，以及其在技术链中较低层次的位置，非产权式合作技术创新模式能够以较低的成本组成更广泛企业参与的企业间合作技术创新平台，更多的西部资源型中小企业可以在此平台上进行技术创新资源的整合和技术知识的共享，从而更有效地解决企业技术创新投入不足和基础薄弱的问题，带来更好的合作技术创新绩效。

（2）"理论假设 H_9：市场结构因素对西部资源型企业间合作技术创新的绩效有显著影响"得到支持。

市场环境对企业越有利，西部资源型企业间合作技术创新越能够表现出更好的绩效。究其原因，一是面对激烈的市场竞争环境，西部资源型中小企业要想在竞争中占据优势，就必须增加自身产品的技术含量和技术竞争力，提高自己在产业技术链中的位置。而这些都不是西部资源型中小企业凭一己之力就能够做到的，必须利用自身在产品市场上的盈利能力来加大对企业间合作技术创新的投入，通过与其他企业在技术创新方面的合作，来实现自身技术能力和产品技术竞争力的提高。二是在企业与合作伙伴的竞争不太激烈时，企业间合作技术创新才有可能把原本是竞争对手的企业组织到一起，整合双方的技术和资源，在共享企业间合作技术创新成果的同时，也有助于增进其相互的了解，从而利于增加产品的差异化程度，进一步缓和企业间的竞争关系，扩大双方产品在市场上的盈利能力。

（3）"理论假设 H_{10}：自然资源因素对西部资源型企业间合作技术创新的绩效有显著影响"得到支持。

对西部资源型中小企业而言，企业拥有的自然资源条件越有利，其参与企业间合作技术创新的绩效就越好，反之，其参与企业间合作技术创新的绩效就越差。这是因为，自然资源，尤其是不可再生资源的稀缺性和价值性为参与企业间合作技术创新的西部资源型中小企业带来了难以复制的竞争优势。因为拥有优越的自然资源条件，企业更有资本加大对企业间合作技术创新的投入，为更好的绩效提供了基础保障。另一方面，因为拥有自然资源优势的企业在合作双方的关系中往往占有主导地位，这也使其在分配企业间合作技术创新的成果时具有更多的话语权，分配到更多的合作利益，从而比竞争对手获得更好的合作绩效。

（4）理论假设"H_{11}：技术能力因素对西部资源型企业间合作技术创新的绩效有显著影响"得到支持。

企业的技术能力越强，通过企业间合作技术创新获得的合作绩效就越好。这是因为技术能力强的企业，拥有更强的学习能力，能够通过企业间合作技术创新学习到合作伙伴的技术和知识，用以进一步提高自身的技术能力。同时，其拥有更强的技术消化、吸收和转化能力，使其在获得企业间合作技术创新成果之后，能够更好地将技术成果转化为具有良好市场前景的产品，在产品市场竞争上获得竞争优势。

（5）"理论假设 H_{12}：政府政策因素对西部资源型企业间合作技术创新的绩效有显著影响"得到支持。

政府政策支持越有利，西部资源型企业间合作技术创新的绩效越好。这是因为政府的相关政策将直接引导西部资源型中小企业参与企业间合作技术创新的行为，政府的政策越是积极有力，企业参与合作技术创新的愿望越强烈，投入越大，带来良好绩效的可能性越大。而且，政府给予企业的各类政策补贴和优惠都是西部资源型中小企业参与企业间合作技术创新的绩效表现形式，企业除了希望通过企业间合作技术创新获得此类货币化的合作绩效外，良好的政企关系也是企业关注的合作绩效。

5.5　西部资源型企业间合作技术创新管理模式

长期以来，西部资源型中小企业的成长和发展主要依托我国西部地区丰富的自然资源。伴随着新一轮西部大开发战略的实施和深化，西部资源型中小企业开始面临着由粗放式发展方式向集约型、环境友好型发展方式转型的压力，需要走出一条具有自身特色的技术创新道路。本章将基于西部资源型企业间合作技术创新绩效的影响因素，探讨适合西部资源型中小企业的企业间合作技术创新管理模式，以期为西部资源型中小企业提升企业间合作技术创新绩效，进而为提高企业技术竞争能力提供参考。

5.5.1　企业间合作技术创新的管理能力

从西部资源型企业间合作技术创新的实践过程来看，有的是通过企业间合作技术创新引进企业所需要的先进技术或设备，借此来提升自身的技术水平；有的则是在企业间技术合作的平台上整合合作双方的技术优势，实现合作技术创新；还有的是通过企业间合作技术创新，共同投入技术创新资源，进行技术创造和产品研发，产出具有知识产权的合作技术创新成果。

因此，可以将西部资源型企业间合作技术创新的合作层次划分为技术引进、技术整合和技术创造等三个层次，与其相对应的企业间合作技术创新管理能力分别是技术识别能力、技术协同能力和技术预见能力。

5.5.1.1　技术引进层次的企业间合作技术创新管理能力

在西部资源型企业间合作技术创新的合作层次中，技术引进属于较低层次的合作。技术引进，是指西部资源型中小企业通过一定方式从其他企业获得先进、适用的技术的行为，包括：从其他企业引进工艺、制造技术，包括产品设计、工艺流程、材料配方、制造图纸、工艺检测方法和维修保养等技术知识和资料，以及聘请专家指导、委托培训人员等技术服务；在引进技术的同时，配套引进必要的成套设备、关键设备、检测手段等；通过引进先进的经营管理方法，充分发挥所引进技术的作用，做到引进技术知识和引进经营管理知识并举；通过广泛的技术交流、合作以及学术交流活动、技术展览等，引进其他企业的创新思想和科学技术知识；引进其他企业的技术人才。技术引进的远期目标是根本上消除企业与其他企业在技术方面差距，提高企业自身的技术水平；近期的目标则是从生产需要出发，填补本企业的技术空白。

改革开放以来，西部资源型中小企业走上了一条通过引进国内外先进技术加快产业结构调整和经济发展的捷径。当前，西部大开发进入了新一轮阶段，产业结构面临整体升级的任务。毫无疑问，西部资源型中小企业仍然要更加扩大开放，有效利用国内外技术和资源市场，特别是大量利用国内外先进技术资源，促进产业结构优化升级，着眼于企业间的互利双赢、竞争合作，进一步加强企业间的技术交流与合作。

然而，技术引进的首要环节是技术识别，技术识别能力是对技术的本质、作用及其发展趋势的辨别能力与认识能力。对于西部资源型中小企业而言，由于自身技术人员有限、技术基础薄弱，往往对技术信息掌握不够，技术识别能力弱，因此在技术引进之前，首先要对合作伙伴的技术进行识别，识别那些先进的、适用的、可能的技术进行引进。这样才能使所引进的技术被企业在现有的技术水平上消化和吸收，支撑企业的技术创新。

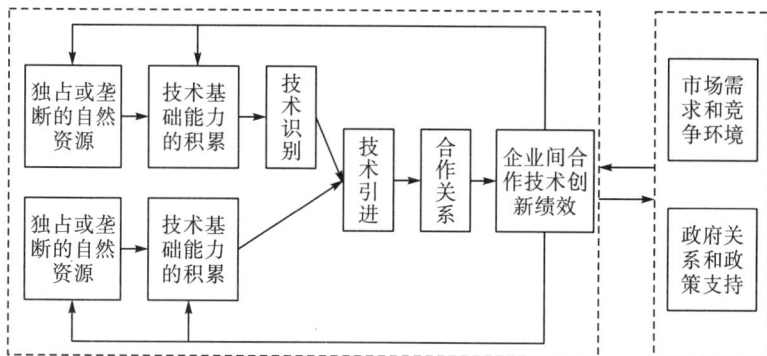

图 5-5　技术识别能力和西部资源型企业间技术引进

因此，技术识别能力的强弱往往决定了西部资源型企业间合作技术创新能否顺利进行、能否取得合作技术创新成果、合作成果是否具有商业价值等关键问题。技术识别将直接影响西部资源型中小企业技术知识的积累，进而影响到企业间合作技术创新的技术知识组合，最后关系到企业间合作技术创新的合作绩效，如图5-5所示。

5.5.1.2　技术整合层次的企业间合作技术创新管理能力

西部资源型企业间合作技术创新的第二个层次是合作企业间的技术整合。一般来讲，技术整合是指西部资源型中小企业在其新技术或新产品的开发过程中，根据技术创新的要求、自身和合作伙伴的技术基础以及自然资源条件，通过系统集成的方法评估、选择适宜的合作伙伴的技术，并将合作伙伴的技术与企业现有技术有机地融合在一起，从而创造出新产品和新工艺的一种企业间合作技术创新方法。

作为单个技术创新主体，西部资源型中小企业要拥有多种学科、行业的技术能力并不容易，而通过企业间合作技术创新，整合合作企业之间的技术是最现实的选择。合作伙伴各自都拥有自己的技术知识、管理知识，也都拥有各自的生产技术、材料技术、工艺方案、设备系统、标准化技术、信息技术及管理控制技术等。这就为西部资源型中小企业提供了技术的源泉，可以在众多学科、门类和专业领域的技术中选择与企业自身技术互补的且企业发展需要的技术，将其与自身现有的技术进行整合，从而实现技术创新的合作目标。

随着当代科技的发展速度越来越快，企业技术创新资源越来越分散，越来越多的西部资源型中小企业开始重视从企业外部整合各种技术资源。许多企业纷纷加强与包括企业的竞争对手在内的外部组织之间的技术联系，通过企业间合作技术创新来实现资源整合和技术互补，共同实现技术创新。

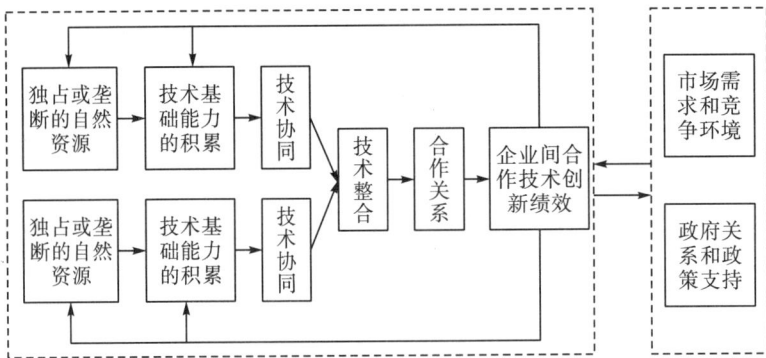

图5-6　技术协同能力和西部资源型企业间技术整合

如图5-6所示，西部资源型中小企业通过企业间合作技术创新进行技术整合的前提是具有较强的技术协同能力。技术协同能力即西部资源型中小企业能够通过与合作伙伴的紧密合作，在以合作利益为纽带连接而成的合作技术创新组织中，充分利用合作伙伴的优势技术，降低技术交易成本，提高技术专业化水平，加强企业间协同创新，分散技术创新的风险并避免企业间恶性竞争，借助合作技术创新成果在合作企业间迅速高效地传播以实现合作伙伴间的知识和技术资源共享。企业不仅可以低成本获取合作伙伴的新知识和新技术，而且能迅速将其与自身的技术优势融合并转化为企业的技术竞争力，从而使企业的技术创新效率达到最优、利益达到最大。

5.5.1.3　技术创造层次的企业间合作技术创新管理能力

西部资源型企业间合作技术创新的最高层次就是技术创造层次，技术创造是西部资源型企业间合作技术创新的高级化阶段，表现为企业在技术上的超越与领先。

西部资源型中小企业为了实现技术的突破，常常与合作企业一同设立专门的技术研发团队、项目小组、合资公司等专业机构，专业从事技术创新工作。在专业合作技术创新组织机构中，企业依靠高强度的技术创新投资来增强双方的合作技术能力，希望由此获得具有竞争优势的独特技术和产品。

企业要想通过企业间合作技术创新实现技术上质的飞跃，必须建立起新的创新要素组成模式，通过"创造性的破坏"来达到技术创造的目标。在这一过程中，要创造出真正能为西部资源型中小企业带来竞争优势的新技术，或者研发出真正适应市场需求、能获取较高经济效益的资源型产品，必须首先具有对技术的预见能力。

作为一种新型的战略管理能力，技术预见能力是企业致力于将科技、经济与社会一体化的重要手段和各种资源进行有效组合与优化配置的能力。技术预见能力可以增强企业制定技术创新战略计划的科学性，企业围绕自己的技术创新战略目标，利用技术预见的结果，分析市场需求的变化情况，从中找到有利于技术创造的技术信息和技术合作机会。西部资源型中小企业可以在技术预见的基础上，准确判断未来市场竞争的需要，进而同合作伙伴一起用以制定或调整合作技术创新方向，并结合双方的技术优势，创造出符合市场和技术发展趋势的新技术。

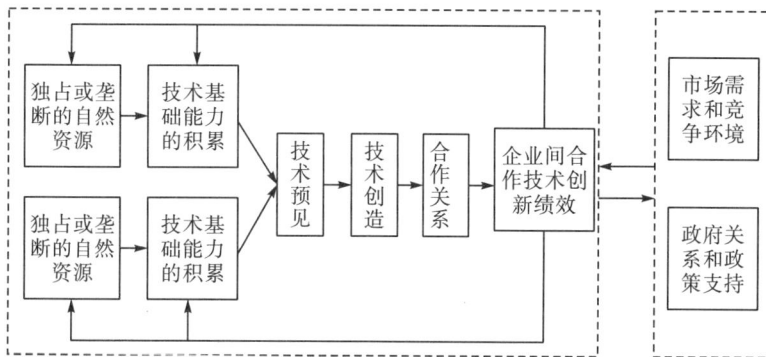

图 5-7　技术预见能力和西部资源型企业间技术创造

正如图 5-7 中所示，技术预见能力是西部资源型企业间合作技术创造的基础，合作双方都需要在较强的技术能力基础之上，培育自身的技术预见能力。而技术预见能力本身就是基于双方合作的前提下，共同投入技术资源，在合作双方充分的信息共享和技术交流之后，共同地科学预见未来技术和产品发展的趋势，并以此为指导，指引企业间合作技术创新的发展方向。

5.5.2　企业间合作技术创新绩效的提升路径

根据西部资源型企业间合作技术创新绩效影响因素的来源对其进行分类，可以简单地分为来源于企业内部的影响因素，如自然资源因素、技术能力因素；来源于企业外部的影响因素，如市场结构因素、政府政策因素；来源于合作企业双方的影响因素，如企业间合作技术创新关系导向等（图 5-8）。

对于西部资源型中小企业而言，要想改进企业间合作技术创新的合作绩效，可以通过改善对其具有影响作用的各影响因素，使这些影响因素向着有利于企业间合作技术创新绩效提升的方向发展。当然，受企业自身条件的限制，客观上讲，不可能所有的西部资源型中小企业都具备条件同时改善影响企业间合作技术创新的各种影响因素。因此，其提升企业间合作技术创新的具体路径不会完全一致，西部资源型中小企业提升企业间合作技术创新绩效的管理活动应是根据企业的自身条件有计划、有步骤地进行的。

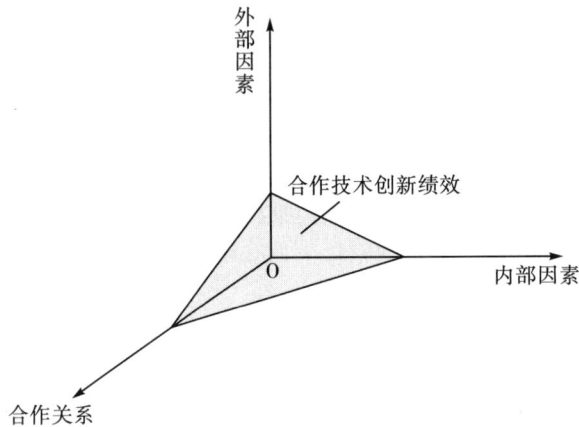

图 5-8　西部资源型企业间合作技术创新绩效影响因素

5.5.2.1　西部资源型企业间合作技术创新绩效的突破式提升路径

西部资源型企业间合作技术创新的突破式提升路径是指合作双方在市场结构、自然环境、技术能力、政府政策或合作关系的某个方面比较易于取得较大的进步，可以此为突破口，通过对该影响因素的改变来提升整个企业间合作技术创新的绩效水平。

如图 5-9 所示，该提升路径要求合作双方企业在某一方面的条件均较为突出，具体表现为：技术能力基础较好，如具备较高的技术创新能力、技术团队具有较好的人才素质结构、具有较丰富的研发经验、技术知识的积累程度较高等；市场环境较好，如在产品市场上具有竞争优势、企业技术创新成果能够较为成功地转化为可带来盈利的商品等；自然资源条件较好，拥有稀缺资源的开采和利用权、资源禀赋充沛或资源开发利用效率较高等；拥有良好的政企关系、能获得有利的政策支持等。

企业间合作技术创新绩效的突破式提升路径具有自身的优势与劣势：其优势在于能够最大限度地利用合作企业双方在某方面具备的共同优势，使之较快地转化为企业间合作技术创新的有利条件，管理重点突出，易于控制；其劣势在于在变化剧烈的企业发展环境中，企业的优势往往是转瞬即逝的，尤其对于缺乏核心竞争力的西部资源型中小企业，其在各方面的竞争优势都是相对的、有限的，单纯依靠某一方面优势条件来发展企业间合作技术创新，本身的风险较大，且很难具备可持续性。

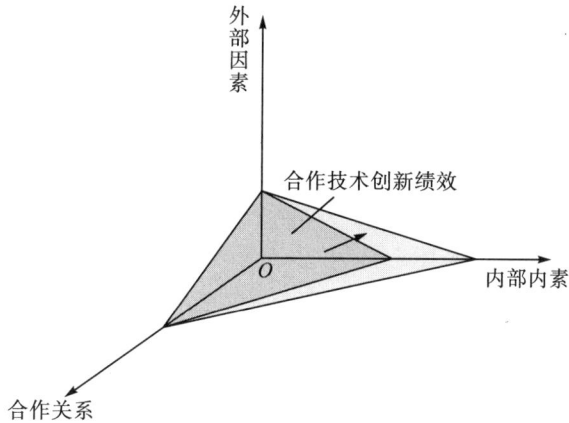

图 5-9　西部资源型企业间合作技术创新绩效的突破式提升路径

5.5.2.2　西部资源型企业间合作技术创新绩效的平行式提升路径

西部资源型企业间合作技术创新的平行式提升路径的理念是从管理的角度出发，合作企业双方协调两种不同来源的技术资源或环境条件，协同一致地完成企业间合作技术创新的过程，并且通过协同产生协同效应，使企业间合作技术创新的绩效大幅度提升。西部资源型中小企业通过此路径，可以使不同企业的技术创新各要素之间相互配合，以平行发展为手段，更有效地开展企业间合作技术创新，进而促进合作企业间实现协同效应，更有效地进行技术创新活动。

平行式绩效提升要求参与企业间合作技术创新的西部资源型中小企业双方分工协作，一方依靠企业内部自然资源条件、技术能力基础的改进，另一方则注重企业外部的市场竞争环境和政府企业关系的改善，或是专门负责与合作伙伴企业之间良好的知识共享和技术交流，促进合作关系发展良好（图 5-10）。

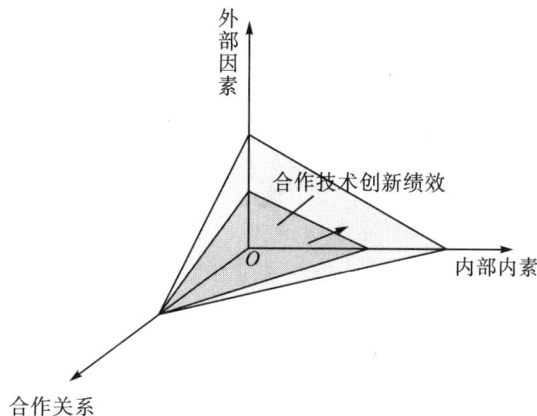

图 5-10　西部资源型企业间合作技术创新绩效的平行式提升路径

西部资源型中小企业具体可以采取三种组合的合作分工来提升企业间合作技术创新的合作绩效。一是合作双方企业分别集合合作资源，进行合作组织内部和外部条件的平行发展，即一方企业通过合作技术创新管理活动，改善合作组织内部的自然资源、技术能力条件，同时另一方企业通过合作技术创新管理活动来改善合作组织外部的市场竞争环境和政府关系环境，"内外兼修"地提升企业间合作技术创新绩效；二是合作组织的内部条件同企业间合作技术创新的关系条件同时改善，一方企业通过内部技术创新管理活动促使合作组织自身的自然资源条件和技术能力条件向着有利于企业间合作技术创新绩效提高的方向发展，另一方企业重视与该企业间的协调配合，建立良好的企业间合作技术创新关系，从而"自内而外"地提高合作绩效；三是当合作双方企业自身的内部条件都遭遇瓶颈，难以通过自身的技术创新管理活动予以改善时，则可以通过一方企业与当地政府合作，获得良好的政企关系和政策支持来改善合作组织面临的政策环境，或是通过营销管理活动，提高企业产品的市场竞争力来改善企业面临的市场竞争环境，另一方企业则保持与合作企业间良好、稳定的合作技术创新关系，"自外而内"地提升企业间合作技术创新绩效。

平行式绩效提升路径的优势在于：西部资源型中小企业在调动各类有利于企业间合作技术创新绩效提升的技术创新要素时可以发挥其协同作用，实现"1＋1＞2"的协同效应，由于企业间合作技术创新过程中，合作企业的内外部条件具有一定的差异性，更容易实现优势的互补，从而将合作双方的合作技术创新绩效都提升到较高的水平上。

平行式绩提升路径的劣势在于：对合作企业之间相对优势条件的差异性要求较高，当合作双方的优势条件重叠时，只能实现某一方面的突破，而无法实现平行发展，也就无从发挥不同优势间的互补和协同作用。如果合作企业想通过企业间合作来改进本来不具备优势的条件时，各方企业为了使自己能够在现有的市场或技术等关键领域取得突破，都希望合作伙伴在相关领域进行配合，合作双方的行为和利益都难以协调，增加了合作技术创新管理的难度。

5.5.2.3　西部资源型企业间合作技术创新绩效的立体式提升路径

立体式提升路径是西部资源型企业间合作技术创新绩效最高级的提升路径。合作企业间充分整合双方在各个领域的优势，全方位改进可能影响企业间合作技术创新的各方面因素，最大幅度地提升企业间合作技术创新绩效。

立体式提升路径要求最大限度地聚合合作企业的技术创新资源和条件，双方以高度协调统一的关系进行合作，在技术方向选择、技术研发配合和技术成果分配上都实现共同利益的最大化，全面地提升企业间合作技术创新的合作绩效（图5-11）。

就合作技术创新管理难度而言，立体式提升路径无疑给西部资源型中小企业的合作技术创新管理提出了更高的要求。为了保证企业间合作技术创新绩效能够以立体式的路径得到提升，西部资源型中小企业在企业间合作技术创新的过程中必须遵循以下原则。

（1）多目标发展原则。企业间合作技术创新应该以追求经济效益、技术效益和社会效益为目标。经济效益是指企业间的合作技术创新应该坚持合作过程中自然资源消耗的极小化和合作技术创新成果价值的最大化；技术效益是指企业间合作技术创新过程能够为合作双方都提供较高的知识和技术溢出，提高合作双方企业自身的技术能力，合作技术创新产出的技术成果具有先进性和可转化性，能够缺失增加合作双方企业产品的技术含量；社会效益是要求企业间合作技术创新活动有利于社会的和谐稳定和地方经济发展，有利于合作企业与当地政府建立起良好的政企关系。

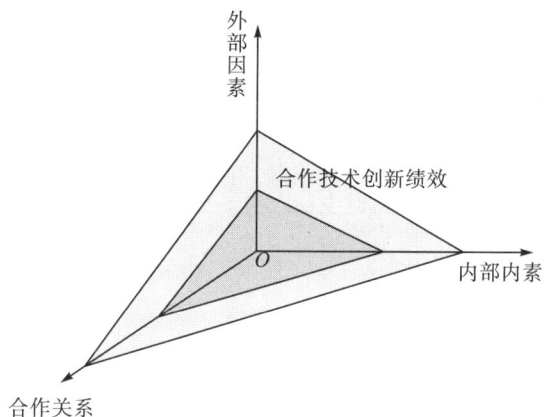

图 5-11　西部资源型企业间合作技术创新绩效的立体式提升路径

(2)协调发展原则。即西部资源型中小企业在组织和参与企业间合作技术创新的过程中，要坚持合作企业利益的相互协调。企业作为追求自身利益最大化的经济主体，其管理活动都是一种自利行为，然而企业间合作技术创新绩效的立体式提升路径要求企业间最大限度地协调自身利益，以追求合作组织的整体利益最大化为目标，实现合作企业间的和谐，保证企业间合作技术创新的技术创新速度与质量相当，合作的规模与效益相符，合作企业的个体利益与合作组织的整体利益相适。

(3)可持续发展原则。西部资源型企业间的合作技术创新应该追求技术、经济、自然生态和合作关系的可持续发展。通过企业间合作技术创新，合理地利用自然资源、实施更加清洁的生产工艺、创造更加先进的生产技术、研发更具技术含量的产品，进而建立合作企业双方稳定、公平、良好的合作关系，最终促进企业间合作技术创新绩效的可持续提升。

5.5.3　西部资源型企业间合作技术创新管理模式划分

西部资源型企业间合作技术创新管理模式指西部资源型中小企业在对企业间合作技术创新管理的过程中所采用的基本思想和方式，是一种成型的、可直接参考运用的、完整的管理体系。西部资源型中小企业可以通过这套体系来发现和解决在企业间合作技术创新管理过程中的问题，规范企业间合作技术创新管理手段，完善企业间合作技术创新管理机制，实现企业间合作技术创新的既定目标。

如图 5-12 所示，本章根据西部资源型企业间合作技术创新的管理能力和绩效提升路径，把西部资源型中小企业的企业间合作技术创新管理模式划分为 3 大类型 9 种模式，分别是基于技术识别能力的消化吸收再创新管理模式，结合具体路径可分为突破式消化吸收再创新管理模式(1，1)、平行式消化吸收再创新管理模式(2，1)和立体式消化吸收再创新管理模式(3，1)；基于技术整合能力的集成创新管理模式，结合具体路径可分为突破式集成创新管理模式(1，2)、平行式集成创新管理模式(2，2)和立体式集成创新管理模式(3，

2）；基于技术预见能力的原始创新管理模式，结合具体路径可分为突破式原始创新管理模式(1，3)、平行式原始创新管理模式(2，3)和立体式原始创新管理模式(3，3)。

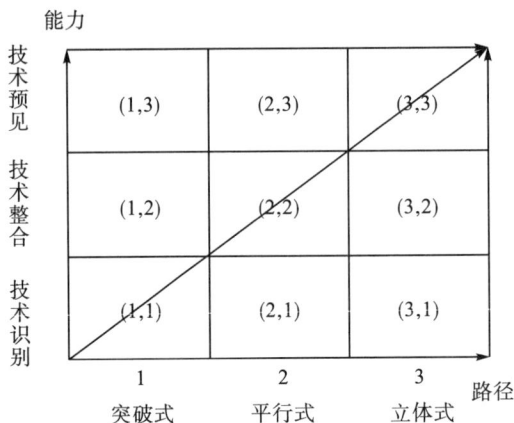

图 5-12　西部资源型企业间合作技术创新管理模式

5.5.3.1　基于技术识别能力的消化吸收再创新管理模式

西部资源型企业间合作技术创新管理的过程，也是其对先进技术的消化吸收过程，而企业最基础的消化吸收再创新管理能力就是技术识别能力。在技术识别能力的基础上，西部资源型中小企业可以通过企业间合作技术创新，进行技术识别与选择，进而获得行业中"人有我无"的先进技术和产品，以填补企业自身的技术空白来提升企业间合作技术创新的绩效。

1. 突破式合作技术消化吸收再创新管理模式

西部资源型中小企业的突破式消化吸收再创新管理模式主要关注于通过技术识别能力，提高企业技术选择和引进的科学化和成功率，有重点、有选择地引进国外或国内发达地区合作伙伴的优势技术创新资源及先进技术创新成果，包括对技术的识别与选择、对技术机会的识别与选择和对技术人才的识别与选择。

首先是对技术的识别与选择。西部资源型中小企业对技术的识别与选择结果直接决定了企业间合作技术创新能否顺利的进行、合作技术创新成果是否具有商业价值等问题。技术的识别与选择首先要科学地评价其价值和作用，技术的价值和作用是因企业而异的，对于西部资源型中小企业而言，应该尽量选择对自身和合作伙伴具有较高价值和作用的技术。选择的技术应该能够弥补合作组织在技术上的短板，迅速提升合作企业自身的技术能力。切忌不顾企业具体实际，引进一些成本高昂但对企业没有太多实际意义的高新技术，或者不了解技术市场信息，引进一些被其他企业淘汰的落后技术。

其次是对技术创新机会的识别。全球技术环境为西部资源型中小企业提供了大量的技术机会，企业必须发现这些技术机会才有可能通过企业间合作技术创新取得良好的合作成果。虽然几乎任何的技术变化都可能产生一系列的商业机会，但是这些机会对所有企业的可行性和重要性是不同的。西部资源型中小企业需要将市场调查和前景预测结合起来，贴近产品市场和技术市场，选择和引进符合合作双方技术基础能力，同时又能够转化为现实产品进入市场的技术，为合作企业双方带来现实效益。

第三是对技术创新人才的识别。技术创新人才是合作企业双方在消化吸收再创新方面取得突破的核心资源。企业间的合作技术创新组织需要高素质的技术创新人才，这些人才除了具有过硬的专业技术知识之外，还必须具有出色的影响力和团队精神。在企业间的合作技术创新组织中，如果技术创新人才无法影响他人，使之朝着共同的技术创新方向努力，无论其知识多渊博、技术多领先都无济于事。团队精神在企业间合作技术创新组织中的内涵不仅仅是发挥技术创新人员个人的作用，更多的是通过各种行为和工作方式，提升合作技术创新团队中其他成员的工作绩效，这对企业间合作技术创新的整体绩效提高具有很大的促进作用。

2. 平行式合作技术消化吸收再创新管理模式

西部资源型中小企业建立在技术识别能力基础上的平行式消化吸收再创新管理模式表现为参与企业能够通过自身技术识别能力寻找到适合的合作伙伴，并与合作伙伴的其他管理能力有机地结合，实现合作企业的分工协作，消化吸收再创新。

西部资源型中小企业可以将自身的技术识别能力与合作伙伴的自然资源利用能力相结合。在西部地区，有很多企业都拥有良好的自然资源条件，在长期对自然资源开发利用的基础上也形成了自身独特的自然资源利用能力，这些能力往往具有很高的价值且难以被其他企业复制。西部资源型中小企业可以利用自身的技术识别能力选择出具有较强资源利用能力的企业进行合作，通过企业间合作技术创新学习和模仿合作伙伴的资源利用技术，同时，还可以利用合作伙伴丰富的自然资源禀赋和良好的自然资源利用能力改善整个合作技术创新组织的自然资源条件，从而配合自身在技术识别能力方面的优势，实现对先进技术的消化吸收再创新。

企业也可以将自身在技术市场上出色的技术识别能力投入到产品市场上，选择具有较强市场竞争能力的企业作为合作伙伴。合作伙伴较强的市场竞争能力表示为有更多的资本对合作消化吸收再创新进行投入，有了有力的资金支持，企业间技术消化吸收再创新就有了保障，更利于合作成果的产生。同时，企业可以利用合作伙伴的市场竞争力提高自身技术和产品的知名度，提高消化吸收再创新成果进入市场的能力。

企业的技术识别能力还可以与合作伙伴的公共关系能力相结合。西部资源型中小企业分布广泛，每个企业都拥有当地的公共关系资源，与具有良好公共关系能力的企业合作，可以使合作技术创新组织在成立之初就得到当地政府地有力支持，从而获得良好的政策环境，减少企业间合作消化吸收再创新的阻力。

3. 立体式合作技术消化吸收再创新管理模式

西部资源型中小企业基于技术识别能力的立体式消化吸收再创新管理模式要求在合作双方分工协作的基础上，建立企业间合作技术消化吸收再创新的战略规划，统一协调合作企业的技术消化吸收再创新活动，重新配置合作企业的技术创新资源，使之朝着最有利于企业间合作技术创新组织整体绩效的方向发展。

企业可以利用自身的技术识别能力在合作技术创新组织内部搭建一个技术创新的公共平台，建立合作组织内部的技术创新服务中心，强化自身在信息服务、技术消化、培训服务等方面的优势，支持和服务于整个合作技术创新组织的消化吸收再创新活动。为合作技术创新组织制定统一的技术消化吸收再创新战略规划，用以指导其技术消化吸收再创新活动。

5.5.3.2　基于技术协同能力的集成创新管理模式

基于技术协调能力的企业间合作技术集成创新管理模式主要是发挥合作企业各自在技术协同能力上的优势，通过整合自己与合作伙伴的技术、资源、市场等合作技术创新要素，瞄准合作企业各自"人强我弱"的技术环节和专业知识，使之得以集成和优化，最终实现企业间合作技术创新绩效的进步。

1. 突破式合作技术集成创新管理模式

西部资源型中小企业可以利用自身的技术协同能力，将自己和合作伙伴在技术方面的优势予以整合，从而弥补各自在技术上的不足与短板，形成整体技术优势，取得在关键技术领域的技术突破。

企业要整合自己和竞争对手的技术优势，必须首先成功地导入合作伙伴的技术。企业必须首先对合作伙伴的技术进行分析和研究，找到其与自身技术的结合点，从而有效地实现技术与生产工艺流程的连接，将技术转化为现实生产力。

此外，要取得技术领域的突破还必须建立在对合作伙伴的技术内化的基础之上。企业通过合作技术创新掌握了合作伙伴的一些关键技术，但最终能够提升企业间合作技术创新组织技术创新能力的是技术内化的水平。只有企业运用自身的技术协同能力对合作伙伴的技术进行适当地调整和改造，将其内化为合作技术创新组织的技术，并将其应用于技术创新领域，才能提高企业间合作技术创新的绩效。经过技术的内化，企业间合作技术创新能力得以增强，合作技术水平得到提高，技术结构进一步集成和优化，使合作技术创新组织在关键技术领域取得突破成为可能。

2. 平行式合作技术集成创新管理模式

基于技术协同能力的平行式合作技术集成创新管理模式是在突破式集成创新管理模式的基础上更进一步，将西部资源型中小企业在技术协同能力上的优势从技术领域扩展到其它领域，如自然资源的开发利用、市场竞争和公共关系方面，把合作伙伴所有对企业间合作技术创新绩效有影响的要素全部予以整合，重新进行优化配置与集成。

首先是在自然资源开发利用方面的优化配置与集成。我国西部地区的自然资源分布不均，西部资源型中小企业拥有的自然资源也都比较单一，这就为企业之间进行自然资源整合和资源结构优化提供了合作空间。西部资源型中小企业可以打破地域的限制，与互补资源所在地的企业进行合作，双方既可以在技术方面实现合作创新，又可以在资源结构方面实现优势互补，大大地提高企业间合作技术创新的附加价值。

其次是在市场竞争方面的优化整合与集成。西部资源型中小企业的产品同质性比较严重，企业在面对共有市场时往往只能通过价格差异吸引客户，这样的竞争结果往往造成非均衡状态。企业可以通过将自身和合作伙伴在市场竞争方面的优势予以整合，实现市场结构优化，达成战略联盟，形成价格联动机制，共同应对市场竞争环境的变化，从而提高企业间合作技术创新的市场收益。

第三是在公共关系方面的优化整合与集成。由于西部地区政策的差异，各个企业面临的政府政策环境是不同的。西部资源型中小企业可以充分整合合作双方的政策和关系资源，选择最有利于企业间合作技术创新的合作项目和合作模式，共享合作双方当地政府给予企业间合作技术创新的各种政策补贴和税收优惠，促进企业间合作技术创新绩效和企业自身经营效益的提高。

3. 立体式合作技术集成创新管理模式

在基于技术协同能力的立体式合作技术集成创新管理模式中,西部资源型企业间合作技术集成创新的管理过程在逻辑上可以分为以下七个阶段：合作技术集成创新构思的产生；依据技术、商业、组织等方面的可能存在条件对合作技术集成的创新构思进行评价，并提出实现合作技术集成创新构思的设计原型；将设计原型转化为试验模型；将试验模型转化为工业原型，并进行试产、组织营销研究；进行初次商业化生产；集成创新产品的大规模生产，实现集成创新产品的经济效益和社会效益；集成创新技术扩散。

在合作技术集成创新的七个阶段中，技术协同能力是其成功的关键。企业需要运用和拓展自身的技术协同能力，在技术、市场、资源和公共关系等各个领域都把合作企业间的优势整合起来，围绕着合作各方的协同这一核心开展企业间合作技术集成创新的管理活动。为了适应立体式合作技术集成创新的管理要求，企业间的合作技术创新组织要推行柔性化的管理，不同程度地开展多个层次和领域的合作。

基于技术协同能力的立体式合作技术集成创新管理模式在企业间合作技术创新过程中要结合合作双方企业的实际，在各个领域都协调一致。合作双方都需要以技术集成创新为基础，以由技术集成创新过渡到规模化制造为目标，集成合作成员企业的产品设计、材料工艺、设备标准化控制及现代管理等技术，开发能够进行大规模制造的产品生产方案和技术流程，借助双方的资源开发利用方式和对外营销体系，再造合作企业的技术集成创新流程，用企业间合作技术集成创新代替原有的企业各自独立创新的技术创新方式，进而提升合作企业双方的技术集成创新能力。

5.5.3.3　基于技术预见能力的原始创新管理模式

原始创新是指前所未有的重大科学发现、技术发明、原理性主导技术等创新成果。原始性创新意味着在技术创新方面，特别是在基础技术创新和高技术创新领域取得独有的发现或发明。原始性创新是最根本的创新，是最能体现智慧的创新，是企业对经济发展和社会进步作出贡献的重要体现。原始创新需要建立在企业技术预见能力的基础上。西部资源型中小企业基于技术预见能力的合作技术原始创新管理也有三种模式。

1. 突破式合作技术原始创新管理模式

西部资源型中小企业基于技术预见能力的突破式合作技术原始创新管理模式主要是企业基于自身的技术预见能力对科学技术的成长能力、发展潜力、各种可能的发展方向等进行技术预见，在企业间合作技术创新的资源配置方面积极引导和扶持这些技术的发展，从而使合作技术创新组织的技术创新能力获得快速增长和突破的机会。

突破式合作技术原始创新管理模式是西部资源型中小企业基于对未来较长时期内的科学、技术、经济和社会发展进行系统研究，以确定具有战略性的研究领域，进而选择那些对企业经济和社会效益具有最大化贡献的通用技术进行创新。

西部资源型中小企业要通过企业间合作技术创新在原始创新方面获得突破，必须确保合作双方对基础研究的持续投入。基础研究是对未来的投资，是技术原始创新成果的源泉，是企业技术领先地位的基础。企业需要作为技术资源投入的主体，为基础研究提供长期稳定的支持。

同时，西部资源型中小企业还应注重技术创新人才的培养与引进。企业要尤其重视加强对原有技术创新人才的继续教育，让技术创新人员能轮流接受再教育。在引进和留住技术创新人才方面，尽量在合作技术创新组织中创造出更加自由宽松的技术交流环境，提供丰富的知识信息和技术资源，促进合作企业间的知识传播和技术交流。

企业还要形成良好的遴选技术创新项目的机制，技术创新项目的投入分配坚持"优绩评议"，并通过有效组织和管理实现人才、资源和工具的有机结合，把是否有利于技术资本的积累和是否有利于建立稳定良好的伙伴关系作为遴选基础技术创新项目的主要标准。

2. 平行式合作技术原始创新管理模式

平行式合作技术原始创新管理模式需要技术基础的原始积累，它是在各种有利于企业合作从事原始创新的要素积累基础上的一种飞跃。作为西部资源型中小企业，凭借自身个体获得较高的技术创新要素积累基础是不现实的，这就需要通过企业间合作技术创新，发挥企业间的协同作用，共同完成原始创新的要素积累基础。

首先是自然资源的积累。西部资源型中小企业需要在技术预见的基础上，找到与自身技术基础相符的技术原始创新方向，并分析原始创新所需的自然资源条件，再根据对自然资源的需要选择适合的合作伙伴，或者与现有的合作伙伴共同寻找自然资源的积累基础，保证企业间合作进行的技术原始创新有良好的自然资源基础作为保障。

其次是市场竞争优势的积累。原始创新是一种投入大、周期长的技术创新方式。这就需要合作企业能够很好地协调理想与现实的关系，持之以恒地对企业间合作技术创新进行投入，重视基础工作，切忌急功近利。当然，这一切都需要有雄厚的资金实力作为保障，单个企业很难始终保证技术创新投入资金的需要，合作伙伴的投入实力此时就显得尤为重要，如果合作双方都具有一定的市场竞争优势，就能把更多的注意力和资金投入到企业间合作技术创新中，促进原始创新工作的顺利进行。

3. 立体式合作技术原始创新管理模式

原始创新系统是一个包含众多创新要素在内的复杂系统。如何充分运用企业间合作技术创新系统中的创新要素，并在创新要素之间建立起有机联系，成为西部资源型企业间原始创新绩效的关键。

对于西部资源型中小企业而言，不仅要考虑企业自身创新要素之间的关系，更要考虑整个合作技术创新组织中的市场结构、自然资源、技术能力和政府政策等技术创新要素之间的关系。在合作双方共同开展技术发展现状研究的基础上，对当前技术创新现状、技术创新的费用与效益的比率以及合作成员企业间技术创新水平的比较等关键问题作出科学的判断，明确未来行业、市场发展趋势对技术的需求，分析技术更新对自然资源、市场竞争、政企关系以及企业技术能力平衡关系的影响，集成合作各方的创造性思维，共同从发展战略的高度做好企业间合作技术原始创新。

西部资源型中小企业合作进行的原始创新活动因为涉及多个企业，因此一定要建立起绩效优先、鼓励创新、竞争向上、立体发展的物质和精神相结合的企业间合作分配激励机制。在确定企业间合作协议时，不仅要依据合作企业在原始技术创新中的贡献大小以及此项原始技术创新所带来的经济效益的大小进行企业间的分配和激励，而且还要有使技术转化为商品的分配和激励机制。合作双方需在合作技术创新过程中坚持诚信、公平的原则，尊重合作双方及合作技术创新组织的知识产权和合作利益，只有这样才可能形成稳定、良好的合作技术创新关系，保证企业间合作技术原始创新绩效更加全方位、立体化地提升。

5.6　小　　结

本章通过对西部资源型中小企业合作技术创新与西部资源型企业间合作技术创新发展状况的梳理，发现西部资源型企业间合作技术创新管理存在动机难以确定、模式难以选择、关系不佳且合作程度不高、绩效难以改善的现状。结合西部资源型中小企业的特点及现状，首先从市场结构因素、自然资源因素、技术能力因素和政府政策因素对西部资源型企业间的合作技术创新动机进行了分析，并提出 4 种假设；其次从市场结构因素、自然资源因素和技因素术能力三方面对西部资源型企业间合作技术创新创新模式进行了分析，并提出了 3 种假设；然后从合作技术创新关系、市场结构因素、自然资源因素、技术能力因素和政府政策因素方面对西部资源型企业间合作技术创新绩效进行了分析，并提出了 5 种假设。

本章将企业间合作技术创新管理能力分为技术引进层次、技术整合层次和技术创造层次的三种企业间合作技术创新管理能力，并在影响西部资源型中小企业合作绩效的外部因素、内部因素和企业间合作关系导向的三维空间中提出突破式、平行式和立体式的提升路径。以此为基础，本章提出西部资源型企业间合作技术创新管理模式划分为 3 大类型 9 种模式，分别是基于技术识别能力的消化吸收再创新管理模式，具体路径可分为突破式、平行式和立体式消化吸收再创新管理模式；基于技术整合能力的集成创新管理模式，具体路径可分为突破式、平行式和立体式集成创新管理模式；基于技术预见能力的原始创新管理模式，具体路径可分为突破式、平行式和立体式原始创新管理模式。从而为技术基础薄弱，技术能力不足的西部资源型中小企业的生态、协调可持续发展提供参考建议。

第六章 基于企业能力的资源型中小企业技术创新管理模式

本章以资源型中小企业的协同技术创新管理系统为理论基础，通过有别于典型行业及企业间合作的研究视角，从企业能力出发，对资源型中小企业的技术创新管理进行研究，分析能力对其的影响，为资源型中小企业技术创新管理能力的提升提供一个新的思路。本章还利用第一手调研资料对资源型中小企业技术创新能力的影响因素进行实证分析，以研究识别影响的关键因素，确定基于能力的资源型中小企业技术创新管理模式，为后面章节提出技术创新管理模式的优化路径提供研究基础。

6.1 资源型中小企业能力的分类

结合资源型中小企业的概念和特征的相关分析，本章将资源型中小企业的能力界定为企业所拥有的，具有独特性、价值性、不可替代性、不可交易性、延伸性的资源，以及组织对企业拥有的资源、技能、知识的整合创新能力。这个界定包含了两层含义，第一层含义反映了资源型中小企业能力的特性，第二层含义反映了资源型中小企业能力的一般共性。

6.1.1 资源型中小企业能力的识别

本书采用价值链分析的识别方法，对资源型中小企业的主体活动进行分析，从而进行资源型中小企业能力的识别，如图 6-1 所示。

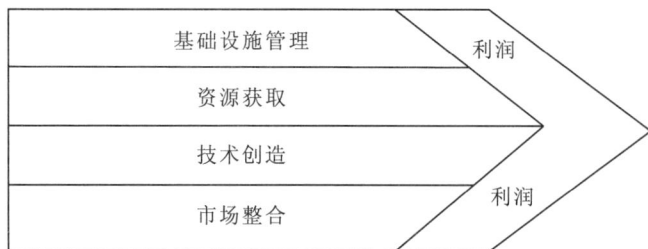

图 6-1 资源型中小企业价值链

资料来源：根据迈克尔·波特《竞争战略》一书中企业价值链结构图整理。

从资源应用的角度看，根据图 6-1 资源型中小企业价值链的分析结果，我们将资源型中小企业能力的主要构成确定为自然资源的获取能力、技术创造能力和市场整合能力。

6.1.2　资源型中小企业能力体系

通过第五章的价值链分析，资源型中小企业能力构成体系中，自然资源为资源型中小企业核心竞争力的根基，技术资源为资源型中小企业可持续发展的驱动力，市场资源为资源型中小企业实现战略发展目标的保障，如表 6-1 所示。

表 6-1　资源型中小企业能力体系表

	能力类别	能力描述	地位
资源型中小企业能力体系	自然资源的获取能力	自然资源的获取能力维度是指对企业实现持续生产和技术突破所需自然资源的来源和获取渠道进行开发、稳固和扩展，从而保证企业稳定生产的能力	资源型中小企业核心竞争力的根基
	技术创造能力	技术创造能力是指企业为了实现技术的突破，根据企业内部的研发团队、项目小组、各职能部门、各子公司等下属机构、跨部门创新团队等作为研发的主要动力和来源的能力	资源型中小企业可持续发展的驱动力
	市场整合能力	市场整合能力是指根据企业的发展战略和市场需求，通过组织安排和运作协调，对有关的市场资源进行重新配置和整合，从而实现资源共享，提高市场营销水平，增强企业竞争优势的能力	资源型中小企业实现战略发展目标的保障

1. 自然资源的获取能力

自然资源的获取能力维度是指对企业实现持续生产和技术突破所需自然资源的来源和获取渠道进行开发、稳固和扩展，从而保证企业稳定生产的能力。自然资源是资源型中小企业核心竞争力的根基，企业的一切活动都必须围绕自然资源来进行。资源型中小企业最突出的特征是自然资源对企业起着决定性作用，尤其是矿产资源作为不可再生资源，其储量会影响到资源型中小企业的寿命。因此，资源获取能力强的资源型中小企业对其他企业来说，设置了很高的行业进入壁垒。资源型中小企业之间为获得资源的竞争更胜于产品的销售竞争，企业间竞争的本质特征表现为资源竞争。如果企业能够获得优质资源，那么对企业而言，这种资源具有构成企业核心竞争力的基本特征，即难以模仿性、独特性、价值性和动态性。因此分析资源型中小企业能力时，首先要关注企业对自然资源的获取能力。

2. 技术创造能力

技术创造能力是指企业为了实现技术的突破，根据企业内部的研发团队、项目小组、各职能部门、各子公司等下属机构及跨部门创新团队等作为研发的主要动力和来源的能力。技术创造能力是资源型中小企业可持续发展的驱动力，最能体现企业的核心能力。我国资源型中小企业的技术进步对经济增长的贡献率偏低。因此，提升企业技术创造能力是构建资源型中小企业能力体系的有效途径，企业如果在这方面走在行业的前列，必然会形成企业的一个核心能力。

3. 市场整合能力

市场整合能力是指根据企业的发展战略和市场需求，通过组织安排和运作协调，对有关的市场资源进行重新配置和整合，从而实现资源共享，提高市场营销水平，增强企业竞争优势的能力。市场资源存在于企业外部，并不为企业所拥有或控制。资源型中小企业对市场整合能力的强弱决定了企业战略发展目标的实现。企业根据自身战略发展目标，通过关系网络、营销策略、经营技巧等对市场资源进行调动和调配，从而扩大市场操作空间，提升市场竞争能力，实现对市场资源的整合。

6.2　资源型中小企业能力框架模型构建

6.2.1　技术创新管理能力框架设计

资源型中小企业作为从事技术创新及相关产业化运作的主体，其运作路径或是通过研发方面投入较多资源，依靠企业获取的自然资源，或者通过技术资源的创造进行后续的技术开发或产品开发，或是通过市场资源的整合，来形成产品规模化生产，从事或推动新技术研发与应用。依据上述运作路径，本节针对资源型中小企业技术创新能力研究进行相应的维度设计，并提出研究假设。

6.2.1.1　维度设计

资源型中小企业所面临的是一个由各要素组成的技术创新支持系统，在不同层面上共同构成了完整的技术创新环境。从上游的研发到下游的推广应用，各单元紧密协作，同时又发挥着不同作用。作为技术创新主体的资源型中小企业，培育自然资源的获取能力是其参与构建技术创新环境的首要环节。如果企业不是依托自己拥有稳定的自然资源进行研究开发，而是单纯依靠从外部获取资源，那么所获得的自然资源会随着资源总量的降低而逐渐减少；只有持续且稳定地对自然资源进行获取，才能够持续地创造出更先进的生产力，取得持续最佳经济效果，更好地实现自主创新战略目标。但另一方面，创新通常不是一个企业孤立的行为，在创新过程中，资源型中小企业需要对自身的技术资源进行不断创造，除了进行自主创新，还需要不断地同外界进行大量的信息交换，其本身自主创新能力的提高及竞争优势的形成也与同各种创新主体的密切合作息息相关，通过这种学习，能够加速企业技术能力的成长，从而使企业整体技术创造能力得到有效提升。在资源型中小企业共生群落内，信息沟通的快捷性使先进经验、技术的外溢速度不断加快，众多关联企业在专业化分工的基础上进行协作创新，实现了资源共享、优势互补，从而克服了单个企业创新资源不足的缺陷，使技术创新共生体中的各种物质、信息和能量的生产和交换都达到最高效率状态。此外，有效的技术创新环境可以通过加强多方的技术创新合作，整合相关技术优势，有效解决中小资源型中小企业技术、人才、信息等不足的问题，从而缩短创新周期，降低技术创新成本和风险，提高技术创新成果成功转化的可能性。创新主体与环境内同一个区域的企业进行合作创新有利于共同开发区域内市场，与区域外的企业合作创新则有助于进入该区域的市场，这些都将大大提高科技成果转化为商品的速度和效率。因此，面对激烈的市场竞争环境，资源型中小企业只有在加强自然资源获取能力的基础上，更好地创造和整合技术资源及市场资源，提高技术成果转化和应用水平，才能使企业整体技术创新能力和业绩得到有效提升。

　　依据资源型中小企业技术创新与持续发展的分析框架，基于共生理论、技术创新管理理论等，经过实际调查和深入分析，本书认为资源型中小企业整体的技术创新能力具有三个维度：自然资源获取能力维度、技术创造能力维度和市场整合能力维度，三种维度共同构成一个表达技术创新能力的三维空间，可以建立起以 O 为原点，以三种能力维度为坐标轴的三维空间坐标体系来反映。如图 6-2 所示，企业的整体技术创新能力可由三个坐标轴上每种能力所代表的点连接而成的三角形区域来表示。

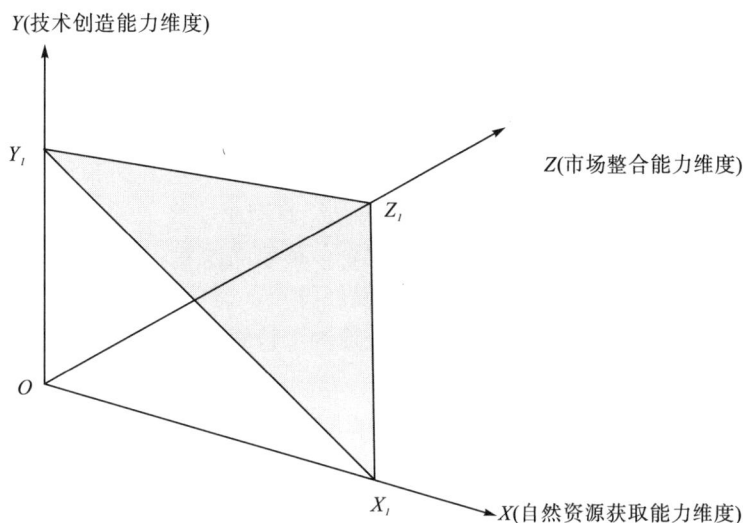

图 6-2　基于能力的技术创新管理多维解构

1. 自然资源获取能力维度

　　自然资源的获取能力维度是指资源型中小企业为了实现企业持续生产和技术突破所需的自然资源是否有稳定的来源，只有建立了稳定的自然资源获取渠道，才能保证稳定的生产。自然资源获取能力能够影响企业的技术创新管理能力，自然资源获取能力较强的资源型中小企业通常会特别注重企业对自然资源的掌握和控制，不仅需要打造稳定通畅的自然资源获取渠道，还需要依靠品质优良的自然资源保障企业的继续生产和研发创新。

2. 技术创造能力维度

　　技术创造能力维度是指资源型中小企业为了实现技术的突破，根据企业内部的研发团队、项目小组、各职能部门、各子公司等下属机构及跨部门创新团队等作为研发的主要动力和来源。采用这种内化式自主创新的企业通常将研发职能集成到企业内部，通过设立独立的研发机构，提高研发投资强度来增强企业的技术能力，依靠企业自身的资源和能力来完成技术创新，并由此获得竞争制胜的技术独特性和超额营利性。这种技术资源创造的观念一直是技术创新实践中的主流观点，企业创造能力的核心也是建立在长期知识积累的基础之上，是长期不懈努力的结果。

3. 市场整合能力维度

市场整合能力维度是指根据资源型中小企业的发展战略和市场需求,通过组织安排和运作协调,对有关的市场资源进行重新配置和整合,从而实现资源共享,提高市场营销水平,增强企业竞争优势的能力。建立起高效的市场资源整合机制,使得从各种创新源获取的科研成果转化为能够服务于生产的商品之后,尽快进入市场,并有效提高客户应用新技术成果的动力,从而提高资源型中小企业技术成果转化率,进而有效增强企业整体技术创新能力和市场竞争实力。

6.2.1.2　假设提出

基于企业创新理论的研究,以及前述章节对资源型中小企业技术创新实际运作情况的认识,本书认为在企业实践活动中,资源型中小企业技术创新管理存在着不同的能力维度。企业随着自身成长路径和环境条件的不同,形成具有明显特征的能力组合,在不同能力组合的基础上又形成了不同的管理模式,资源型中小企业通过采取不同的管理模式会直接影响其整体技术创新能力,最终导致企业绩效的差异。本书希望通过此项研究,使不同类型的资源型中小企业能找出适合其发展特点、行为特质的技术创新管理模式,给企业的技术创新活动提供借鉴及指导,为企业的可持续创新找到有效的路径。

1. 要素提取

为测度资源型中小企业的整体技术创新能力,本书选取了资源型中小企业技术创新过程中需考虑的、具有重要性的若干外部和内部因素。其中企业对自然资源获取的投入经费、企业本身的技术水平、企业的发展战略、关键技术人员发挥作用的程度、主要领导的支持程度、企业文化等企业内部因素,以及政府的政策、外部的合作机会、外部市场环境的变化、与客户沟通情况等企业外部因素是关键的影响因素,分别可用于判别资源型中小企业创新的几个不同能力维度。

首先,从已有的研究文献来看,资源型中小企业的自然资源获取能力可以从企业对自然资源获取的投入经费、企业中自然资源获取人员素质以及企业所获得的自然资源等几个方面来衡量,选取的资源型中小企业自然资源获取能力有关要素如表 6-2 所示。

表 6-2　资源型中小企业自然资源获取能力要素

1	自然资源获取相关人员的总体素质
2	员工进行自然资源获取工作的积极程度
3	企业内部人员持续学习的能力
4	企业自然资源相关知识的积累程度
5	自然资源获取激励机制的完善程度
6	管理层对自然资源的重视程度
7	自然资源获取的成本
8	自然资源获取投入费用占企业销售收入的比例
9	自然资源所需资金的获得能力
10	企业自然资源获取资金投入的持续性

　　表 6-2 中，作为资源型中小企业的自然资源获取基本力量的自然资源获取人员，其总体素质及结构决定着企业自然资源获取的深度与广度，人力资本是重要的技术载体和资源整合创新的主体，企业需要通过不断的投入，包括培训、开发与工作激励等多种途径，持续提高人员的技术与管理水平，实现人力资本的有效整合。企业内部人员持续学习的能力、企业自然资源相关知识的积累程度（知识与经验的积累）反映企业是否真正掌握了自然资源获取能力，而不是只为快速形成现实生产能力，满足一时的市场需求而忽视对资源的把握和对能力的培养。学习是能力形成的基础，学习能力是一种搜索能力，即迅速搜索获取有用的知识和经验的能力，同时也是一种转化能力，及时把知识转化为实践，学以致用并创造价值的能力。企业员工进行自然资源获取工作的积极程度反映的是企业通过采取多元化的激励方式，完善资源获取激励机制，极大地提高关键员工对自然资源获取的积极性和主动性，从而更有效地推动企业对自然资源的获取和利用。这其中包括管理层对自然资源的重视程度，体现出作为企业主要的决策者、资源的分配者、信息的传播者，高层管理者对自然资源的态度和实践将会对企业自然资源获取能力的提高产生重要的影响；而且他们所具有的"企业家精神"往往是企业发展的直接动力，如果管理层重视企业对自然资源的获取，将会有利于企业加强自身的自然资源积累。自然资源获取投入费用占企业销售收入的比例表明企业为获取稳定的自然资源来源而对自然资源获取资金投入的保证程度以及企业对自然资源获取资金投入的持续性等关键要素，反映的是资源型中小企业应该注重对自然资源的积累和投入，打破资金对资源型中小企业技术创新的制约作用，为企业自然资源获取工作的顺利进行提供有力的保障。

　　其次，资源型中小企业的技术创造能力可以从企业对技术资源的收集、加工、处理能力以及传输、反馈能力等几个方面来衡量，选取的资源型中小企业技术创造能力有关要素如表 6-3 所示。

表 6-3　资源型中小企业技术创造能力要素

1	研发人员的总体素质
2	研发人员进行技术资源创造的积极程度
3	企业人员持续学习和创新的能力
4	企业技术知识的积累程度
5	技术创造激励机制的完善程度
6	管理层对技术资源创造的重视程度
7	技术资源创造的成本
8	研发投入费用占企业销售收入的比例
9	研发资金的获取能力
10	企业研发资金投入的持续性

　　表 6-3 中，作为技术资源创造基本力量的研发人员，其总体素质及结构决定着企业技术创新的深度与广度，人力资本是重要的技术载体和资源整合创新的主体，企业需要通过不断的投入，包括培训、开发与工作激励等多种途径，持续提高人员的技术与管理水平，实现人力资本的有效整合。企业内部人员持续学习和创新的能力、企业技术知识

的积累程度（知识与经验的积累）反映企业是否真正掌握了技术创造能力，而不是只为快速形成现实生产能力，满足一时的市场需求，只注重引进而忽视对技术的消化吸收。学习是创新的基础，学习能力是一种搜索能力，即迅速搜索获取有用的知识和经验的能力，同时也是一种转化能力，及时把知识转化为实践，学以致用并创造价值的能力。企业研发人员进行技术资源创造的积极程度反映的是企业如果通过采取多元化的激励方式，完善技术创造激励机制，将会极大地提高技术人员和关键员工创新的积极性和主动性，从而更有效地推动企业的技术资源创造进程，这其中包括管理层对技术资源创造的重视程度，它体现出作为企业主要的决策者、资源的分配者、信息的传播者，高层管理者对技术资源创造的态度和实践将会对企业技术创造能力的提高产生重要的影响；而且他们所具有的"企业家精神"往往是创新发展的直接动力，如果管理层重视企业的创新发展，将会有利于培养组织的创新精神，加强企业技术资源的积累。研发投入费用占企业销售收入的比例表明企业为获取持续的研发动力而对研发资金投入的保证程度以及企业对研发资金投入的持续性等关键要素，反映的是作为创造主体的资源型中小企业应该注重对技术资金的积累和投入，不断加大研发投入，打破资金对企业技术创造能力发展的制约作用，为企业研发活动的顺利进行提供有力的保障，这是企业依靠科技进步及创新驱动发展的主要特征。

再次，资源型中小企业的市场整合能力可以从企业现有销售渠道的协调能力、企业品牌在市场中的应用、市场人员对产品的推广能力、客户对产品的满意度等几个方面来衡量，选取的资源型中小企业市场整合能力有关要素如表 6-4 所示。

表 6-4　资源型中小企业市场整合能力要素

1	企业现有销售渠道的协调能力
2	企业品牌在市场中的应用程度
3	主导产品在业内的领先程度
4	相关技术向其他产品领域扩展的能力
5	企业快速提升产品知名度的能力
6	企业市场推广成果成功转化为商品的比例
7	企业市场推广产品提升市场占有率的幅度
8	市场人员对本企业产品的熟悉程度
9	市场人员促进客户掌握技术/产品的能力
10	客户对产品的满意度

表 6-4 中，企业现有销售渠道的协调能力是企业在对市场环境的应变与适应能力基础上，资源型中小企业对影响其销售渠道的内外部环境因素的整体协调适应能力，其中内部影响因素包括企业研发、人力资源、生产组织、市场营销各职能部门协调运作情况以及企业内部的信息流通，销售渠道应能与企业的各项活动发挥协同效应，整合经济、技术、人员、环境、组织文化等企业运营的关键因素，对企业管理产生影响并取得效能；外部影响因素包括政府政策、知识产权、产业集中度、技术发展趋势等，任何销售活动都是在一定的制度背景下进行的，市场和政府的相关制度安排等作为企业销售渠道的外

在环境，对企业技术创新的速度、方向、技术创新的最终结果都产生巨大影响。企业品牌在市场中的应用程度、主导产品在业内的领先程度、主导产品在市场上的价格竞争力、相关技术向其他产品领域扩展的能力，反映了产品自身的先进性和适应性，具备先进和适应特征的产品因其优势全面而备受推崇，易于在市场上推广应用；而产品的适应性包含地域适应性和条件适应性，能够覆盖的地域越广，对基础设施条件、生产工具、劳动力、资金追加投入等的数量和质量要求越低，其更能广泛应用推广并可能取得巨大的市场推广效益。企业快速提升产品知名度的能力、企业市场推广成果成功转化为商品的比例、企业市场推广产品提升市场占有率的幅度，则表明了市场对资源型中小企业市场推广成果的认同度。产品推广人员对本企业产品的熟悉程度、产品推广人员促进客户掌握技术/产品的能力、客户对产品的满意度，集中体现了客户对市场推广的接纳能力，它直接影响着资源型中小企业市场推广的效益和产品对客户增收的贡献率，资源型中小企业只有与客户真正形成一个利益共同体，才能有效促进产品的市场推广。

2. 研究假设汇总

根据维度设计和要素提取，为识别企业技术创新管理的行为和模式，提出以下研究假设。

假设 1（HA）：资源型中小企业技术创新管理客观上存在着三个能力维度。

依据前文所述，本书认为，资源型中小企业整体技术创新管理可从三个能力维度来反映，即自然资源获取能力、技术创造能力和市场整合能力。

假设 2（HB）：资源型中小企业技术创新具有不同的能力组合。

资源型中小企业在技术创新方面具有不同的能力组合方式，是指资源型中小企业由于自然资源获取能力、技术创造能力、市场整合能力的强弱变化所反映出的整体创新能力的不同表现形式。这其中包括三种能力均弱的组合、一种或两种能力较强而其他能力较弱的类型能力组合、三种能力均强的组合。

假设 3（HC）：类型能力存在着不同的组合方式。

类型能力组合的表现形式，包括：①自然资源获取能力和市场整合能力强，且技术创造能力弱；②自然资源获取能力和技术创造能力强，而市场整合能力弱；③技术创造能力和市场整合能力强，且自然资源获取能力弱；④市场整合能力强，且自然资源获取能力和技术创造能力弱；⑤自然资源获取能力强或技术创造能力强，且市场整合能力弱。

以上假设将分别通过实证研究加以证实。

6.2.2　问卷设计与预调

6.2.2.1　问卷设计

本书在综合评述和充分吸收大量国内外文献与理论研究成果，并作深入分析的基础上，采用问卷调查的方式，用于检验技术创新管理的有效性和效果。《资源型中小企业技术创新管理能力预调查问卷》（附录5）共包含两个部分，第一部分是公司基本信息部分，共计9个题项，用于考察资源型中小企业的性质、公司规模、组织、人员管理等，可对企业基本情况做出大致的了解；第二部分是企业科技创新能力部分，共计 23 个题项，主要用于考察资源型中小企业创新管理的几种能力维度（包括自然资源获取能力、技术创造能力、市场整合能力）在企业实践活动中对企业整体技术创新能力水平和发展路径的影响。综合以上两个部分的考察结果，可以推导出具备不同技术创新管理能力组合的企业的不同运作特点。这三种不同的技术创新管理能力对资源型中小企业的外部环境和内部环境要求不一样，其具体要求已在前文进行了比较详细的论述，这里不再赘述。

调查问卷中各项目均采用 Likert 五级量表法，在考虑企业技术创新管理能力的各维度部分，"1～5"代表资源型中小企业技术创新管理相关能力表现，"1"代表"很低"（弱、差、少），"2"代表"低"（较弱、较差、较少），"3"代表"一般"，"4"代表"高"（较强、较好、较多），"5"代表"很高"（很强、很好、很多）。

为避免产生一致性动机问题，我们在问卷设计中，并未明确题项所度量的变量，这样的题项安排可在一定程度上防止被访者在填写问卷时形成自己的逻辑，导致降低问卷结果的可靠性。

同时，我们邀请了对创新能力有量表设计经验的学者、行业内理论与实践经验丰富的资源型中小企业高管进行初测问卷的评价。他们从以下几方面进行了评价：①从能力的角度，对资源型中小企业变量的测量是否合适，是否与其他中小企业相似？②不同变量的测量维度之间是否存在重复测量？③量表用语是否简洁、清晰，对重要变量的题项是否存在遗漏？④量表题项数目是否适宜？⑤在企业基本资料部分是否尚有其他需要了解的部分？

本书将结合问卷采用描述性统计分析、主成分分析、均值分析等方法，对资源型中小企业技术创新管理的能力维度、组合及其影响关系进行实证研究，探讨资源型中小企业技术创新管理的能力与管理模式的相互作用关系及对企业绩效的影响。

6.2.2.2　问卷发放与回收

为提高调查问卷的可靠性，我们在问卷设计完毕后首先对多家资源型中小企业进行了人员访谈并试发了问卷（附录 6），共访谈企业 15 家，其中包括企业负责人及关键技术人员 30 人，共发放调查问卷 30 份，回收 30 份，回收率为 100％；在访谈中结合问卷，对企业的基本生产经营情况、技术创新管理能力培育提高以及创新过程中资源的协同互动性等方面进行了较为深入地了解，在此基础上请求被访谈人员对调查问卷设计的合理性、完备性等方面提出相关建议和意见。通过访谈，我们对调查问卷设计中出现的问题进行了相应的修改和补充，编制了《资源型中小企业技术创新管理能力预调查问卷》。

为更准确描绘企业自主创新活动的规律和特点，使调查问卷得出的最终结论更符合实际，我们选取 20 家资源型中小企业发放问卷进行预调查，共回收问卷 20 份，并针对此次预调结果进行了小样本分析，以验证调查问卷的整体信度与效度。

6.2.2.3　预调研分析

在进行相关性分析之前，应首先对数据的信度（reliability）进行分析，如果数据的信度条件不能满足的话，说明所收集的数据的稳定性和可靠性存在问题，也不能用作以后的分析。常用的信度分析系数为克隆巴赫系数。本书采用复合信度（composite reliability）

和平均方差抽取量(average extracted variance)来检验量表各变项间的内部一致性。本书在进行信度分析时，主要利用克隆巴赫系数来分析处理。根据多数学者观点，克隆巴赫系数越大越好，在 0.7 以上是可以接受的。本书运用 SPSS16.0 对数据信度进行处理，得出问卷各个部分的信度克隆巴赫系数，如表 6-5 所示。

表 6-5　信度分析表

克隆巴赫系数	项数
0.790	15

这里首先借助变量的相关系数矩阵、Bartlett 球度检验和 KMO 检验方法进行分析，如表 6-6 所示，对量表的构建效度进行评价，以考察原有变量是否适合进行因子分析，同时，由于数据中存在后发缺失值，采用均值替代法处理缺失值。先进行 KMO 检测，确定是否适合进行因子分析。KMO 的取值范围是 0~1。KMO 越接近 1，表示所有变量的偏相关系数的平方和越远小于简单相关系数的平方和，一般需达到 0.5 以上才适合进行因子分析。Bartlett 的球形检验是以原有变量的相关数矩阵为出发点，假设相关系数为单位矩阵，如果该检验对应的 p 小于给定的显著性水平(一般为 $p < 0.001$)，则应拒绝原假设，认为原有变量适合进行因子分析，可采用主成分法(表 6-7)，转轴采用最大方差法，旋转后的因子负荷量大于 0.5。

表 6-6　KMO 和 Bartlett 球形检验

取样足够度的 KMO 度量		0.753
Bartlett 的球形度检验	近似卡方	1.293E3
	Df	105
	$Sig.$	0.000

表 6-7　主成分分析

成分	初始特征值			提取平方和载入			旋转平方和载入		
	合计	方差/%	累积/%	合计	方差/%	累积/%	合计	方差/%	累积%
1	4.351	29.006	29.006	4.351	29.006	29.006	3.856	25.707	25.707
2	2.919	19.463	48.469	2.919	19.463	48.469	3.071	20.470	46.177
3	2.373	15.819	64.288	2.373	15.819	64.288	2.674	17.827	64.004
4	1.030	6.864	71.152	1.030	6.864	71.152	1.072	7.148	71.152
5	0.797	5.313	76.465						
6	0.745	4.964	81.429						
7	0.657	4.382	85.811						
8	0.479	3.193	89.004						
9	0.432	2.883	91.888						
10	0.372	2.477	94.365						
11	0.221	1.474	95.839						

续表

成分	初始特征值			提取平方和载入			旋转平方和载入		
	合计	方差/%	累积/%	合计	方差/%	累积/%	合计	方差/%	累积%
12	0.206	1.376	97.215						
13	0.158	1.056	98.271						
14	0.141	0.942	99.212						
15	0.118	0.788	100.000						

通过主成分分析可以看到,结果并不是按照我们最初问卷设计的构想分成 3 个维度,于是我们对正交旋转后的负载表进行分析。

表 6-8　正交旋转因子载荷

	成分			
	1	2	3	4
Q1	−0.176	0.805	0.100	0.146
Q2	−0.015	0.879	0.047	0.122
Q3	0.151	0.859	−0.040	0.003
Q4	0.337	0.724	0.015	−0.119
Q5	0.265	0.542	0.168	−0.011
Q6	0.630	0.077	0.119	−0.085
Q7	−0.026	0.113	0.036	0.967
Q8	0.025	0.082	0.946	−0.041
Q9	0.017	0.019	0.933	0.004
Q10	0.030	0.111	0.919	0.090
Q11	0.748	0.029	0.049	0.203
Q12	0.663	0.188	−0.044	−0.151
Q13	0.880	−0.015	−0.036	−0.066
Q14	0.904	0.112	0.021	0.045
Q15	0.793	0.091	−0.018	0.001

通过旋转后的负载表(表 6-8)可以看到,问题 1~5 可以用因子 2 进行解释,问题 11~15 可以用因子 1 进行解释,但是问题 6~10 无法用单独的因子进行解释,于是我们将问题 6~10 进行单独的因子分析(表 6-9)。

表 6-9　KMO 和 Bartlett 球形检验

取样足够度的 KMO 度量		0.743
Bartlett 的球形度检验	近似卡方	372.644
	Df	10
	s.g.	0.000

从表 6-9 中得到，KMO = 0.743，Bartlett 球型检验的近似卡方 $\chi^2 = 372.644$，$P < 0.001$，可用因子分析（表 6-10、表 6-11）。

表 6-10　主成分分析

成分	初始特征值			提取平方和载入			旋转平方和载入		
	合计	方差/%	累积/%	合计	方差/%	累积/%	合计	方差/%	累积/%
1	2.665	53.298	53.298	2.665	53.298	53.298	2.663	53.252	53.252
2	1.029	20.578	73.876	1.029	20.578	73.876	1.031	20.625	73.876
3	0.955	19.109	92.985						
4	0.211	4.223	97.208						
5	0.140	2.792	100.000						

如表 6-10 所示，两个因子解释了全部方差的 73.876% 的变异，说明因子的内部一致性较好。

表 6-11　主成分分析

	成分	
	1	2
Q6	0.145	−0.655
Q7	0.126	0.768
Q8	0.947	−0.090
Q9	0.930	−0.030
Q10	0.929	0.054

如表 6-11 所示，用主成分分析抽取因子，最大方差旋转法进行因子旋转，通过正交旋转负载表可以看到，因子 1 能够解释问题 8~10，但是因子 2 无法解释问题 6~7，所以我们判定问题 6、7 的效度低于我们的要求，因此在我们设计最终调查问卷时将这两个问题去掉，将进行判定的问题定为 13 个。

根据上述数据分析结果，在对预调研问卷进行了修正后，最终本书确立了《资源型中小企业技术创新管理能力调查问卷》（附录 5），共包含两个部分，第一部分是企业基本信息部分，共计 9 个题项，第二部分是企业技术创新管理能力部分，共计 23 个题项。

6.2.3　数据分析

本书建立在对我国西部资源型中小企业分析的基础上，范围涵盖了西部 12 个省（自治区、直辖市）的资源型中小企业，由于调查问卷设计的测量题项共有 23 题（附录 5），为保证研究达到预期效果，最低回收的问卷数量应为题项的 6 倍以上，故本次研究至少需要 140 份有效回收问卷。

本次调查主要采取滚动取样法（snowball sampling）获取样本，先以电子邮件形式向所认识的各资源型中小企业中高层管理人员发放了 40 份调查问卷，再通过他们转发给他们认识的其他资源型中小企业中高层管理人员。同时预先通过电话确认他们可能的转发企业，请他们帮助标明转发企业的名称，以防止出现一家企业重复收到多份问卷的情况。通过这种方式，提高了问卷的发放范围和传递效率，回收率也得到了有效提升。

　　本次问卷主要由样本企业中高层管理人员及关键技术人员填写，不要求必须是董事长、创始人，因为本书所研究技术创新管理能力，不局限于企业初创时期的知识，而是包括在企业实际运营的各个阶段，同时企业中层管理人员及关键技术人员可能更了解企业在进行技术创新管理过程中所遇到的实际问题，也更有发言权。

　　本书在充分利用调研信息的原则基础上，使用的最大有效样本容量是 309 家资源型中小企业。本次调查共发放《资源型中小企业技术创新能力管理调查问卷》309 份。其中，初期通过认识的朋友及相关企业直接发出 40 份问卷，回收到 33 份；再通过朋友或同事的朋友共 37 人，请他们每人向确定地点和区域中认识的企业各发出 5 份问卷（都是与企业有合作或业务联系的同区域企业），通过此种方式共发出 185 份问卷，实际回收 113 份。以上两种方式取得的问卷回复率与有效率均较好，回复时间也较快，在电话联系后基本上在一周内能够得到回复。另外采取其他方式，包括通过中介组织来帮助发放问卷及通过网络或电话方式直接与选定目标企业取得沟通等，共发放 84 份问卷，获得回收数量 27 份。总之，最后共回收 173 份问卷，回收率为 73.4%；在这 173 份问卷中，有 22 份为无效问卷，因此，有效问卷 151 份，有效回收率为 87.28%。无效问卷主要是因为问卷主要项目没有完全选择，导致问卷无效。问卷发放与回收情况见表 6-12。

表 6-12　问卷发放与回收情况

发放方式	发放数量	回收数量	回收率/%	有效数量	有效率/%
自己直接发放	40	33	82.5	31	93.94
业内滚动取样	185	113	61.1	98	86.73
中介及其他方式	84	27	32.1	22	81.48
合计	309	173	55.98	151	87.28

6.2.3.1　样本描述性统计

　　本书所调研的 151 家企业统计情况如下。

　　从地区分布来看，样本企业分散于西南、西北两大地区（表 6-13）。

表 6-13　样本企业地区分布统计表

地区分布	企业数量	占比/%
西南地区	70	46.4
西北地区	81	53.6
总数	151	100

　　在问卷的基本情况中还有从业时间、申请专利数量等分布数据，在此不一一罗列。按照统计得出的数据分布，被试者的职务主要集中在中层管理者，能够充分反映各企业关键岗位人员的行为；且被试者都具有较高的学历，部分被试者有过相关培训，保证了

对问卷问题的充分理解和问卷数据的有效性(表 6-14)。

表 6-14　职务分布频率表

职务	频数	百分比/%	累积百分比/%
总经理	3	2.0	2.0
副总经理	1	0.7	2.7
部门经理	69	45.7	48.4
关键人员	78	51.6	100.0
总计	151	100	

此外,从企业的产权属性来看,国有企业(包括国有及国有控股企业)有 53 家,占企业总数的 35.6%;科研院所转制企业有 22 家,占企业总数的 14.6%;民营企业有 64 家,占企业总数的 42.4%;其他(主要为集体企业)有 10 家,占企业总数的 6.6%。从统计所反映的公司数据上来看,样本公司主要是国有企业(国有控股企业)和民营企业,如表 6-15 所示。

表 6-15　公司创办形式分布表

	频数	百分比/%	累积百分比/%
国有及国有控股	53	35.1	35.1
科研院所转制	22	14.6	49.7
民营	64	42.4	92.1
其他	12	7.9	100.0
总计	151	100	

从注册资本和年销售收入两项数据来看,企业规模从小到大的数量分布比较平均,符合我们对企业进行规模分类的样本要求。鉴于资源型中小企业本身所具有的特殊性,并考虑资料的可获取性,本书主要从企业年销售收入、资产总额两个方面来说明样本企业的规模特征。在所有问卷中,有 148 份填写了员工总数、年销售收入和资产总额。如表 6-16 和表 6-17 所示。

表 6-16　销售额均值表

销售额/元	频数	百分比/%	累积百分比/%
1000 万以下	22	14.9	14.9
1000 万~3000 万	39	26.4	41.2
3000 万~5000 万	21	14.2	55.4
5000 万~1 亿	23	15.5	70.9
1 亿~4 亿	43	29.1	100.0

表 6-17　公司资产规模表

公司资产/元	频数	百分比/%	累积百分比/%
1000 万以下	38	25.7	25.7
1000 万~4999 万	47	31.8	57.5

公司资产/元	频数	百分比/%	累积百分比/%
5000万~1亿	18	12.2	69.7
1亿以上	45	30.3	100.0
合计	148	100.0	

在所有填写了员工数量的 148 家企业中，员工总数在 50 人以下的企业有 7 家，占企业总数的 4.7%；51~100 人的企业有 36 家，占企业总数的 24.3%；101~300 人的企业有 51 家，占企业总数的 34.5%；301~500 人的企业有 6 家，占企业总数的 4.1%；500 人~1000 人的企业有 48 家，占企业总数的 32.4%。

6.2.3.2　样本分析

1. 信度分析

信度是一个测量的正确性或精确性，反映了根据测验工具所得到的结果的一致性或稳定性，是被测特征真实程度的体现。如果问卷的信度有偏差（易得高分或易得低分的问题偏多等情况），说明问卷的信度较低。一般而言，二次或二个测验的结果愈一致，则误差愈小，所得的信度愈高。信度可分为外部信度和内部信度两大类。外部信度通常指不同时间测量时，量表一致性的程度。在多选项量表中，内部信度特别重要，它指的是每一个量表是否测量单一概念，同时测度组成量表各题项的内在一致性程度如何。本书采用克隆巴赫系数作为信度的判断标准，测量同一构面下各题项间的一致性以及量表的整体一致性。一般认为一份信度系数好的量表或问卷，其总量表的克隆巴赫系数在 0.8 以上，表示具有高信度，如果为 0.7~0.8，还是可以接受的范围，若低于 0.6 则应考虑重新修订量表或增删题项。

本书运用 SPSS16.0 对数据信度进行处理，得出问卷第一部分的克隆巴赫系数如表 6-18 所示。

表 6-18　信度分析表

克隆巴赫系数	项数
0.800	13

从表 6-18 中看出，将要用于相关性分析的指标体系的克隆巴赫系数>0.7，说明所有指标的信度都在可接受的范围之内，可以进行下一步数据分析。

2. 效度分析

效度是指测量的正确性，是指测量工具能够正确地测得研究所要的特质与功能。本书使用内容效度来检验企业技术创新能力量表的效度。本书的技术创新能力量表是在评价和吸收大量国内外研究成果以及调查典型企业的基础上建立起来的，并经过专家访谈和小样本的预试后修改而成的，因此，它具有相当高的内容效度。

3. 探索性因子分析

SPSS16.0 被用来对数据进行探索性因子分析。这里借助变量的相关系数矩阵、Bartlett 球度检验和 KMO 检验方法进行分析，以考察原有变量是否适合进行因子分析，同时，由于数据中存在后发缺失值，采用均值替代法处理缺失值。先进行 KMO 检测，确定是否适合进行因子分析。KMO 的取值范围是 0~1。KMO 越接近 1 表示所有变量的偏相关系数的平方和越远小于简单相关系数的平方和，一般需达到 0.5 以上才适合进行因子分析。因子分析的分析过程采用主成分法，转轴采用最大方差法，旋转后的因子负荷量大于 0.5。

为了证明资源型中小企业整体创新能力中自然资源获取能力、技术整合能力、市场整合能力维度划分的正确性，我们将调查问卷中第二部分的前 13 个问题的数据输入 SPSS 进行分析（表 6-19）。

表 6-19　KMO 和 Bartlett 球形检验

取样足够度的 KMO 度量		0.762
Bartlett 的球形度检验	近似卡方	1.196E3
	Df	78
	$s.g.$	0.000

从表 6-19 中可以看到，KMO=0.762，χ^2=1.196E3，$P<0.001$，故可进行主成分分析。

表 6-20　主成分分析

成分	初始特征值			提取平方和载入			旋转平方和载入		
	合计	方差/%	累积/%	合计	方差/%	累积%	合计	方差/%	累积%
1	4.070	31.309	31.309	4.070	31.309	31.309	3.521	27.082	27.082
2	2.847	21.900	53.210	2.847	21.900	53.210	3.061	23.548	50.629
3	2.330	17.926	71.136	2.330	17.926	71.136	2.666	20.506	71.136
4	0.749	5.765	76.901						
5	0.703	5.410	82.311						
6	0.526	4.043	86.355						
7	0.455	3.503	89.858						
8	0.416	3.198	93.056						
9	0.247	1.901	94.957						
10	0.221	1.702	96.659						
11	0.161	1.239	97.899						
12	0.147	1.134	99.033						
13	0.126	0.967	100.000						

如表 6-20 所示，两个因子解释了全部方差 50.629% 的变异，三个因子解释了全部方差 71.136% 的变异，结合表 6-18 的克隆巴赫系数为 0.8，说明三个因子的内部一致性较好。

表 6-21　正交旋转因子载荷

	成分		
	1	2	3
Q1	−0.177	0.812	0.101
Q2	−0.021	0.885	0.048
Q3	0.156	0.857	−0.039
Q4	0.331	0.717	0.013
Q5	0.251	0.544	0.168
Q6	0.007	0.080	0.943
Q7	0.005	0.020	0.933
Q8	0.025	0.116	0.925
Q9	0.758	0.043	0.073
Q10	0.696	0.176	−0.032
Q11	.876	−0.014	−0.025
Q12	0.900	0.117	0.035
Q13	0.809	0.092	−0.002

通过正交旋转因子载荷分析，我们可以看到每个因子下各个维度的载荷。其中因子2反映的为问卷1~5问题，因子3反映的为问卷6~8问题，因子1反映的为问卷9~13问题，从而验证了提出的假设1。

6.2.4　假设验证

本节将根据上述统计分析结果，来验证本章第一节所提出的假设，以对资源型中小企业整体技术创新能力进行分析。

6.2.4.1　检验假设1

通过表6-8正交因子载荷矩阵分析可知：提取三个主成分的累积方差（表6-20）贡献达到了71.136%，对原始指标的信息抽取较好，能很好地解释原始数据信息。

如表6-21所示，抽取的第一主成分主要载荷了第9~13共5个变量信息，对应的题项分别为：企业技术知识的积累程度、研发投入费用占企业销售收入的比例、市场营销人员对本企业产品的熟悉程度、市场营销人员促进客户掌握技术/产品的能力和客户对产品的满意度。上述这些题项都反映了资源型中小企业市场资源整合方面的能力，故将这一主成分命名为"市场整合能力"。

抽取的第二主成分主要载荷了第1~5共5个变量信息，对应的题项分别为：自然资源获取相关人员的总体素质、员工进行自然资源获取工作的积极程度、企业内部人员持续学习的能力、企业自然资源相关知识的积累程度、自然资源获取激励机制的完善程度。上述这些题项都反映了资源型中小企业为提高其自然资源获取能力所应具备的条件，故将这一主成分命名为"自然资源获取能力"。

抽取的第三主成分主要载荷了第6~8共3个变量信息，对应的题项分别为：管理层对技术资源创造的重视程度、技术资源创造的成本、研发投入费用占企业销售收入的比例。上述这些题项都反映了资源型中小企业对技术创造的能力，故将这一主成分命名为"技术创造能力"。

6.2.4.2　检验假设 2

本书采用均值分析方法，对每种能力进行得分统计，并对其进行排序和筛选，以期判别不同的能力组合。

根据上述 13 个指标，从自然资源获取能力、技术创造能力和市场整合能力三个维度，对所有 151 家企业的数据进行分数统计，以判断资源型中小企业的能力偏向，结合基础信息得出每个资源型中小企业的能力组合类型，其判断过程如下。

假设资源型中小企业能力维度指标系数 $x_{ij}(i=1, 2, 3; j=1, 2, 3, 4)$，$i$ 表示能力的三个维度，即自然资源获取能力、技术创造能力和市场整合能力，j 表示每个维度下面的指标。

$$f_i = \sum_{j=1}^{4} x_{ij}/4 \qquad (i = 1,2,3)$$

式中，f_i 表示 i 维度平均得分。

若某维度平均得分≥4 分，则可判别某个资源型中小企业该种能力为较强；若某维度平均得分≤3 分，则可判别某个资源型中小企业该种能力为较弱；若某维度平均得分为 3~4，则可对能力判别为中等。

用 P_n 表示功能差别结果($n=1, 2, 3$)，分别对应不同能力组合：P_1 较强，P_2 较强，P_3 较强，则该企业能力组合定义为综合能力组合；若 P_1 较弱，P_2 较弱，P_3 较弱，则该企业能力组合定义为弱能力组合；若 P_1 较弱，P_2 较强，P_3 较强，则该企业能力组合定义为以市场引导为主的类能力组合；若 P_1 较强，P_2 较弱，P_3 较强，则该企业能力组合定义为以技术突破为主的类能力组合。

根据上面判断条件，通过对 151 家资源型中小企业调查问卷的处理，得到如表 6-22 所示的能力组合类型统计情况。

表 6-22　能力组合类型调查

	自然资源获取能力	技术创造能力	市场整合能力	企业数量/个	百分比/%
弱能力组合	弱	弱	弱	5	3.31
	强	强	弱	8	5.30
	强	弱	强	44	29.14
类能力组合	强	弱	弱	7	4.64
	弱	强	强	36	23.84
	弱	强	弱	12	7.95
	弱	弱	强	4	2.65
综合能力组合	强	强	强	30	19.87
其他		强或弱		5	3.31
合计				151	100

由于计算所涉及的企业数目众多，加上计算、检验、判断过程较为繁杂，在这里主

要是对能力组合通过统计学的方法进行判断。

通过筛选，共有 30 家企业三种能力指标得分均在 4 分以上，即反映出该类型企业的自然资源获取、技术资源创造、市场资源整合三种能力均较强，且观测到的样本数符合大样本规律，具备统计性显著，可以认为现实状态下资源型中小企业的确存在战略规划型能力组合，由于其三种能力均较强，是一种较为理想的能力组合。

共有 5 家企业三种指标得分均在 3 分以下，即反映出该类型企业的自然资源获取、技术资源创造、市场资源整合三种能力均较弱，由于观测到的样本数较少，未能表现出统计性显著，这可能存在三种原因。一是研究中，虽然我们对样本的选取是在我国西部资源型中小企业中随机进行的，但为方便查找资料及对相关企业进行调研，进入候选的企业多数是经营效益较好、发展较为成熟的企业，相应地其整体技术创新能力已经具备一定水平，三种能力维度中至少一种能力发展较好，所以在调查数据中就很难反映出三种能力均较弱的企业存在；二是在现实状态下，如果资源型中小企业的三种创新能力均较弱，其本身的整体创新能力就会较弱，那么面对激烈的市场竞争环境，企业将难以生存，可能会很快破产而失去其实体形态，所以在样本观测中就难以发现该种状态企业的存在；三是由于被访者在回答或填写问卷时，个人的主观意识可能在一定程度上影响了其准确判断本企业技术创新方面真实状况的能力，被访者会就自己的企业进行比较，认为在某一方面的能力强于其他方面，正是这种认识偏差导致了统计结果上的不明显。因此，实证结果表明对此项假设统计检验不明显。但通过笔者实践经验和大量的调研访谈了解到现实中弱能力组合的企业确实存在，故本书将其列为一种现实中存在的一种能力组合类型，将在后面的章节加以研究。

6.2.4.3　检验假设 3

通过筛选，共有 36 家企业技术创造能力和市场整合能力指标得分较高，均在 4 分以上，而自然资源获取能力指标得分较低，低于 3 分，且样本数量具有较明显的统计显著性。具备这种能力组合的资源型中小企业本身的自然资源获取能力较弱，却具有较强的技术研发与市场开发能力，表现出其技术创造能力及市场整合能力较强。

共有 44 家企业自然资源获取能力和市场整合能力指标得分较高，均在 4 分以上，而技术创造能力指标得分较低，低于 3 分，且样本数量具有较明显的统计显著性。具备这种能力组合的资源型中小企业市场开发能力和自然资源获取能力较强，但对技术资源创造的协调和整合能力较差，表现出自然资源获取能力及市场整合能力较强。

数据显示，具备自然资源获取能力、技术创造能力强，且市场整合能力弱特性的样本企业或具备自然资源获取能力、市场整合能力强，且技术创造能力弱特性的样本企业，以及具备市场资源整合强，且自然资源获取、技术创造能力弱特性的样本企业分别只有不到 10 个，不具备统计显著性。

通过实证研究发现，前述所提出假设中，假设 1 成立，假设 2、假设 3 中有部分未通过检验，如表 6-23 所示。

表6-23　假设检验结果

	内容	检验结果
假设1	存在三种能力维度的假设检验	明显
假设2	战略型能力组合假设检验	明显
	基础型能力组合假设检验	不明显
假设3	市场引导型能力组合假设检验	明显
	技术突破型能力组合假设检验	明显
	其余检验假设检验	不明显

6.3　不同能力组合的技术创新管理模式选择

6.3.1　技术创新管理模式框架

目前的理论研究已经形成了一个比较公认的技术能力演化轨迹模式：技术引进—消化吸收—创新。该模式的确从本质上阐明了企业技术能力成长的基本过程。但是，到目前为止，资源型中小企业仅仅采用这个模式还显得过于粗糙，尤其缺乏结合资源型中小企业相关特征的理论解释。现有的研究表明，企业技术创新能力的研究侧重于企业所面临的外部环境因素对企业技术创新能力的影响研究，较少关注到企业技术创新管理模式，更加缺乏从能力的视角来构建资源型中小企业技术创新管理的模式。

本书通过分析，结合全国不同地域、行业与企业组织特点，对资源型中小企业的技术创新管理提出了三个能力维度：自然资源获取能力、技术创造能力、市场整合能力，构成一个三维空间，O为原点，如图6-3所示。

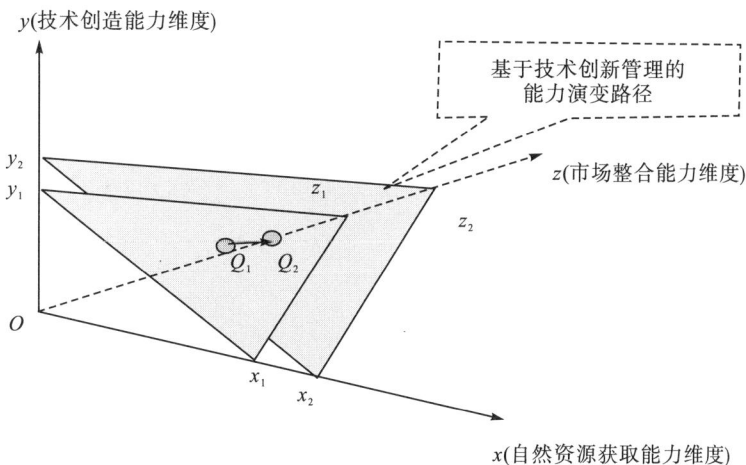

图6-3　基于技术创新管理的能力多维解构模型图

x、y、z分别代表了资源型中小企业的三个技术创新管理的能力维度，由x、y、z轴共同构成了一个三维空间。在这个三维空间中，每个轴上的任意一点相互连接，形成一个三角形。

(1)三角形的边长不完全相等，由落在 x、y、z 轴上的点 x_1、y_1、z_1 所决定。资源型中小企业的能力组合总是会发生变化，且现实中往往存在不同的能力组合。当某资源型中小企业的自然资源获取能力和市场整合能力较强，且技术创造能力较弱时，落在 x 和 z 轴上的点 x_1、z_1 距离原点较远，而落在 y 轴上的点距离原点较近，由 x_1、y_1、z_1 三点所构成的三角形代表了某资源型中小企业的技术创新能力；当某资源型中小企业的技术创造能力和市场整合能力较强，且自然资源获取能力较弱时，落在 y 和 z 轴上的点 y_2、z_2 距离原点较远，而落在 z 轴上的点距离原点较近，由 x_2、y_2、z_2 三点所构成的三角形代表了某资源型中小企业的技术创新能力……以此类推，任意一个三角形代表着某一个资源型中小企业，也代表了技术创新管理的不同能力组合。

(2)每个三角形的面积不完全相等，由其边长所决定。当市场整合能力、技术创造能力和自然资源获取能力得到提高，落在 x、y、z 轴上的点从 x_1、y_1、z_1 到 x_2、y_2、z_2，三角形的面积由小变大。因此，技术创新能力的演变路径为：三角形面积产生由小到大的变化，表示资源型中小企业的能力组合越来越强大，技术创新管理模式随之得到提升。在技术创新管理模式中，资源型中小企业的成长过程实际上是市场整合能力、技术创造能力、自然资源获取能力相互作用的动态演化过程。

自然资源获取能力、市场整合能力和技术创造能力是影响资源型中小企业技术创新能力不可或缺的重要因素。资源型中小企业技术创新能力主要是由这三个能力维度共同构成的，因此这三个能力应结合起来分析，不可片面、孤立地研究其对资源型中小企业技术创新管理能力产生的影响。这三个能力维度对资源型中小企业具有重要影响，它们勾画出了资源型中小企业的技术创新管理能力的基本结构，也为资源型中小企业的技术创新管理能力界定了不同的管理模式。

针对资源型中小企业技术创新管理的三种能力组合，即弱能力组合、类能力组合及综合能力组合，结合资源型中小企业特征和运作机制，本书进一步提出与以上三种能力组合相对应的技术创新管理模式：基础型技术创新管理模式、类能力组合型技术创新管理模式、战略规划型技术创新管理模式，如图 6-4 所示。其中，弱能力组合对应基础型技术创新管理模式；类能力组合对应类能力组合型技术创新管理模式；而综合能力组合对应战略规划型技术创新管理模式。为使资源型中小企业的绩效能够达到最优，技术创新能力组合与技术创新管理模式是一一对应和匹配的，在不同的能力组合方式下应该选择对应的技术创新管理模式。

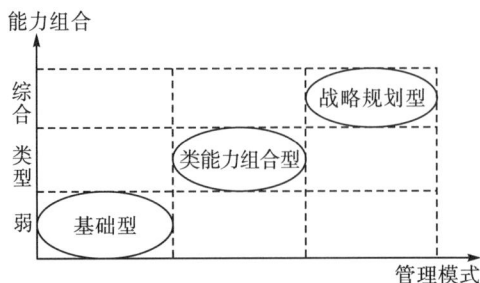

图 6-4　基于能力组合的技术创新管理模式图

综上，资源型中小企业的技术创新管理模式可以被划分为以下几种(图 6-5)。

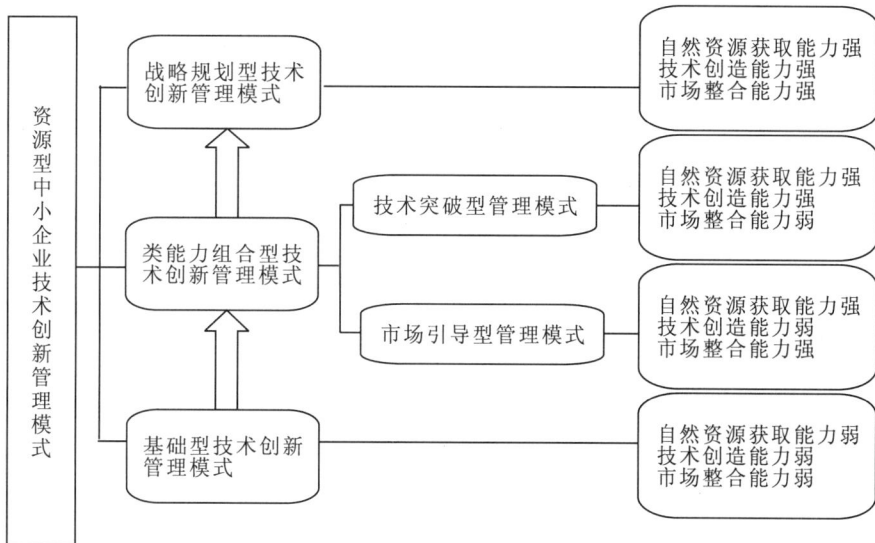

图 6-5 技术创新管理模式分析框架图

基础型技术创新管理模式：在企业内外部进行基础性的管理，企业内部重点考虑制定相关的制度，以制度为指导，规范完成企业的各项工作，提高工作的效率，增加产量。企业外部依靠政府的正确引导，建立完善的技术创新管理服务体系，使中介服务机构参与提供资源型中小企业的支撑性服务。该模式的特征为市场整合能力弱，技术创造能力弱，自然资源获取能力弱。

技术突破型管理模式：本身的技术能力强，需要联合其他的企业来合作开拓市场。该模式的特征为技术创造能力强，市场整合能力弱，自然资源获取能力强。

市场引导型管理模式：借助外源科研院所、大学来提高自身的技术创新与资源的高效利用。该模式的特征为技术创造能力弱，市场整合能力强，自然资源获取能力强。

战略规划型技术创新管理模式：产品技术逐步进入成熟化，同类资源型中小企业的产品以相同或相似的资源技术优势逐步进入市场，市场竞争日趋激烈。企业要进行统筹规划，以战略调整、战略的重新定位作为实施管理的主导方向。该模式的特征为自然资源获取能力强，技术创造能力强，市场整合能力强。

从现实情况和第五章的调研结果来看，本章的主要研究对象是：①市场整合能力、技术创造能力和自然资源获取能力都弱的资源型中小企业；②市场整合能力和自然资源获取能力强，而技术创造能力弱的资源型中小企业；③技术创造能力和自然资源获取能力强，而市场整合能力弱的资源型中小企业；④市场整合能力、技术创造能力、自然资源获取能力都强的资源型中小企业。根据理论与实证的结合分析，本章得到了资源型中小企业技术创新管理模式的分类和主要特征。

6.3.2 基础型技术创新管理模式

一些处于发展或成立初期的资源型中小企业，暂时还没有形成自己独立的技术创新管理能力，虽然与外部的科研机构或其他创新主体有技术合作，但多属于技术依托形式，由于资金或市场等方面的局限，对技术资源或科研成果，还不具备共同开发或独立转化能力。但这类企业的创新意识较强，产品有一定的影响力，具备获取和提升各种技术创新管理能力的潜质。

6.3.2.1 基础型技术创新管理模式内涵

基础型技术创新管理模式是指，在企业内外部进行基础性的管理，企业内部重点考虑制定相关的制度，以制度为指导，规范完成企业的各项工作，提高工作的效率，增加产量。企业外部依靠政府的正确引导，建立完善的技术创新管理服务体系，使中介服务机构参与提供资源型中小企业的支撑性服务。

6.3.2.2 基础型技术创新管理模式特征

基础型技术创新管理模式的突出特征是：自然资源获取能力弱，技术创造能力弱，市场整合能力弱。具体表现为：自然资源欠缺，没有形成自己的科研力量，自然资源获取能力在业内处于较低水平，依托外源技术力量，对外源技术的协同能力较低，销售网络不健全，产品的市场占有率较低，产品知名度较低，新产品或技术的配套服务（售后服务）不够成熟，不能完全达到国家政策扶持的要求，获得政策扶持力度较低。这种弱能力组合界定了资源型中小企业的技术创新能力管理模式是基础型技术创新管理模式。

6.3.3 类能力组合型技术创新管理模式

当资源型中小企业冲破弱能力组合的时候，可能会发展为 5 种情况：①市场整合能力和自然资源获取能力强，而技术创造能力弱；②技术创造能力和市场整合能力强，而自然资源获取能力弱；③自然资源获取能力强或技术创造能力强，而市场整合能力弱；④自然资源获取能力和技术创造能力强，而市场整合能力弱；⑤市场整合能力和技术创造能力弱，而自然资源获取能力强。

根据第五章的实证研究结果来看，③、④和⑤能力组合所占比重很少，不作为本章的研究对象。所以，类型能力组合的资源型中小企业主要存在两种能力组合方式：市场整合能力和自然资源获取能力强，而技术创造能力弱；技术创造能力和市场整合能力强，而自然资源获取能力弱。

三个能力维度的强弱组合，构成了资源型中小企业的类型能力组合。类型能力组合界定了资源型中小企业的技术创新能力管理模式是类能力组合型技术创新管理模式。通过对大量案例的分析得出，这两种不同的能力组合方式分别对应两种不同的技术创新管理模式：技术突破型管理模式和市场引导型管理模式。

在类能力组合型技术创新管理模式下存在两种管理模式，由于这两种管理模式的特性和运作机制各有不同，本书将分别进行阐述。

6.3.3.1 技术突破型管理模式

知识经济时代，企业市场整合能力是获得核心竞争力的有效途径，是走高科技发展道路的有力保障，是资源型中小企业实现其发展的现实选择。高校和科研机构是资源型中小企业科技研究的源泉。

1. 技术突破型管理模式的内涵与特征

技术突破型管理模式是指，资源型中小企业本身的技术创造能力强，需要借助其他的企业来合作开拓市场。该模式的突出特征为技术创造能力强，自然资源获取能力强和市场整合能力弱。具体表现为：具备较高的自然资源获取能力，研发团队具有较高的人才素质结构，具有较丰富的研发经验，技术知识的积累程度较高；新产品或技术投入市场上具有竞争优势，企业技术创新成果能够成功转化为商品；不注重公共关系的维护，外部资源的整合能力不足，难以充分调动外界资源。

经过大量的案例分析发现，技术突破型管理模式具有自身的优势与劣势。

该管理模式的优势在于：拥有强大的科研力量，具备丰富的研发经验和知识积累，拥有多项专利技术，掌握科技的前沿技术和最新科技信息，依靠企业自然资源获取能力来获得核心竞争能力，在市场竞争中以技术制胜。

该管理模式的劣势在于：在剧烈变化的市场环境中，企业难以灵活调动外界资源来进行筹资、投资；难以将触角伸展到各个领域，迅速挖掘适合本企业发展的优势项目；不注重公共关系的维护，难以广泛利用外界资源寻找到适合的合作伙伴，联合对抗竞争对手；过分追求技术的先进性，不注重采取合作的形式达到优势互补；过分追求自主研发，不重视结合市场需求，新产品难以真正满足市场需求。

2. 技术突破型管理模式的运行机制

早期对创新过程的解释模型是技术推动的创新过程模型(图 6-6)，认为一项新发现引发一系列事件，研究发明的成果得到了应用。这种模型过多过少地把技术创新过程解释为一种线性过程，在这种观点下市场只能被动地接受研究开发成果。目前，这种创新模式的思想在我国仍相当流行。

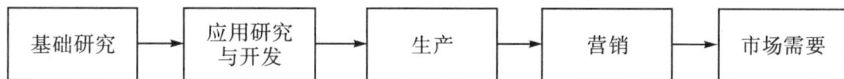

| 基础研究 | → | 应用研究与开发 | → | 生产 | → | 营销 | → | 市场需要 |

图 6-6　技术推动的创新过程模型

技术推动的创新过程模型代表了一种极端的情况，对某些产品的创新过程给予了较好的解释，但对较为复杂的创新过程并不能够清晰地解释。大量研究资料表明，在技术突破型管理模式中，资源型中小企业的创新过程远远比技术推动的创新过程模型要复杂得多。根据实证研究的经验，我们在技术推动的创新过程模式基础上，总结得出了技术突破型管理模式(图 6-7)。

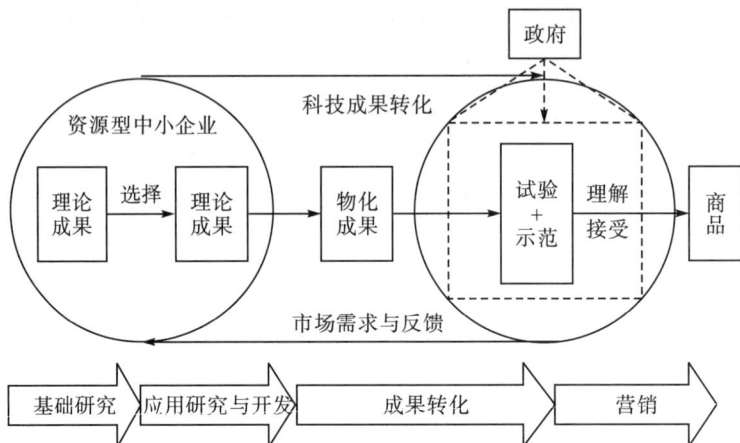

图 6-7　技术突破型管理模式运行图

(1)技术突破型管理模式的设计特点与原理。技术突破型管理模式具有科技攻关的先天优势，其技术创新管理的主要方向是后向一体化发展，拓展市场，使科研成果与市场经济接轨。技术突破型管理模式的两端是转动轮，用于强调该模式的管理重点在于壮大科研实力，增强营销推广能力。在生产价值链中，这两个转动轮引导和推动技术突破型资源型中小企业从基础研究阶段、应用研究与开发阶段、成果转化阶段到营销阶段。在这条价值链中，资源型中小企业看作主体，客体有政府、其他企业、科研院校、客户。通过两个转动轮之间的连接线，资源型中小企业输出科技成果，并获得客户的需求和反馈。

(2)技术突破型管理模式的运行机制。机制与体制在制度框架下表现为制度(狭义)运行结果与制度主体的组织安排。机制是制度动态运行过程中产生的效应。机制是在规则、惯例以及承载这些规则的主客体之间有机生成的，某种意义上说机制是"活"的制度。根据理论指导，我们得出：对于某一模式，主客体的关系、制度在动态过程中产生的效应共同构成了该模式的运作机制。结合技术突破型资源型中小企业的现实情况，应从以下两方面来阐述技术突破型管理模式的运行机制。

第一，技术创新管理系统的单元。在技术突破型管理模式中，资源型中小企业作为主体，客体主要有政府、科研机构、客户、其他企业。从主客体关系的角度来看，技术创新管理模式就是以资源型中小企业为主体，以政府、科研机构、客户和其他企业为客体，在一定环境下资源相互作用的动态演化过程。但是，在不同管理模式下，主客体之间关系各有异同。技术突破型资源型中小企业是以自主创新为主导，反映了技术突破型资源型中小企业选择和作用于客体的方向性，指导企业充分发挥自主创新的力量，以"技术制胜"来抢占市场。资源型中小企业通过信息传递、物质交流、能量传导及合作的模式，认识和改造能够满足其需要的单元，在动态演化过程中形成了一个系统。在实践活动中，资源型中小企业借助自身的科研力量、科技成果，在成果转化过程中结合政府和其他企业或中介机构的力量，共同开拓市场，推广科技成果，最终达到产业化经营。

从政府与技术突破型资源型中小企业的关系来看，政府主要扮演宏观调控者的角色，其重要职责有：政府通过财税、金融等政策，鼓励企业增加研究开发投入，增强技术创新能力。政府积极鼓励和支持企业开发新产品、新工艺和新技术，加大企业研究开发投入的税前扣除等激励政策的力度；鼓励和保护自主创新，建立政府采购自主创新产品协调机制；设立专项资金，用于支持重大技术装备和重大产业关键共性技术的研究开发；允许企业加速研究开发仪器设备的折旧，对购买先进科学研究仪器和设备给予必要税收扶持政策；加大对企业设立海外研究开发机构的外汇和融资支持力度，提供对外投资便利和优质服务；坚持应用开发类科研机构企业化转制的方向，深化企业化转制科研机构产权制度等方面的改革，形成完善的管理体制和合理有效的激励机制，使之在高新技术产业化和行业技术创新中发挥骨干作用。

对于科研转制的资源型中小企业，政府给予工商管理、税收政策、金融信贷等各个方面的优惠扶持，鼓励转制资源型中小企业充分发挥自身技术优势。另一方面，政府积极促进科研转制企业面向市场需求，完善技术转移机制，加快企业科技成果成功转化为商品，开发一批具有自主知识产权和市场竞争力的名牌产品，促使其发展为具有国际竞争力的高科技企业。

科研院校与技术突破型资源型中小企业是资源共享的关系。一是与资源型中小企业联合开发新产品。在实践活动中，资源型中小企业与科研院校可以交换知识和经验，为企业的技术研发积累了丰富的经验。二是与资源型中小企业交流技术知识。在研发领域中，作为共生单元的科研院校，通过技术资源要素的移动和重新配置，促进我国技术创新的技术知识交流，促进企业技术知识的内外部学习和提高。三是为资源型中小企业培养大量技术人才。在科研机构和高等院校学习的科研人员或学生，毕业后流向社会，其中部分人员被资源型中小企业吸纳并培养成为企业的技术骨干。

技术突破型资源型中小企业与同行企业是协同与竞争的关系。竞争在企业共生体中普遍存在，但竞争对手也能够成为伙伴。新产品的销售可以与同行企业进行合作，利用其他企业的营销网络，缩短了科技成果转化周期，减小了企业风险。

技术突破型资源型中小企业与客户是互惠共生的关系。与客户密切沟通，获得客户对科技成果的反馈信息，技术型资源型中小企业改进科技成果；客户提出新的需求，企业着手研发新产品。

第二，企业技术创新管理的运行机制。该类模式是科研单位以自身科研成果为依托，通过项目经费支撑，与地方政府联合开展成果转让、技术承包、技术开发、咨询服务、成果示范等活动。在技术突破型管理模式的运作过程中，资源型中小企业内部具有较为完善的学习创新机制。人才是企业的根本，特别是在技术突破型管理模式中，资源型中小企业把科技人才队伍建设摆在企业技术创新工作的首位。首先是企业制定对科技人员的一系列优惠政策。在企业内部，切实提高科技人员的待遇，改善他们的工作和生活条件，留住优秀科研人才，培养技术骨干，发挥他们在企业关键性技术难题中的攻关作用。其次是积极寻求人才。开展与科研院所、高等院校的合作，与它们结成利益共同体寻求人才，不断充实和加强企业技术推广、开发方面的技术团队力量。资源型中小企业的不同共生单元之间能够更好地传递、交流与共享显性知识与隐性知识，加速彼此能力的成长。第三是重视企业内部技术知识的积累。在当前中国资源型中小企业自身技术积累水平比较低的情况下，资源型中小企业日益重视技术引进、吸收、再创新，以提高企业自然资源获取能力，在市场竞争中以技术制胜。

在技术突破型管理模式的运作过程中，企业具备较为健全的科技成果转化机制。科技成果转化主要依靠政府的大力支持和企业的销售网络。企业在技术研发、孵化、产品化到大规模产业化的全过程中，将制度创新、体制创新、机制创新和政策创新等相结合，政府促进资源型中小企业、科研院所、大学、专业协会各类相关资源相互合作，促使科技成果沿着资源型中小企业为主体的产学研府民共生系统快速、有效地转化增值。

6.3.3.2　市场引导型管理模式

1.　市场引导型管理模式概况

我国资源型中小企业虽然已经有了一定的发展，但总体力量仍然比较薄弱。我国资源型中小企业在依靠企业自身力量实现核心技术能力的突破上还相当困难。正是由于科研底子薄弱、科研资金投入有限，我国大多数资源型中小企业采用合作创新或模仿创新的方式。这两种方式虽然不容易抢占市场先机，但是由于市场对新技术已有一定的认识和接受能力，企业可以减少开拓市场费用。采用合作创新和模仿创新的企业，拥有更多的灵活性，在市场竞争中甚至可能有机会超越技术领先者。

2.　市场引导型管理模式的内涵

市场引导型管理模式是指借助外源科研院所、大学来提高自身的技术创新与资源的高效利用。该模式的突出特征为市场整合能力强，自然资源获取能力强和技术创造能力弱。具体表现为：没有形成自己的科研力量，自主研发能力在业内处于较低水平；不过分追求技术的先进性，注重采取合作的形式达到优势互补，注重资源综合利用和合理、有效的配置；企业依据市场需求变化和市场竞争格局，能够迅速选择适合本企业发展的项目，并进行筹资、投资，承担相应风险；主要依托于外源技术，对外源技术的协同能力较高，对外源技术的成熟度要求较高；拥有严格的合作对象选择标准和丰富经验；依靠较强的市场能力，能够有的放矢地进行科技成果转化；营销网络宽广，营销体系成熟；基本达到国家政策扶持的要求。

通过案例研究发现，市场引导型管理模式具有自身的优势与劣势。

该模式的优势在于：在瞬息万变的市场竞争中，企业拥有良好的公共关系，能够广泛利用外界资源，寻找到适合的技术合作伙伴；快速掌握各领域的信息，抢占适合本企业发展的市场先机；注重采取合作的形式，达到优势互补；与客户关系融洽，市场推广能力强，能够使科技成果快速转变为商品。

该模式的劣势在于：技术创新的底子薄，在技术上不具备核心竞争力；过分注重公共关系的维护，合作中容易发生利益分配的问题。

3.　市场引导型管理模式的运行机制

需求拉动的模型(图 6-8)，解释了市场需求为产品创新创造了机会，刺激了研究开发为之寻找可行的方案。从理论上讲，该模型能够让技术创新适用于某一特定的市场需求。但是，它毕竟只考虑了一种因素，忽略了企业调动和整合所有资源的能力，而强调企业单独依靠市场需求的片面性。对于市场引导型资源型中小企业，市场需求只是其中的一个方面，企业还要考虑更多复杂的企业行为和环境。

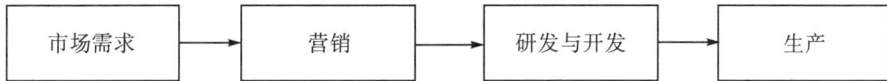

图 6-8　需求拉动的创新过程模型

　　需求拉动的创新过程模型仅代表了一种极端的情况,不能针对性地用于解释市场引导型资源型中小企业的创新过程。大量研究资料表明,在市场引导型管理模式中,资源型中小企业的创新过程远远比需求拉动的创新过程模型复杂。根据多年的观察和实证研究的经验,我们在需求拉动的创新过程模式基础上,推演出了市场引导型管理模式(图 6-9)。

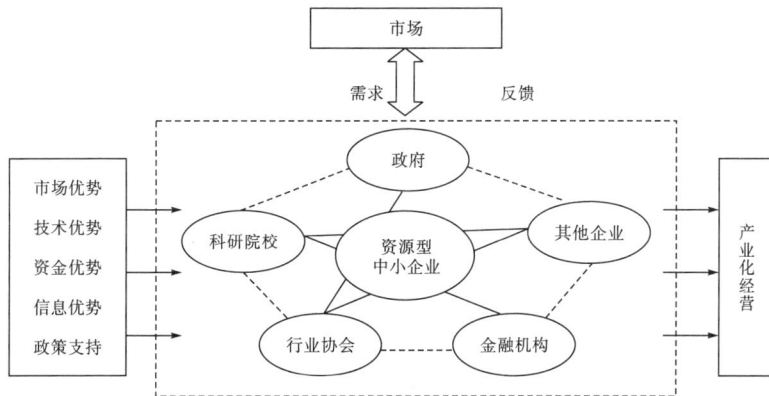

图 6-9　市场引导型管理模式运行图

　　(1)市场引导型管理模式的设计特点与原理。市场引导型管理模式下,企业成长是在整合各种外界资源的动态过程中完成的,市场、资金、技术、信息、政策环境是影响资源型中小企业成长的重要因素。资源型中小企业作为主体,政府、科研院校、协会、其他企业、金融机构等为客体,在社会网络中组成相互联系的有机整体,资源型中小企业围绕着这个有机整体来发挥技术创新、财务管理、市场开拓、组织结构等能力,这个有机整体的能力高低直接决定着各个要素的发展水平。在整个有机的系统中,主体与客体构成紧密联系、相互作用的复杂关系,彼此间开展交流合作,进行物质、能量和信息交换,维持整个系统内外的平衡,推动系统内各要素的能力不断提升。该模式强调企业具备整合外界资源的先天优势,需要借助市场的力量,将资金优势、科技成果转化优势、自主研发优势等相结合,集成为一股合力来实现资源型中小企业的产业化经营。

　　(2)市场引导型管理模式的运行机制。结合市场引导型资源型中小企业的现实情况,应从以下两方面来阐述市场引导型管理模式的运行机制。

　　①技术创新管理系统的单元。在市场引导型管理模式中,资源型中小企业作为主体,客体主要有:政府、科研机构、客户、其他企业。市场引导型资源型中小企业是以整合外界的技术资源为主导,反映了市场引导型资源型中小企业选择作用于客体的方向性,指导企业要积极发挥市场整合能力,弥补自身科研能力不足的缺陷,在激烈竞争中以市场制胜。资源型中小企业通过信息传递、物质交流、能量传导及合作共生的模式,认识和改造能够满足其需要的单元,在动态演化过程中形成了一个有机的统一体。在实践活动中,资源型中小企业利用强大的市场机制挖掘潜在市场需求,并依托于外界的技术力

量，共享科技成果，利用成熟的营销网络体系快速转化科技成果，最终达到产业化经营。

对于市场引导型资源型中小企业而言，政府是宏观调控者，其重要职责有：鼓励企业依托于具有较强研究开发和技术辐射能力的转制科研机构或大企业，集成高等院校、科研机构等相关力量，组建试验室、行业技术中心等。鼓励企业与高等院校、科研机构建立各类技术创新联合组织，增强技术创新能力。完善科技投融资体系和创业风险投资机制，建设科技中介服务机构，为多元投资主体的资源型中小企业技术创新提供服务。建立科研院所与高等院校积极围绕企业技术创新需求服务、产学研多种形式结合的新机制。鼓励和支持中小企业采取联合出资、共同委托等方式进行合作研究开发，对加快创新成果转化给予政策扶持。搭建多种形式的科技金融合作平台，为高科技创业风险投资企业跨境资金运作创造更加宽松的金融、外汇政策环境。

资源型中小企业与科研院校是技术合作伙伴的关系。与技术突破型资源型中小企业相比，市场引导型资源型中小企业的技术创造能力相对较弱，往往通过协同外援技术的方式，获取技术资源。由于市场引导型资源型中小企业具有整合外界资源的先天优势，科研院所、高等院校、同行企业、客户与企业之间常常建立密切的合作关系。比如，企业可以通过与科研院所、高等院校等组建虚拟研发组织，让外界的研发力量聚集在一起，整合资金优势、市场化优势、科技成果转化优势和科研院所技术优势，弥补自身科研能力的不足。除外，企业还可以采用委托开发、直接购买、战略联盟、技术依托、项目合作等方式来获得外界的技术支持，并依靠比较健全的营销网络体系顺利实现科技成果的转化。

市场引导型资源型中小企业与同行企业是协同与竞争的关系。竞争在企业共生体中普遍存在，但竞争对手也能够成为伙伴。新产品的销售可以与同行企业进行合作，利用其他企业的营销网络，缩短了科技成果转化周期，减小了企业风险。

市场引导型资源型中小企业与客户是互惠共生的关系。与客户密切沟通，获得客户对科技成果的反馈信息，技术型资源型中小企业改进科技成果；客户提出新的需求，企业着手研发新产品。

②企业技术创新管理的运行机制。市场引导型管理模式下的资源型中小企业凭借较强的市场整合能力，往往通过合作创新或模仿创新获得科技成果，形成为本企业提供科技成果的动力机制。企业可以选择与国外公司合作，使新技术本土化，或是通过合法途径技术转让，然后根据本地条件培育出适应性产品。

市场引导型资源型中小企业可以依托于我国科研机构或高等院校的技术优势，通过委托开发、直接购买或项目合作等方式，与科研机构、高等院校开展技术合作。这种合作可以基于地域特点，也可以基于资金、技术或科技人员。由于我国资源型中小企业的力量总体来说还比较薄弱，企业与科研机构、高等院校之间的合作有助于技术创新过程中的扬长补短。

市场引导型资源型中小企业在激烈的市场竞争中努力寻求合作伙伴，往往把同行企业看作是利益共同体。该模式下，技术创新管理的系统内存在着利益共享补偿机制。在合作伙伴的选择方面，企业注重选择优势互补的合作对象，并有严格的合作标准，不过分追求技术的先进性。技术创新管理的利益共享补偿机制促使合作各方在平等、互利、协作的前提下，规范各方之间的利益转移，以实现整体利益在资源型中小企业间的合理分配。

6.3.4　战略规划型技术创新管理模式

6.3.4.1　战略规划型技术创新管理模式的内涵与特征

战略规划型技术创新管理模式是指产品技术逐步进入成熟化，同类资源型中小企业的产品以相同或相似的资源技术优势逐步进入市场，市场竞争日趋激烈。企业要进行统筹规划，以战略调整、战略的重新定位作为实施管理的主导方向。战略规划型技术创新管理模式的突出特征是市场整合能力强、技术创造能力强和自然资源获取能力强。具体表现为：自主研发能力在业内处于较高水平，研发团队具有较高的人才素质结构，具有较丰富的研发经验，技术知识的积累程度较高，新产品或技术投入市场上具有竞争优势，企业技术创新成果能够成功转化为商品，注重资源综合利用和合理、有效的配置，企业依据市场需求变化和市场竞争格局，能够迅速选择适合本企业发展的项目，并进行筹资、投资，承担相应风险，依靠较强的市场能力，能够有的放矢地进行科技成果转化，营销网络宽广，营销体系成熟，达到国家政策扶持的要求。

在战略规划型技术创新管理模式下，企业的经营管理侧重于长远规划，领导者制定并调整战略，发现市场的新机会，并迅速抢占市场，形成行业壁垒。资源型中小企业作为主体，政府、科研院校、协会、其他企业、金融机构等为客体，在社会网络中组成相互联系的有机整体，企业围绕着战略思维来发挥技术创新、财务管理、市场开拓、组织结构等能力，制定企业的战略规划，并保障战略能够得到有效的执行。在整个有机的系统中，主体与客体构成紧密联系、相互作用的复杂关系，彼此间开展交流合作，进行物质、能量和信息交换，维持整个系统内外的平衡，推动系统内各要素的能力不断提升。该模式强调企业具备市场整合能力、技术创造能力和自然资源获取能力的综合优势，在战略思维的指导下，能够及时调动外界研发资源、自主研发资源、市场资源等，集成为一股合力来实现资源型中小企业的产业化经营。

6.3.4.2　战略规划型技术创新管理模式的运行机制

当重大的技术创新出现时，常常引起某些产业竞争领先地位的交替。对于具备足够技术创新能力（即市场整合能力强，技术创造能力强，自然资源获取能力强）的资源型中小企业，企业在进行重大技术创新和重大项目投资时，企业的创新战略具有巨大的不确定性，导致这些企业不得不进行战略规划。在战略规划型技术创新管理模式下，资源型中小企业的运行机制往往表现为以下三个方面。

（1）企业需要促成合理的创新决策机制。长期发展战略需要足够的进取性，激励企业不断追求卓越。长期战略具有稳定性，不能经常变动。根据创新实现及时调整长期发展战略。

（2）企业制度的策略不能过于僵化，要能够及时应变和调整。为满足战略及时调整的需求，企业应增强自身的应变能力。资源型中小企业在增强自身同化能力的同时应充分认识到，在市场需求和技术变化具有不确定性的今天，各企业都应具备一定的应变能力。

为克服自身资源有限的缺点，企业要积极谋求战略联盟和提高技术的专业化水平，另外还要形成企业自身经过检验的技术同化和企业收益模式，要有应对突发事件的应急机制，并注意采用市场的营销战略。

（3）企业的决策者应从宏观环境和整个企业系统进行综合分析，制定出相关企业在未来一段较长时间内的技术创新战略。创新的战略不确定性是对战略规划型资源型中小企业的巨大考验。如果仅仅关注创新项目本身的不确定性（即市场不确定性和技术不确定性），而缺乏从技术变化的宏观环境和产业发展的战略高度来看待创新的意义和潜力，往往会出现严重的战略性决策失误，有可能会错失抢占市场的机会，也有可能会面临倒闭的危险。

企业要想在复杂多变的竞争中立于不败之地，就越要重视技术创新管理的战略规划。在战略上，企业难以判断它对创新竞争对手的影响程度，以及面临新技术潜在的重大变化时，企业应如何做好适应和调整自身的准备。

经研究发现，大量资源型中小企业的技术创新系统中各个部分之间存在不均衡的情况，如市场整合能力，或技术创造能力，或自然资源获取能力在不同程度上发展的不足或滞后。战略规划型技术创新管理模式把资源型中小企业的技术创新能力发挥得更全面，使市场整合能力、技术创造能力和自然资源获取能力三个方面得到均衡发展。

6.4 小　　结

本章在相关理论文献研究及实际调查的基础上，探讨了资源型中小企业的能力分类、能力体系和影响技术创新能力的主要因素，提出了整体技术创新能力具有市场整合能力、技术创造能力、自然资源获取能力三个维度的研究假设。为了验证该研究假设，我们在广泛收集资料的基础上，通过设计、发放企业调查问卷的方式对我国东中西部的多家资源型中小企业进行了专项调查，并采用多种统计方法对收回的数据进行了相关分析，实证研究结果表明：共生环境下资源型中小企业整体技术创新能力可通过三种能力维度予以反映并解释，而由于每个企业三个能力维度的发展不均衡，故形成了包括类能力组合型、综合能力型等的多种能力维度组合。

技术创新能力的大大提高迫切需要形成以企业为主体，产、学、研相结合的科技成果高效快速转化的技术创新体系，主要可以通过以下的途径进行。

（1）加强企业技术创新体系建设。提高企业技术创造能力，强化其技术创新和科技投入主体地位为目标，充分发挥市场机制作用。根据国民经济发展的战略需求和产业技术政策，以产学研相结合为主要形式，培育和提升企业和产业核心竞争力，建设以企业为主体、市场为导向、产学研相结合的技术创新体系。根据新时期产业发展和社会进步的需要，企业应借助技术转移中心、技术创新服务中心、国家大学科技园、生产力促进中心等各类创新服务机构，加快科技成果向现实生产力转化。

（2）整合创新资源，显著提升创新资源配置效率和效益。围绕《科技规划纲要》确定的重点任务和重大科技专项，加快高技术产业发展、节约资源能源及提高开发利用效率，资源型中小企业应从产业技术原始创新、集成创新和引进消化吸收再创新三个层面，提升企业自主研发和引进技术的消化吸收再创新能力。

（3）建立多元化、多渠道、多层次的自主创新基础能力建设投融资体制。企业应充分利用财政投资的导向作用，积极探索政府资金投入和社会资本投入的有效机制。

（4）做好战略规划，及时调整和完善企业发展规划，形成技术创新持续发展的长效管理机制。

（5）深化国际合作。加强与国外企业的交流与合作。一是广泛利用国际资源，完善技术创新的国际合作机制；二是创造良好环境，吸引海外高层次人才参与本国企业的技术创新管理。

第七章 西部资源型中小企业技术 创新管理模式的集成优化

本书从行业特征、企业间合作和企业能力三个不同方面分析了西部资源型中小企业技术创新管理的本质特征和影响因素，归纳提出不同行业环境、合作关系和企业能力作用下西部资源型中小企业技术创新管理模式，分别是环境层面典型行业差异性特征影响下的农业、矿业与能源业、旅游业三类资源型中小企业技术创新管理模式；企业间层面依据合作技术创新能力和合作绩效提升方式形成的资源型企业间合作技术创新管理模式；企业内部层面依据自然资源的获取能力、技术创造能力和市场整合能力的强弱组合形成基础型、类能力组合型和战略规划型三种技术创新管理模式。本章结合西部资源型中小企业技术创新管理实践，分别探析上述各类技术创新管理模式优化的基本条件和关键影响因素，探讨资源约束条件下企业在应用各类技术创新管理模式的过程中优化与提升的可行性路径。

由于资源型中小企业技术创新管理具有复杂性、多样性和协同性特征，因此，仅从行业特征、企业间合作和企业能力等单一的视角探讨技术创新管理模式不能满足企业全面提升技术创新管理能力、发展可持续性技术创新的需要。因此，本章从集成的理念出发，以技术创新管理、集成管理、协同管理以及一般系统理论等相关理论为支撑，综合考虑影响西部资源型中小企业技术创新管理模式优化的宏观环境、企业间合作以及企业内部三个层面的关键因素构建技术创新管理模式集成系统，通过系统内各层次要素间的有效集成，实现技术创新管理模式的综合性优化过程，并结合西部资源型中小企业管理实践探析技术创新管理模式系统性集成的优化路径，为企业应用和提升技术创新管理模式、实现可持续创新发展提供一种全新的思路。

7.1 基于行业特征的技术创新管理模式优化

本书从行业特征的视角，通过分析和提取典型资源型行业内中小企业技术创新管理的影响要素，归纳提出农业资源型中小企业技术创新管理模式，旅游业资源型中小企业技术创新管理模式和矿业、能源业资源型中小企业技术创新管理模式三类模式。由于各典型行业特征影响下的企业技术创新管理模式的驱动要素不尽相同，相应的模式优化要点也存在差异，因此需要理清影响各个模式提升与优化的关键影响因素，以此探析西部资源型中小企业技术创新管理模式的优化路径。

7.1.1　优化要点

农业资源型中小企业技术创新管理模式的关键驱动因素为市场需求和政府政策，通过技术创新进行资源优化，将资源优势转化为产品优势，以产品结构优化与创新形成差异化竞争优势。矿业、能源业资源型中小企业的技术创新管理模式的关键驱动因素为自然资源和政府政策，通过技术创新对资源进行深度挖掘，提高资源转化率，从而将资源优势转化为低成本竞争优势。旅游业资源型中小企业的技术创新管理模式的关键驱动因素为政府政策和资源因素，通过技术创新成果在资源展示与资源保护中的有效应用，将资源优势转化为顾客体验价值增值与优化。

由于资源、技术、市场、组织、环境和政策等技术创新要素对于三类管理模式的影响各有侧重，并存在程度差异，这三类模式的优化要点在于：依据行业特征影响下各个技术创新管理模式的关键驱动因素和竞争战略逐步改善和优化各类模式的影响要素，获取相应的竞争优势。第一，农业资源型中小企业应在相关政府部门的引导性优惠政策的支持以及高校与科研院所、金融机构、农业协会等相关组织的协助下，把握技术创新发展方向，提升企业产品创新能力以及相应的管理能力，通过技术创新成果的有效转化，完成新产品开发过程并获得产品差异化优势。第二，矿业、能源业资源型中小企业应考虑矿产资源和传统能源的不可再生性和稀缺性特征，通过评估企业资源挖掘深度与资源利用效率，选择企业技术创新优化的方向，并依据自身技术实力与高校、科研机构或者其他企业建立一定程度的技术合作关系，通过技术创新成果的有效转化和应用，实现资源的有效开采和利用，构建更为持久的企业生命周期，并实现企业利润最大化。第三，旅游业资源型中小企业应以顾客的消费心理及行为为导向，确定技术创新的基本优化方向，依托区域内特色旅游资源，一方面从企业内部优化技术创新关键影响因素，一方面借助科研院所、地方政府、环保机构等各类相关组织的支持与协同作用，通过技术创新优化企业资源展示与资源保护，提升顾客对资源价值的感知和体验，并获得企业的可持续性成长。

7.1.2　优化路径

依据上述典型行业的技术创新管理模式的优化要点分析，结合西部资源型中小企业技术创新管理实践，各类技术创新管理模式可以从下列几个方向考虑具体的优化路径，如图 7-1 所示。

1. 农业资源型中小企业技术创新管理模式

这一模式的优化要点是通过技术创新将企业资源优势转化为产品优势，结合企业管理实践分析形成以下优化路径。

路径一：提升企业自主创新能力，研发全新产品或改良现有产品结构。农业资源型中小企业获得竞争优势的重要途径是通过技术创新实现产品差异化，而产品技术创新主要包括产品品种创新和产品结构创新。结合农业资源型企业技术创新管理实践分析，产品差异化主要来源于两个方面：一是应用农业基础性研究的创新成果研发出的农产品原材料，开发生产的具有全新功能特征的首次上市的产品，从而依托品种创新能力优势创造出全新的产品，并获得产品差异化优势；二是根据市场需求和消费者偏好的转移，在不改变原有产品基本性能的前提下对其进行比较显著的改进，从而依据结构创新能力优势对现有产品进行改良和优化，并提升产品的市场竞争力。

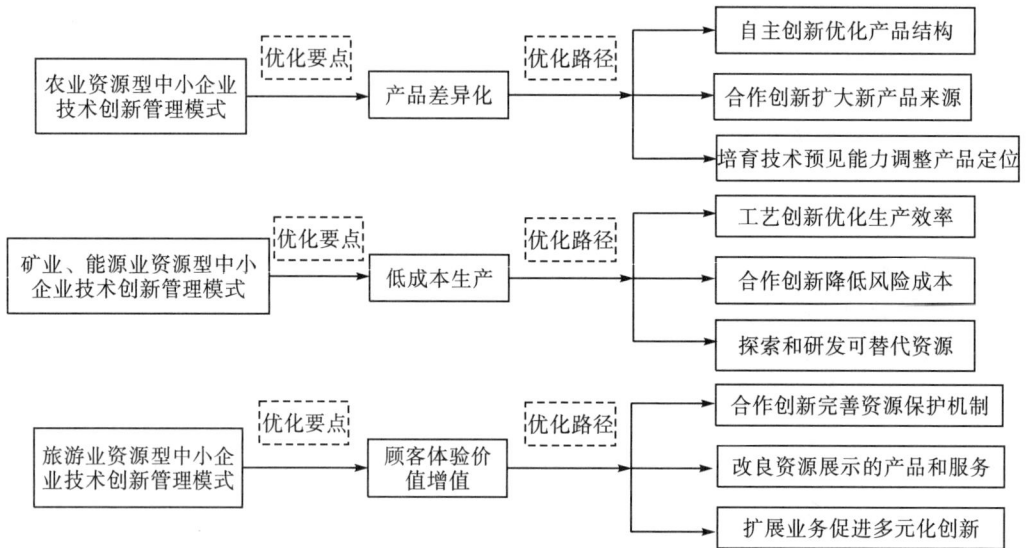

图 7-1　基于行业特征的西部资源型中小企业技术创新管理模式优化路径结构

路径二：建立稳定的技术创新合作机制，扩大产品创新来源。农业资源型中小企业与高校科研单位形成稳定的合作机制是企业通过合作方式提升技术创新能力的重要途径。农业资源型企业应对自身技术创新资源与实力的优劣势进行评估，选择技术优势互补的农业科研院所和农业相关高校建立稳定的合作关系，充分利用其在人员、设备等科研实力方面的优势，寻求强大的科技后盾和技术支撑，弥补自身在技术创新源方面的不足。通过共同构建农业技术创新平台、知识创新平台、农业技术传播平台等，农业资源型中小企业不断提高自身的创新能力，延长农业资源型企业拥有技术的寿命。

路径三：培育企业技术预见能力，以市场需求调整产品定位与差异化战略方向。农业资源型中小企业要通过新产品开发和产品改良优化获得竞争优势，依据市场机会和市场需求，判断企业技术创新发展方向的预见能力对企业的整体发展具有决定性作用。技术预见能力是对企业相关重要资源进行有效组合与优化配置的前瞻性战略能力。农业资源型企业通过培育技术预见能力，制定科学化的技术创新战略，并围绕战略目标，利用技术预见的结果，分析市场机会与需求的变动，及时调整和变动产品定位与市场定位，并以此确定企业技术创新的发展方向，创造出符合市场和技术发展趋势的产品创新技术。

2. 矿业、能源业资源型中小企业技术创新管理模式

这一模式的优化要点是通过技术创新将企业资源优势转化为成本优势，结合企业管理实践分析形成以下优化路径。

路径一：提升企业工艺创新能力，优化企业生产与加工的效率。矿业、能源业资源型中小企业获得竞争优势的一个重要途径是通过技术创新优化资源开采与加工工艺流程，有效提升资源利用率。具体而言，企业可以通过生产设备的更新、工艺流程的优化、生

产组织的变革或生产相关资源的整合等技术创新活动，研发新的生产加工过程的操作程序、方式方法和规则体系或者对原有生产方法的优化改进，从而有效的提高矿产资源开采效率以及对能源的加工处理效率，增加资源供给量，并提升资源利用效率，延长企业生命周期，实现企业可持续发展。

路径二：提升企业合作技术创新能力，有效降低风险管理成本。由于矿产资源开采的高风险系数特征和传统能源资源的稀缺性特征，西部资源型中小企业承受较大的资金和技术压力，需要借助政府部门、科研机构等相关组织的协同作用进行技术创新活动。矿业、能源业资源型中小企业通过合作方式提升技术创新能力并优化管理模式主要有两种方式：第一，与矿业类和能源类的相关高校以及科研院所建立技术创新合作关系，通过引进技术创新资源、有效转化技术创新成果、合作技术研发等方式，借助相关组织的技术创新资源完成技术创新活动；第二，与同类企业间建立稳定的技术创新合作关系，通过有效的合作机制实现企业间在资金、技术、人才、信息方面实现更大程度的共享，最大程度在项目之间、技术之间、环节之间进行分工合作。通过投资、科研、生产和开拓市场等方面进行密切的合作，在技术创新综合效率整体提升的同时完成企业自身的技术创新活动。

路径三：探索和研发更易获取的或人工生产的可替代资源。绝大多数矿产资源和传统能源均属于非再生资源，由于资源的稀缺性，资源供给是不具有弹性的，对资源的占有和控制就是企业的竞争优势。同时因为资源的稀缺性，资源供给量趋同于企业的生命周期。因此，矿业、能源业资源型中小企业必须提升企业的资源获取能力，并依托自身技术，借助政府部门、高校与科研机构、同类企业、中介机构等相关组织的技术支持与技术合作进行技术创新活动，以此寻找或者研发可替代资源，减少矿产与能源资源稀缺性的限制，实现企业的可持续发展。

3. 旅游业资源型中小企业技术创新管理模式

这一模式的优化要点是通过技术创新将企业资源优势转化为顾客体验价值增值，结合企业管理实践分析形成以下优化路径。

路径一：通过合作创新完善资源保护机制。由于旅游业的环境外部性特征，企业需要与环保机构、科研院所以及当地社区共同组成旅游自然资源保护组织，一方面共同承担环境保护和治理的高额成本，另一方面需要建立有效的技术创新合作机制，保证相关技术创新活动的人才、资金、设备等资源的供给以及资源的优化配置，形成合理的利益分配制度，共同完成相关技术研发与更新的任务，加强区域性旅游自然资源的合作保护。

路径二：以客户需求为导向激发企业技术创新思维，开发与优化资源展示的相关产品和服务。旅游业资源型中小企业需要对西部区域旅游业资源产业的发展方向进行战略性分析，对目标客户群体的消费需求进行针对性调研和精确分析，评估自身对资源依赖性程度，据此把握企业技术创新的发展方向，通过引进相关高校与科研机构以及科技企业的技术创新成果、与相关机构建立合作技术创新关系或者自主创新等方式，依托区域旅游资源进行资源保护和资源展示的相关产品与服务的创新与优化，提升客户体验价值，突显企业竞争优势。

路径三：扩展相关业务，促进企业多元化技术创新。旅游业资源型中小企业技术创新管理最终是通过顾客感知价值与顾客体验价值的提升来体现的，因此，企业需要以顾客价值提升为前提进行多元化技术创新活动，一方面依据企业自身技术创新战略规划，更新和优化现有产品，围绕客户需求开发新产品；一方面通过企业与酒店业、餐饮业等配套服务行业内相关企业的项目合作优化企业增加客户感知与体验价值。

7.2　基于企业间合作的技术创新管理模式优化

本书从企业间合作的视角，以技术引进、技术整合和技术创造三个合作层次为标准，形成了不同类别的西部资源型中小企业间合作技术创新管理模式，依据企业间合作技术创新的管理能力和绩效提升方式两个维度，可细分为九种管理模式。由于各个企业间合作技术创新管理模式的合作创新能力层次与绩效提升方式不尽相同，相应的模式优化要点也存在差异，因此需要理清影响各个模式提升与优化的关键影响因素，以此探析西部资源型中小企业技术创新管理模式的优化路径。

7.2.1　优化要点

企业间合作技术创新的技术能力分为技术识别能力、技术协同能力和技术预见能力三个层次，而绩效提升方式的差异将每个层次的合作技术创新管理模式又划分为三种不同的模式。因此，企业间合作视角下的技术创新管理模式的优化关键在于明晰企业间合作关系层次，本节确定了各个模式的合作技术创新能力的层次与优化方向，结合合作创新绩效提升方式形成的模式差异化特征，探析模式优化与提升的路径。

基于技术识别能力的合作技术创新管理模式的共同特征是合作企业技术创新水平及其管理能力处于最基础的技术识别层次，选择这类模式的企业是以引进先进的技术创新资源和成果为主要目标，进行基础的合作技术创新活动。因此，这一模式的优化要点是，结合绩效提升方式分析促进技术创新识别能力强化的关键影响因素以及自身在合作技术创新过程中存在的潜在优势，一方面通过逐步改善关键驱动因素提升企业合作技术创新的识别能力；另一方面，企业在合作技术创新过程中取长补短，逐步深化和发展自身优势，获得企业间合作关系的主动性，并保证企业间合作技术创新的可持续性发展。

基于技术协同能力的合作技术创新管理模式的共同特征是合作企业技术创新水平及其管理能力处于技术整合层次，选择这类模式的企业具有较强的技术协同能力，以企业间技术创新及其管理能力的优势互补为前提选择合作伙伴，并在合作技术创新过程中，通过有效协同获得合作组织技术创新绩效共同提升。因此，这一模式的优化要点是，结合绩效提升方式，分析企业自身技术创新及其管理能力中存在的优势和缺陷，一方面在协同合作过程中巩固和强化企业自身的技术创新能力优势和技术整合能力优势，以促进合作组织技术创新管理绩效的提升以及合作关系的可持续性发展；另一方面，充分利用合作伙伴的技术优势，通过交流、模仿、学习来弥补企业技术短板，突破技术瓶颈，获得技术创新及其管理水平的大幅提升。

基于技术预见能力的合作技术创新管理模式的共同特征是合作企业技术创新水平及

其管理能力处于技术创造层次，选择这类模式的企业和合作伙伴以较强的技术能力基础建立合作关系，通过优势重组培育和强化技术预见能力，预测未来技术和产品发展的趋势并据此进行前瞻性和引导性的技术创新活动。因此，这一模式的优化要点是，结合绩效提升方式以及企业实际情况，从内部结构优化和外部资源利用两个基本方向考虑，选择某一侧重点或者结合两个方面完成优化过程。

7.2.2 优化路径

通过上述研究中对企业间合作视角下技术创新管理模式优化要点的分析和把握，依据企业技术能力水平和企业间合作关系层次，确定合作技术创新管理模式的基本优化方向，并结合各个模式绩效提升方式的差异化特征提出具体的优化路径，如图 7-2 所示。

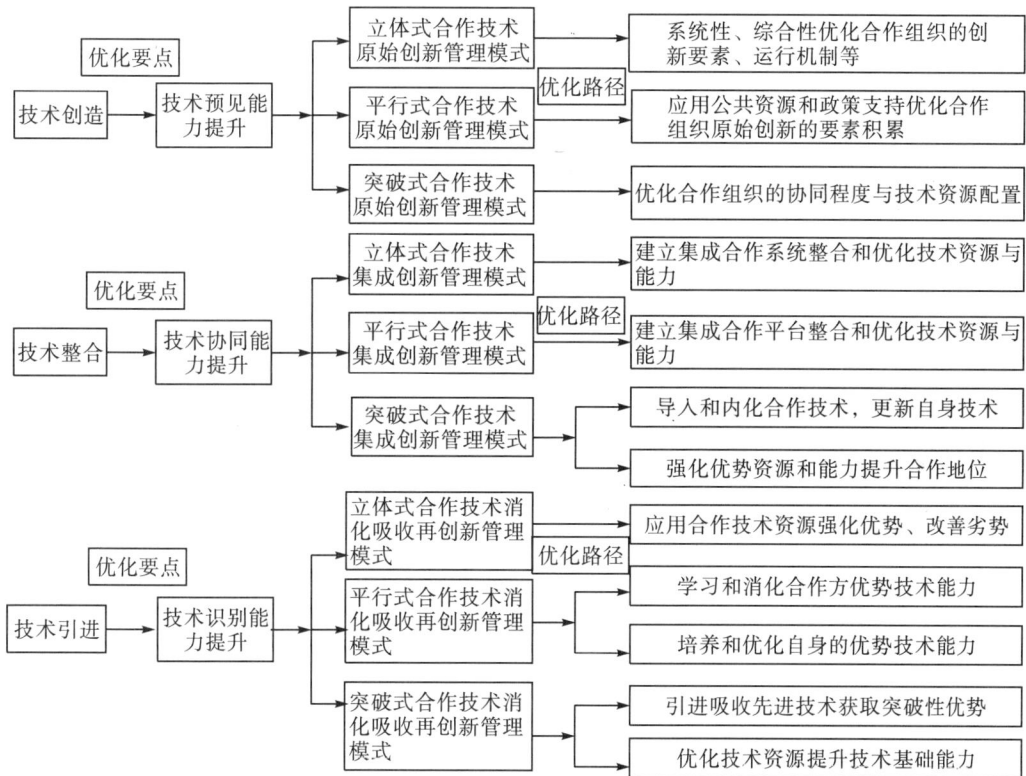

图 7-2 基于企业间合作的西部资源型中小企业技术创新管理模式优化路径结构

1. 基于技术识别能力的合作技术创新管理模式优化路径

依据西部资源型企业间合作技术创新管理模式图(图 5-12)所示，突破式合作技术消化吸收再创新管理模式(1，1)、平行式合作技术消化吸收再创新管理模式(2，1)和立体式合作技术消化吸收再创新管理模式(3，1)的共同特征是合作企业技术创新水平及其管理能力处于最基础的技术识别层次。因此，这一类别的三种管理模式基本的优化方向是优化自身技术识别能力，结合各自的绩效提升方式分析具体的优化要素和方式。

突破式合作技术消化吸收再创新管理模式的核心在于有重点、有选择地引进国外或国内发达地区合作伙伴的优势技术创新资源及先进技术创新成果。选择这一模式的企业可以有两条路径进行优化。路径一：通过技术人员的专业化培训、技术信息资源渠道的拓展、技术研发投入比重的增加等基础性措施增强企业技术实力，亦使企业技术识别能力获得提升，从而提高企业技术选择和引进的成功率。路径二：识别合作方技术创新资源和成果的价值和作用，由企业实际出发，从技术创新的人才、设备、成果等不同侧重点对引进技术进行有效吸收和消化，强化企业技术创新优势，改善劣势，从而提升企业自身技术创新能力，实现技术创新管理模式的优化过程。

平行式合作技术消化吸收再创新管理模式的核心在于利用技术识别能力寻找能与其自身管理能力有机结合的合作伙伴，通过分工协作实现消化吸收再创新的合作技术创新过程。选择这一模式的企业可以有两条路径进行优化。路径一：分析和评估企业自身关键性管理能力的优劣势以确定合作伙伴的选择方向，从自然资源利用效率、市场竞争优势和公共关系基础等多个角度，有针对性的提升企业技术识别能力以及相关管理能力，保证合作伙伴选择的合理性和持续性，并获得合作技术创新绩效的提升。路径二：在合作技术创新过程充分利用合作方独具优势的管理能力以及其他技术创新管理资源和条件，提升自身的技术创新水平以及管理能力，并以此强化合作技术创新关系，提高合作双方的配合程度，从而获得合作技术创新绩效的提升。

立体式合作技术消化吸收再创新管理模式的核心在于建立企业间合作技术创新的战略规划，通过统一协调创新活动和重新配置创新资源，获得企业间合作技术创新组织整体绩效的提升。选择这一模式的企业具体的优化路径为：利用合作技术创新组织的公共平台资源强化自身已经存在的信息服务、技术消化、培训服务等优势，改善自身在技术创新及管理能力中存在的缺陷，在合作技术创新组织进行消化吸收再创新的活动过程保持主导地位，把握组织整体的发展方向并保证合作技术创新整体绩效的持续性提升。

2. 基于技术协同能力的合作技术创新管理模式优化路径

依据西部资源型企业间合作技术创新管理模式示意图（图 5-12）所示，突破式合作技术集成创新管理模式（1，2）、平行式合作技术集成创新管理模式（2，2）和立体式合作技术集成创新管理模式（3，2）的共同特征是合作企业技术创新水平及其管理能力处于技术整合层次。因此，这一类别的三种管理模式基本的优化方向是优化自身技术协同能力，结合各自的绩效提升方式分析具体的优化要素和方式。

突破式合作技术集成创新管理模式的核心在于企业以技术协同能力优势，通过导入和内化合作伙伴的关键技术，有效整合合作个体的技术优势，取得在关键技术领域的技术突破。选择这一模式的企业可以有两条路径进行优化。路径一：分析企业所拥有的专业化技术人才、技术研发资金、技术信息、相关公共服务等技术创新资源的现状，依据企业技术实力优化某一项或者几项优势资源，强化企业的技术创新能力以及合作中所处的技术优势地位，从而有效整合自身与合作企业的技术优势并实现合作技术创新绩效的提升。路径二：企业在整合合作伙伴技术优势的过程中，通过技术导入和技术内化同步吸纳消化合作方的优势技术，在提升合作组织整体技术创新能力的同时，以快速学习和选择性模仿的方式实现自身技术的更新和升级。

平行式合作技术集成创新管理模式的核心在于企业利用技术协同能力优势，将合作个体从技术到管理能力的所有对企业间合作技术创新绩效有影响的要素全部予以整合，重新进行优化配置与集成。选择这一模式的企业具体的优化路径为：从技术创新及其管理能力、自然资源利用能力、市场竞争能力和公共关系运作能力等方面分析企业与合作方的优劣势，以协同发展的理念和互惠互利的原则，以合作技术创新整体效益最大化为目标，依据各合作伙伴的专长优化资源配置，通过合作个体的有效协同形成相关要素相对最优的分工合作体系，从而实现合作组织技术创新总体实力的优化提升，并为组织内个体的交流、学习和模仿提供平台。

立体式合作技术集成创新管理模式的核心在于企业运用和拓展自身技术协同能力，整合所有技术创新管理相关领域的合作企业间的优势，围绕着合作各方的协同这一核心开展企业间合作技术集成创新的管理活动。选择这一模式的企业具体的优化路径为：与合作伙伴通过高效的技术整合与能力协同建立各层面优势要素集成化、系统化的合作技术创新组织，形成一个在技术、市场、资源和公共关系等各个领域均处于相对领先地位的综合性合作组织，并通过组织内优势要素的系统化集成获得相应的集成效应进而提升合作技术创新组织的整体绩效。

3. 基于技术预见能力的合作技术创新管理模式优化路径

依据西部资源型企业间合作技术创新管理模式示意图（图 5-12）所示，突破式合作技术原始创新管理模式（1，3）、平行式合作技术原始创新管理模式（2，3）和立体式合作技术原始创新管理模式（3，3）的共同特征是合作企业技术创新水平及其管理能力处于技术创造层次，因此，这一类别的三种管理模式基本的优化方向是优化自身技术预见能力，结合各自的绩效提升方式分析具体的优化要素和方式。

突破式合作技术原始创新管理模式的核心是企业依据自身的技术预见能力，在合作技术创新的资源配置方面引导技术发展，使合作技术创新组织的技术创新能力获得快速增长和突破的机会。选择这一模式的企业具体的优化路径为：分析自身技术预见能力的优劣势，确定合作技术创新方向以及组织内个体所承担的创新任务和责任，建立合理的合作关系结构和资源配置方案，优化组织内企业间合作关系的协同程度，提高人才、资金、信息和设备等技术创新相关资源的利用效率。

平行式合作技术原始创新管理模式的核心是企业通过合作技术创新，通过企业间协同作用形成比较稳定的合作关系，并共同完成原始创新的要素积累基础。选择这一模式的企业具体的优化路径为：依据自身在自然资源利用能力、市场竞争能力和公共关系运作能力等管理能力方面所具有的优势，合理利用政府部门、科研机构、金融机构、行业协会等相关组织的公共资源和政策支持来促进和优化合作组织进行原始创新的要素积累。

立体式合作技术原始创新管理模式的核心是依据自身较强的技术预见能力，对技术更新与自然资源、市场竞争以及企业技术能力等要素间的平衡关系做战略性规划，并据此进行原始型合作技术创新活动。选择这一模式的合作企业间形成一个包含众多创新要素的原始创新系统，因而其优化路径为：以系统的理念优化合作组织内部结构，建立创新要素间的有机联系，提高组织内资源利用效率以及整体合作技术创新效率。同时，以合作组织内所有企业共同利益最大化的原则建立合理的利益分享机制，保证合作技术创新组织发展的稳定性，并最大程度降低合作风险。

7.3 基于能力的技术创新管理模式优化

构成企业能力体系的自然资源获取能力、技术创造能力和市场整合能力能够反映企业技术创新管理能力水平，本书以三个能力维度的不同强弱组合，形成三种资源型中小企业技术创新管理模式，即基础型技术创新管理模式、类能力组合型技术创新管理模式（分为技术突破型和市场引导型两类管理模式）和战略规划型技术创新管理模式。由于构成各个管理模式的能力组合强弱程度不尽相同，相应的模式优化要点也存在差异，因此需要理清影响各个模式提升与优化的关键影响因素，以此探析西部资源型中小企业技术创新管理模式的优化路径。

7.3.1 优化要点

企业能力视角的技术创新管理模式是以自然资源获取能力、技术创造能力和市场整合能力三项能力维度的强弱组合为标准划分的，其管理模式的优化要点在于，巩固和强化自身已经具有的能力优势，开拓和改善相对较弱的能力，综合性的提升技术创新及其管理能力。

基础型技术创新管理模式的突出特征是自然资源获取能力、技术资源整合能力和市场整合能力都相对较弱，由此组合形成的技术创新能力处于比较基础的阶段，因此，这一模式的优化要点是，改变企业当前各种技术能力维度普遍偏弱的局面，争取在某一个或几个创新能力维度方面得到根本性改善，形成自己独特的竞争优势。由此分析，基础型技术创新管理模式理论上可以从技术创造能力和市场整合能力两个维度的优化形成相应的优化路径，企业根据自身的发展情况灵活选择任意一条路径进行突破，从而实现从基础型技术创新管理模式过渡到类能力组合型技术创新管理模式的优化过程。

技术突破型技术创新管理模式的突出特征为，本身的技术能力强，需要借助其他的企业来合作开拓市场。从技术创新能力的维度分析，表现为市场整合能力弱，技术创造能力和自然资源获取能力强，企业技术创新能力提升与发展的瓶颈在于市场整合能力维度存在的劣势。因此，这一模式的优化要点是，保持技术创造能力和自然资源获取能力的优势，提升市场整合能力，通过三项能力维度的平衡发展，完成从类能力组合型技术创新管理模式过渡到战略规划型技术创新管理模式的优化过程。

市场引导型技术创新管理模式的突出特征是借助外源科研院所、大学来提高自身的技术创新与资源的高效利用。从技术创新能力的维度分析，表现为技术创造能力弱，自然资源获取能力和市场整合能力强。企业技术创新能力提升与发展的瓶颈在于技术创造能力维度存在的劣势。因此，这一模式的优化要点为：合理的利用自身自然资源获取能力和市场整合能力的优势，提升技术创造能力，通过三项能力维度的平衡发展完成从类能力组合型技术创新管理模式过渡到战略规划型技术创新管理模式的优化过程。

7.3.2　优化路径

依据上述企业能力视角下技术创新管理模式优化要点的分析，各类模式的总体优化趋势表现为基础型技术创新管理模式通过技术创造能力或者市场整合能力的提升优化转变为类能力组合型技术创新管理模式，类能力组合型技术创新管理模式则是通过提升自身相对较弱的能力优化转变为战略规划型技术创新管理模式，各个模式优化与转变的本质在于技术创造能力或者市场整合能力由弱到强的演变趋势，如图 7-3 所示。

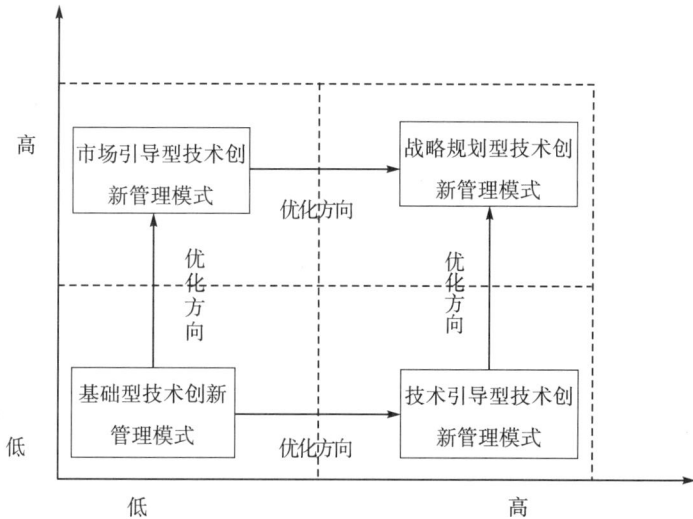

图 7-3　基于行业特征的西部资源型中小企业技术创新管理模式优化路径结构

1. 基础型技术创新管理模式的优化路径

结合西部资源型中小企业技术创新管理实践，基础型技术创新管理模式可以从两个方向优化。

路径一：通过提升技术创造能力向技术引导型技术创新管理模式优化，具体而言，企业可以紧密依托相关领域的科研院所和大专院校，充分利用其在人员、科技力量方面的优势，寻求强大的科技后盾和技术支撑，弥补自身在技术创新源方面的不足。共同构建资源型企业技术创新平台、知识创新平台、技术传播平台等，不断提高自身的技术创造能力，延长企业拥有技术的寿命。

路径二：通过提升市场整合能力向市场引导型技术创新管理模式优化，市场整合能力是资源型中小企业获取核心竞争优势的关键性能力，凭借企业组织规模小、专业化程度高、组织结构相对简单、决策迅速果断、信息沟通快且失真小、监控管理费用低等特点，配合较快的市场应变速度，以较高的效率根据市场需求及时组织力量进行研究开发，使企业产品或技术能在短时间内形成较强的竞争力。

2. 市场引导型技术创新管理模式的优化路径

结合西部资源型中小企业技术创新管理实践，市场引导型技术创新管理模式的优化方向是通过提升技术创造能力向战略规划型技术创新管理模式发展。

路径一：分析国家为西部资源型产业技术市场提供的政策保障，充分利用各项技术市场优惠政策创造的宽松环境，通过参与公共机构与中介机构组织的技术交流与合作、科技攻关、人才交流等活动，提升企业的技术创造能力，使企业技术创新成果顺利流入市场。

路径二：为企业技术创新营造良好的文化氛围。创新能力的提升需要科研人员的团结合作，通过内部学习和积累的过程，提高企业技术创新能力。为此，企业要加强对研发组织的管理，运用现代信息技术提高企业技术信息的相互沟通，使相关人员能及时充分地实现信息交流，建立起和谐、快速、高效的企业内部吸收和同化机制。

路径三：积极主动地参与到产业技术创新的活动中去，开展与其他企业和部门的广泛交流与合作，并考虑将企业设立在各地的资源类产业群当中，产业内整体科技化提升企业技术资源创新能力。

3. 技术突破型技术创新管理模式的优化路径

结合西部资源型中小企业技术创新管理实践，技术突破型技术创新管理模式的优化方向是通过提升市场整合能力向战略规划型技术创新管理模式发展。

路径一：针对企业市场整合能力的劣势与问题，投入相应的人才、资金、信息设备等资源进行基础性优化，通过精准的市场调研和需求分析，利用自身技术优势及时组织力量进行研究开发，使企业产品或技术能在短时间内形成较强的竞争力。

路径二：依托于自身技术创新能力和自然资源获取能力的优势，寻求与自身优势形成互补的、具有较强的市场整合能力的企业形成合作关系，弥补自身在市场资源方面的不足。共同构建资源型企业技术创新平台、知识创新平台、技术传播平台等，与合作企业形成能力上的优势互补和双赢的局面。

7.4　技术创新管理模式集成系统的构建

面对复杂多变的竞争环境、技术创新周期日益缩短以及不断涌现的非连续技术变化等环境现状，出于技术创新管理的复杂性和多样性特征以及西部资源型中小企业技术创新管理模式在应用实践中的重要性考虑，仅从行业特征、企业间合作和企业能力等单一的视角探讨技术创新管理模式，不能满足企业全面提升技术创新管理能力、发展可持续性技术创新的需要。因此，本书从集成的思想出发，按照从宏观环境到企业间层面再到企业内部的逻辑顺序，综合考虑影响资源型中小企业技术创新管理模式优化的关键因素，并在此基础上构建技术创新管理模式集成系统，通过核心因素在系统中的有效集成以及相应集成效应的获得，完成西部资源型中小企业技术创新管理模式的优化过程。

7.4.1　技术创新管理模式的可集成性

集成从一般意义上可以理解为两个或两个以上的要素（单元、子系统）集合成为一个有机整体的过程。这种集成不是要素之间的简单叠加，而是要素之间的有机组合，即按照某一(些)集成规则进行的组合和构造，其目的在于提高有机整体(系统)的整体功能。集成区别于一般性汇聚活动的关键在于，集成强调主体经过主动的优化，选择搭配，以最合理的结构形式结合在一起，最终形成一个由适宜主体组成的优势互补、相互匹配的有机整体。从本质上来看，集成是一个主动寻优的过程。因此，西部资源型中小企业技术创新管理模式的优化可以从集成的理念出发，通过各个关键影响因素所对应模式的有效集成，并获得相应的集成效应来完成西部资源型中小企业技术创新管理模式的优化过程。

　　集成不是要素一般性结合的简单过程，技术创新管理模式的集成需要考虑在环境特征、企业间合作和企业能力三项单因素影响下对应模式形成集成的可行性条件，即集成主体之间为了达到有效集成而存在的关联度(同质度、相关度)及融合度的联系。由于集成主体无论是基于环境特征还是企业间合作或者企业能力的技术创新管理模式，其承载体都是西部资源型中小企业，而目标也都是实现企业技术创新管理模式的优化，而集成主体对于共同目标的认同与追求使其相互间能够相互弥补其功能上的不足或缺陷，能够以互惠为前提更好地实现各自的功能。

　　综上，各单因素影响下的技术创新管理模式具备可集成性，而集成活动属于系统综合与系统优化的范畴，以系统理论为基础构建集成系统是要素实现有序、综合性集成的重要方法。因此，为了实现技术创新管理模式的有效集成，需要将行业环境特征、企业间合作和企业能力三个视角下的技术创新管理模式的要素、结构、功能等通过相互间非线性作用整合生成高效的综合性集成系统，从而使单因素影响下的管理模式在系统中实现有效集成并获得相应的集成效应。结合西部资源型中小企业技术创新管理实践分析，技术创新管理模式集成系统的建立是从全面性和综合性的角度考虑西部资源型中小企业技术创新管理的整体优化，是通过提取原各单一视角下对应的技术创新管理模式中对西部资源型企业技术创新管理起关键影响作用的要素，以系统的思想整合各个视角下不同层次的技术创新管理模式影响要素，使其相互之间以最合理的结构形式结合在一起，最终形成一个由适宜要素组成的、优势互补的集成系统，并通过系统整体集成以及系统内部各层次的有效集成，实现西部资源型中小企业技术创新管理模式的优化过程。

7.4.2　技术创新管理模式集成系统结构

　　由于技术创新管理模式具有可集成性，且其有效集成的过程亦是技术创新管理模式获得系统综合性优化提升的过程，因此，结合西部资源型企业技术创新管理实践来研究技术创新管理模式集成系统的构成要素。一方面从集成的角度分析各单一视角下技术创新管理模式的关键影响因素并考虑其优化作用，另一方面也为技术创新管理模式集成系统的构建奠定基础。根据一般系统论的观点，集成系统是指在特定的集成环境中，通过相应集成机制的规范和约束作用，集成单元之间以一定的集成界面连接，并选择适宜的集成模式形成集成体的过程。因此，集成环境、集成界面、集成单元、集成机制以及集成模式共同构成集成系统的五大关键要素。

7.4.2.1　集成环境

从一般性的企业管理角度来看，对于某一具体的集成系统来说，集成环境是对系统起重要影响作用的宏观环境和产业环境。宏观环境主要包括政治、经济、社会、技术环境。而产业环境则主要是指影响系统集成的产业发展的成熟程度及竞争程度。哈佛商学院教授亨利·切斯布洛（Henry Chesbrough)研究提出，具有高创造力的企业不能从自身技术创新过程中获益的根本原因在于其封闭式的技术创新模式，由于过分地强调对技术成果的控制而拒绝外部环境中相关组织的支持和协同作用，导致很多研发项目因自身的能力限制而被搁浅。技术创新管理模式集成系统处于快速变化的外环境之中，其自身的运行架构也是呈动态开放状态。这是因为，随着管理要素的增多以及管理视域的拓展，管理环境的动态变化趋势日渐明显，加之世界范围的经济一体化，使得各种资源的流动更加频繁；信息技术的发展，则使企业面对的信息量也急剧膨胀，整个外界环境正处于一种瞬息万变、动态开放的格局之中。面对这样的一种形势，集成管理同样只有保持动态开放的姿态才能顺应潮流。

由于技术创新管理集成系统动态化、开放性的特征，西部资源型中小企业技术创新管理活动中需要充分考虑包括政策、经济、社会、自然等多方面环境的变动因素。技术创新管理模式集成系统的环境因素极易通过系统的交互作用而内在化。考虑到西部资源型中小企业在资源获取、企业规模、技术能力等方面的限制，这些宏观因素，如社会经济发展水平、政策法规、竞争、市场需求状况等，会因企业所处行业特征的不同而存在较为明显的差别，而不同行业企业的技术创新活动也存在较大差异。行业的性质不仅包括行业竞争激烈程度及行业产品生命周期等，更主要的是结合资源型企业特点，如何加强对自然资源的集约利用，提高资源利用效率，是其适应环境要求的最集中表现。

近年来，我国提出以建设资源节约型和环境友好型社会为目标优化经济结构和转变经济增长方式，这为西部地区农业、矿业、旅游业等资源型产业的结构优化和可持续发展带来了重大的战略机遇，亦为资源型企业与关联组织进行技术创新集成提供了良好的政策环境。从产业环境来看，随着西部大开发战略进程的持续推进，西部地区经济高速增长，资源型产业作为地域性支柱产业亦获得了长足发展，需要通过技术创新提高生产能力和管理水平，由传统粗放式生产方式向精细化生产方式转变。因此，系统与外部环境中的支持性组织进行有效的集成，并依托行业特征加强对资源的经济、高效、生态、集约利用，对于西部资源型中小企业技术创新管理模式优化过程的实现具有重要意义。

7.4.2.2　集成界面

集成界面是指集成系统中各项要素之间的交互状态和联接关系，或者说是集成系统内各要素之间、系统内与系统外相关要素之间物质、信息与能量传导交换的媒介、通道或载体。集成界面是集成关系形成和变化的基础，具有传输和有序性形成等功能。一般而言，集成系统功能的实现和有效发挥是通过界面来实现的，集成要素间能否形成高效的传递信息、物质、能量的界面以及界面的有序化是集成体功能能否实现及有效发挥的关键。

集成系统的有序性形成是集成主体通过集成界面的界面协议划定了集成单元所具有

的权利、义务的内容和方向。这些协议对集成单元及系统的边界进行明晰地阐述。在技术创新管理模式集成系统中，集成要素的信息、物质、能量等是通过各个层面的集成界面实现相互交流和传递过程的。以西部资源型中小企业技术创新管理模式的集成为核心，技术创新管理模式集成系统由内而外划分为企业内部、企业间以及系统环境三个层面，在系统内各个层面之间以及各个层面上的不同单元之间都存在相应的集成界面，作为连接不同集成单元以及不同集成层面的媒介，应该有序交流和传递系统整体集成和各层面、各单元集成过程所需的各种信息、资金、技术等资源和能量。

集成系统中，企业内部层面能力集成界面是指在企业技术创新管理过程中，自然资源的获取能力、技术创造能力和市场整合能力三项核心能力因为集成活动而进行的信息传递、资源分配与共享、流程设定等连接体或交流平台。

企业间合作集成界面则主要包括以行业技术创新水平提升以及技术创新成果应用为目的，在相关企业间形成的战略联盟、技术合作、集群发展等方式来完成企业间的优化集成活动。不同的合作集成方式存在与之一一匹配的特定的合作协议，包括各种集成方式下的企业成员之间的信息传递、资源分配与共享、技术创新成果应用等集成界面的确定。

优化集成系统运行过程中需要与其所在环境之间进行资源、信息、能量的交换和传递活动，因而亦存在大量集成界面。主要包括集成环境中为系统的顺利运行提供技术、政策、资金、信息等支持的环境组织单元，以促进西部资源型中小企业技术创新管理模式的集成为目的，建立专业的科研技术成果共享机制，建立相关的协同性组织、联盟，形成专向的资金流通渠道，提供专业的信息交流平台等等。

7.4.2.3 集成单元

集成单元是构成集成系统的基本单位，是形成集成系统的基本物质条件，决定系统的功能特征。在相对结构较为复杂的集成系统中，不同的层面或者标准下存在有多个不同形态特征的集成单元。集成单元作为构成集成关系的基本要素，具有相对性和层次性。系统中集成单元可以成更低一级的集成单元，相对不可分（没有必要划分下去）的集成单元称为基本集成单元。技术创新管理模式集成优化系统主要形成了包括企业内部、企业间以及系统环境三个层面，因此系统内不同的层面中存在着相应的集成单元。

技术创新管理模式集成系统中，企业内部层面技术创新管理的优化主要是依靠影响西部资源型中小企业技术创新管理的关键能力，通过有效集成获得提升并完成优化的过程。因此，优化系统中企业层面的集成单元为资源型中小企业的技术创新管理能力，由自然资源的获取能力、技术创造能力和市场整合能力三项核心能力形成基本的能力单元，通过集成活动完成企业内部层面的技术创新管理优化过程。

技术创新管理模式集成系统中，企业间层面技术创新管理的优化原理是以技术创新活动为主导，形成关联的企业之间，通过资源和技术等方面的合作集成获得共赢并完成优化过程。因此，优化系统中企业间层面的集成单元为依托技术承接或者产品承接而形成关联的相关资源型企业。

技术创新管理模式集成系统外部环境层面的技术创新管理优化则主要是外部环境中对系统运行过程起重要支持性作用的相关组织，通过提供资源和技术等方面支持条件的有效集成并完成优化过程。因此，优化系统外部环境层面的集成单元为政府部门、高校、科研机构、金融机构和中介组织等为系统提供政策、技术、资金和信息等支持条件的单位和组织。

7.4.2.4　集成机制

集成机制是指集成系统的存在理由和治理原则，是集成系统生存的基础。集成系统存在的理由并不列举集成系统要做的最重要的事情，或者它希望达到的目标，而是确定了集成系统必须处理的基本事情，以证明集成系统的存在，包括集成系统构建的充分条件和必要条件。当必须做出困难的权衡时，这种存在的理由将支持集成单元做出对集成系统的具有最大贡献的决策。治理原则确定了什么东西处于系统外部，并且对系统内部的集成单元建立了全面的约束，治理原则清晰地确定了行动的边界，帮助集成单元在所需要的自由与明晰的方向之间找到平衡。存在的理由和治理原则帮助集成系统建立起某种决策原则，为集成单元和集成界面的选择提供依据。

技术创新管理模式集成优化系统存在的条件在于，与西部资源型中小企业技术创新管理密切相关的主体以及企业内部核心组织，基于技术创新管理模式的优化这一目标的认同和追求，通过共同的集成目标形成主体间的同质性、相关性以及融合性，从而为各个主体形成有效集成创造了基本的关联性条件。结合西部资源型中小企业技术创新管理实践分析，技术创新管理对企业可持续成长具有重要意义，选择和应用适合企业成长现状的技术创新管理模式，并通过模式优化形成企业可持续发展的竞争优势是西部资源型中小企业顺利成长的关键。

技术创新管理模式集成优化系统的治理原则主要要求企业从集成的理念出发，结合技术创新管理、系统理论、战略管理等管理理论，运用各种先进的管理工具和手段，遵循优势互补的指导思想，创造性地应用于西部资源型技术创新管理实践之中。具体而言，技术创新管理模式集成系统是按照由内到外的逻辑，综合考虑影响西部资源型中小企业技术创新管理模式形成的重要组织和影响因素，以系统论的观点将其看作集成环境下处于运动状态的、由多个可以相互区别、相互联系又相互作用的多要素组成的、为达到整体目标而存在的系统。集成系统以优化为目标，使系统内各个要素单元有效集成为一个整体以获得相应的集成效应，并通过系统内企业内部层面、企业间层面以及系统外部环境层面的分别集成和整体集成，实现西部资源型中小企业技术创新管理模式的优化过程。

7.4.2.5　集成模式

集成模式是指集成单元之间物质交换与信息交流等互动联系的方式，既反映集成单元之间关系，也反映集成单元之间能量交换关系。按照集成的方式，集成模式分为互惠型集成、互补型集成和聚合重组集成。

集成优化系统中，企业内部影响技术创新的各项要素所形成的集成单元一般为聚合重组型集成模式，即以企业技术创新为主导，通过集成作用改善集成单元的功能，经过聚合重组形成相互交融集成体。企业内部核心能力的集成模式选择，以自然资源的获取能力、技术创造能力和市场整合能力作为技术创新集成优化系统企业内部层面的集成单元，以企业技术创新及优化为主导，应用聚合型集成模式，通过集成作用获得单元的功能改善，并通过企业内资源整合、流程优化等管理界面形成积聚企业竞争优势的集成体，从而以企业内部层面的能力集成实现企业技术创新的优化过程。

以技术创新为主导形成集成关系的资源型企业间的合作集成模式主要为互补型集成模式，即当某一集成单元的优势恰恰是另一集成单元的劣势时，互补就成为集成单元形成集成体的条件。由于西部区域技术基础薄弱、技术能力不足，资源型产业内优势互补的关联企业通过合作集成实现整体的技术创新优化，是西部资源型企业实现技术创新集成优化的重要路径。结合西部资源型企业技术创新实践，在技术创新集成优化系统的产业环境层面上，企业间合作集成的基本思路是，资源型企业在相关企业中选择与自身优劣势互补的企业，在追求自身效用最大化的同时，保持技术创新整体优化这一目标的相容或兼容，以优势互补的集成模式完成相关主体间合作集成。集成单元根据自身优势的异质性，结合资源的互补性，通过协议、契约以及合作平台等显性或隐性的相关集成界面形成优势互补、风险共担、要素水平多向流动的互补型合作集成。企业间合作在技术创新的互补型集成方面主要表现为两个方面，一是通过人员、资金、设备等有形资源以及知识、技术、专利等无形资源在相关企业间的共享，形成企业资源上的优势互补；二是通过相关企业核心能力交流合作，形成技术创新能力的共同提升。因此，通过互补型集成建立企业间合作关系，资源共享和能力互补，突破了各相关企业在技术创新资源以及核心能力方面的局限性，并节约研发时间，提高成功概率，通过交流、共享和合作，提升产业整体技术创新水平。

资源型企业以及整体产业与宏观环境中的支持性组织形成互惠型集成模式。宏观环境中，以政府部门、高校和科研机构、金融组织和中介机构等为西部资源型企业技术创新活动提供关键性支持的组织作为系统集成单元，通过建立提升西部资源型企业技术创新水平这一共同的集成目标，以政策实现、科研实践、资金流通和信息交流等集成界面为联系，建成本层面单元与单元之间，以及单元与系统核心单元（即资源型企业）之间的互惠型集成模式，表现为：与提升西部资源型企业技术创新水平相关的宏观环境层面各单元组织，以政府部门为引导相互集成。一方面提升组织自身的业务能力、管理水平和组织绩效，另一方面为西部资源型企业技术创新集成优化提供了良好的环境支撑。例如相关高校和科研机构为企业提供理论性的研究成果，为资源型企业节约了大量技术创新活动的研发费用；同时，企业将理论性的研究成果应用于实践，也为科研院所的理论研究提供了检验标准和实际价值。

7.5　技术创新管理模式的集成优化路径

从集成的思想出发，构建西部资源型中小企业技术创新管理模式集成系统，按照由外到内的逻辑，综合考虑行业特征、企业间合作和企业能力对西部资源型中小企业技术创新管理模式优化的重要影响作用，对原有的各个单一视角下的技术创新管理模式进行优化和选择搭配，使其相互之间以最合理的结构形式结合在一起，最终形成一个由适宜要素组成的、优势互补的集成系统。因此，西部资源型中小企业技术创新管理模式的优化过程就是技术创新管理模式集成系统实现整体性有效集成以及系统内部各层次的有效集成。

7.5.1　系统构建框架

由于技术创新管理模式的有效集成会形成聚集效应、速度效应和综合效应，因此，以行业特征、企业间合作和企业能力三个视角下的西部资源型中小企业技术管理模式为集成主体，以由外到内的逻辑综合考虑支持环境、企业间合作以及企业内部的能力体系等运营主体，通过上述集成环境、集成界面、集成单元、集成机制以及集成模式五项系统要素的分析，构建技术创新管理模式集成系统，这是实现西部资源型技术创新管理模式优化与提升过程的有效路径。技术创新管理模式集成系统结构图如图 7-4 所示。

按照从外到内的逻辑，技术创新管理模式集成系统由三个集成层面构成，即环境层面的支持集成、企业间层面合作集成和企业内部层面能力集成。由于资源型企业的行业环境对于其技术创新管理活动具有较大差异的影响，系统内环境层面的支持要素分析中综合考虑了农业、矿业、能源业和旅游业四个典型行业的关键影响因素，探讨了对技术创新管理模式集成优化系统在运行过程中起到支持性作用的系统外组织，主要包括政府部门、高校及科研机构、金融机构和中介组织，从政策、技术研发、资金和信息方面向系统提供必要的支持。政府部门作为支持层中的统领组织，为系统整体层面的技术创新管理集成活动提供相应的宏观政策支持，通过财政投入、税收减免等优惠性政策和倾向性政策，鼓励西部资源型中小企业技术创新管理的顺利进行。高校和相关的科研院所通过相关科研工作为系统提供技术支持，中介组织则为系统的顺利运行提供必要的信息传递，相关金融机构则为系统的顺利运行提供专项扶持政策资金保障。

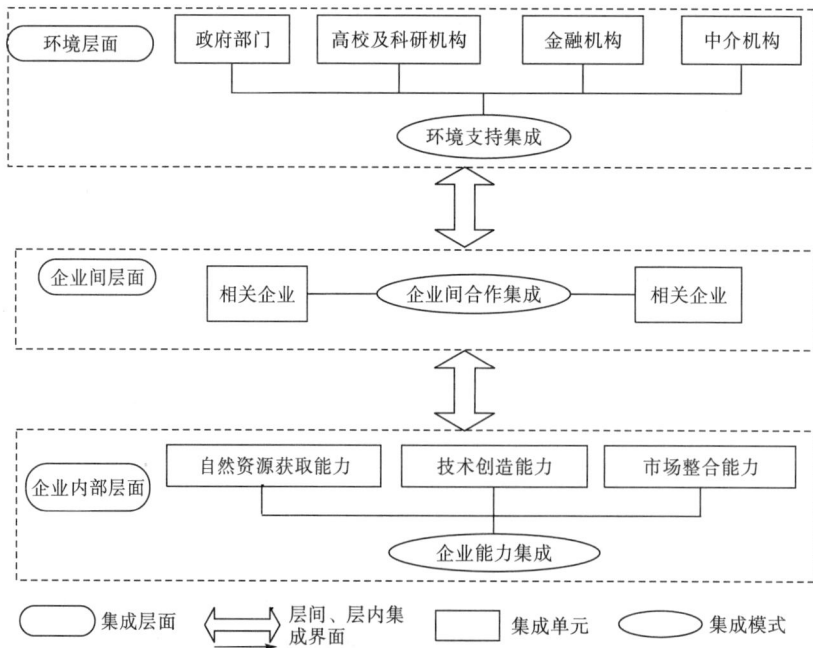

图 7-4　技术创新管理模式集成系统结构图

我国的资源型企业大都集中在资源丰富的西部地区，但受技术禀赋分布性的影响，西部地区整体技术基础薄弱，技术能力不足。出于西部资源型中小企业技术创新管理的现状分析，技术创新管理模式集成优化系统中企业间层面的合作集成是系统的关键部分。企业能力界定为企业所拥有的，具有独特性、价值性、不可替代性、不可交易性、延伸性的物质资源，以及组织对企业拥有的资源、技能、知识的整合创新能力。对于资源型企业，从资源应用的角度来看，自然资源的获取能力、技术创造能力和市场整合能力共同构成资源型企业技术创新管理能力体系。企业内部层面的能力集成是技术创新管理模式集成优化系统的基础，也是系统的核心部分。

7.5.2　系统集成路径

集成与集成管理理论的基本思想是将具有某些公共属性的要素选择搭配，以最合理的结构形式结合在一起，最终形成一个由适宜要素组成的优势互补、相互匹配的有机整体，从而达到整合增效的目的。西部资源型企业技术创新集成优化系统从宏观到微观选择各个层面的功能单位作为集成对象，通过各单元在系统内有机、协调地集成作用而发挥整体效益。系统优化的内在动因在于：将单项因素作用下技术创新管理模式的要素、结构、功能等通过其相互间非线性作用整合生成高效的综合性新模式。西部资源型企业依据技术创新管理模式集成系统探析影响企业不同层面要素的集成路径，完成企业技术创新优化过程。

7.5.2.1　环境支持集成

西部资源型中小企业技术创新管理的复杂性和协同性导致技术创新管理模式集成系统具有较为明显的动态开放性特征，技术的复杂性和企业技术环境的动态演化使得企业必须由原来的封闭式技术创新管理模式转向寻求外部环境层面相关组织的支持进行集成式技术创新管理。系统内企业是技术创新、产品生产的实施主体，系统所在的环境层面集成主体主要包括政府部门、科研机构、中介组织和金融机构，以企业为出发点和重心，大学和研发机构是人才和技术的提供主体；政府是政策支撑主体，也是引导环境内相关支持性单元完成横向集成优化过程的主体；金融机构是资金的提供主体；中介机构是企业、大学与研发机构信息沟通及中介服务主体。各集成主体相互作用，通过集成体系形成互动效应。在环境层面的四大集成主体中，每个主体单元各自的地位和作用如图 7-5 所示。

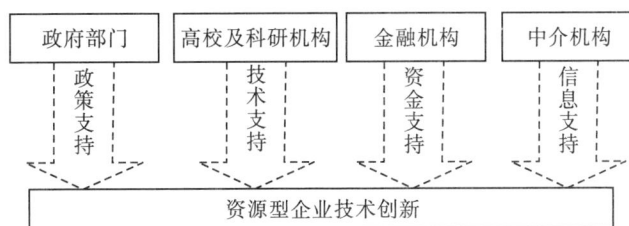

图 7-5　系统宏观环境支持集成示意图

1. 政府部门的政策支持

目前，我国西部地区市场化程度不高的情况下，资源型中小企业技术创新管理的环境集成体系主要还是靠政府来搭建。由于我国从计划经济体制向市场经济体制过渡，市场引导尚不成熟，政府在政策引导、舆论发动、体制和机制以及政策引导等方面启动集成体系。政府在法规政策的建立及实施、政府指令或行政手段的运用、财政投资等方面具有决定性的引导作用和关键性地位，因此西部资源型企中小业需要实时关注国家相关的科技政策、产业政策、财政政策、金融政策、人才培养政策等，从而随时进行战略调整。随着国家西部大开发战略进程的持续推进，各级政府都建立了新型管理体制和运行机制，为西部资源型中小企业的发展创造了相对较为宽松的政治环境、法律环境和政策环境，提供了先进的基础设施，并且为其他驱动元素在西部资源型中小企业技术创新集成中起到了引导或推动作用，甚至为部分产品的应用创造了市场需求。鼓励采取多种模式，相关企业群体内建立技术创新服务中心，强化信息服务、产品开发、设计示范、培训服务等功能，搭建关键共性技术和行业技术支撑平台，支持和服务于西部资源型中小企业群体的技术创新及其管理活动。

2. 高校及科研机构的技术支持

科研机构是知识创新的主体，能为资源型企业源源不断地提供知识创新的成果、高新技术人才，是企业技术创新的重要来源，一般具有较强的技术创新能力和较高的成长速度。企业在研究市场需求的同时，研究大学科技界的科研动态，选择能面向市场需求提供技术支撑的研究群体作为阶段性合作伙伴。这种合作关系促进了技术创新与市场需求的有效结合，推动了高新技术的商品化和产业化，缩短了产品开发的周期。企业也吸纳大学输送的人才，包括吸引研究生参与企业新产品开发，加强自身的研发能力。大学与科研院所作为宏观环境层面的集成主体，是技术和人才的提供者，为西部资源型中小企业技术创新管理模式优化提供主要的技术支持。目前国际上一些经济发达的国家和地区已经有类似的实施方案，例如美国北卡州立大学校园通过建立"世纪科研园"，直接把一些与研究相关联的小型企业请到校园中来，学校和公司不仅都能在紧密地合作中获利，同时也加快了科研成果转换成产品的过程。韩国则通过建设以大学为中心的合作研究园区、制定和设立科学研究中心、工程研究中心和地区合作研究中心等一系列措施来促进基础、应用与开发之间，地区之间，学科之间的合作研究，并通过建立地区合作开发支援团来加快区域的高新技术产业化。

3. 金融机构的资金支持

企业的发展都离不开金融支持和投融资体系的高效运转。一般而言，金融支持分为两个方面，一是以政府部门专门设置的政策性金融机构为主的金融信贷支持，例如我国的农村合作信用社以及其他合作银行、储蓄银行等；二是民间金融组织也逐渐进入金融市场并占据一席之地。当前西部地区顺应经济环境的变化，不断引进商业银行，为创新企业提供流动资金贷款；发展以民间资本为主体的风险投资事业，扶持创新企业实现高速增长；引进投资银行，推动企业走向资本市场；不断引进中介机构，活跃企业的投融资行为，建立多层次的投融资体系综合协调快速发展至关重要。金融机构的主权是通过调整货币供应，在需求层次上引导企业的技术创新活动，包括向风险企业家提供风险投资，为研发活动提供低息的政策资金，为新技术、新产品的使用者提供金融政策等多种形式。目前，为破解中小企业融资难问题，西部地区出台很多政策，例如成都市成立的"四川中小企业融资超市"，形成常年为中小企业提供融资服务的公共平台；重庆市财政专门拿出 7000 万元，各区县财政配套 1 亿元，为产品发展前景好、有市场、有效益的中小企业协调新增贷款；甘肃则通过设立甘肃省中小企业发展基金，用于中小企业创业辅导和企业孵化以及信用担保、人才培训、自主创新等方面。这些金融机构的建立为西部资源型中小企业技术创新提供了资金方面的有力支持和保证。

4. 中介组织的信息支持

中介组织对市场需求和技术价值有敏锐的判断力，企业的生存和发展更是取决于面向市场的技术创新能力。中介组织是聚集新创企业，为中小企业的生存与成长配置所需资源和共享服务的系统空间，增强了培育企业和配置资源的意识。与西部资源型中小企业技术创新管理相关的中介组织包括投资咨询市场研究、技术信息服务、专利代理、法律服务等各个方面。在实践过程中应注意改变西部地区现有中介机构服务单一、相互脱节、自我发展能力差等状况，促使中介机构如科技担保、评估推介等相互结合，为西部资源型中小企业企业提供多功能、全方位、综合服务。政府可以通过认定资质、委托任务等方式，给予扶持。中介机构的长期生存和发展，应依靠其服务质量和信誉，开办初期应得到政府部门经费支持，但要按照市场规律，引导其在竞争、服务中依靠自身能力求生存求发展，不能由部门长期供养。随着信息时代的到来，应用信息和网络技术整合各种资源成为实体企业未来发展的趋势。西部资源型中小企业应充分利用政府部门支持下的中介机构提供的信息化服务，以重点高新适用技术的创新和应用为着力点，提升企业自身技术创新能力水平以及整体资源型产业中高新技术的功能扩散。

7.5.2.2　合作界面集成

随着各行业市场发展和成熟，企业在产业价值链的构成和协同方式发生重大变化，其中的企业不但数量大幅增加，协同的方式过去仅仅以产品或服务的利益交易，现则逐渐发展成为以战略联盟、优势互补、资源共享、流程对接和文化融合等为特征的深度合作。企业核心竞争力越来越多表现对资源和产业的集成能力，也就是多系统的集成能力。企业间集成主要指沿着行业内核心产品价值链方向上同类或互补性企业之间为追逐共同的市场机遇而形成企业之间的集成。在技术创新管理模式集成系统中，技术创新管理的研究不再局限于企业内部，而更需要考虑依托技术承接或者产品承接而形成关联的技术创新主体，在集成界面的连接作用下，以追求自身效用最大化为前提，通过有效的集成活动与关联主体保持一种目标的相容或兼容，顺利完成合作博弈的过程。合作界面集成结构图如图 7-6 所示。

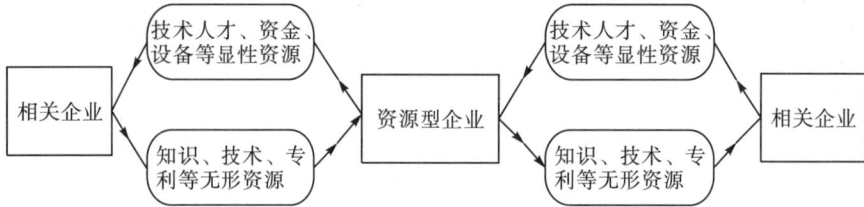

图 7-6　合作界面集成结构图

　　通过集成界面形成合作关系的企业间技术创新的目标主要表现为，通过集成界面形成的交流平台，形成相关知识和成果的有效积累、传承、扩散与增长，从而促进技术创新，并导致生产率的大幅度提高，其方式是通过创新系统的主体构成有效的网络实现互动创新。对西部的资源型企业而言，合作技术创新是提升企业技术能力和竞争力的重要手段。但在做出合作技术创新决策时，企业拥有的资源、技术能力和合作的预期收益都是影响合作模式选择的重要因素。企业的资源能力和技术能力越强，越有能力通过相对松散、建立在合约基础上的非产权合作模式来搭建更为广阔的资源协同和技术协同平台。而对于资金和技术能力普遍较弱的西部资源型企业，产权合作模式仍然是有效降低合作成本和合作风险的重要方式，通过共同成立实体进行密切的研发合作活动，可以使合作双方的资源、技术共享程度达到较高水平，为技术溢出创造便利的条件。与此同时，合作的预期收益越大，企业越有意愿通过产权合作模式来专享丰厚的获利。

　　由于西部区域技术基础薄弱、技术能力不足，优势互补的关联企业通过集成界面形成合作关系，并实现整体的技术创新优化，是西部资源型企业实现技术创新集成优化的重要路径。结合西部资源型企业技术创新实践，技术创新集成优化系统的产业环境层面上企业间合作集成的基本思路是，考虑农业、矿业、能源业和旅游业对资源型企业技术创新影响因素的差异性特征，行业特征影响下的技术创新驱动因素优化的可行性和有效性前提，资源型企业在相关企业中选择与自身优劣势互补的企业，在追求自身效用最大化的同时，保持技术创新整体优化这一目标的相容或兼容，以优势互补的集成模式完成相关主体间合作集成。

　　为了在产业层面形成优势互补的企业间合作集成，系统内这一层面集成单元的选择条件即为，在企业技术创新的研发、使用、推广等方面存在共性，且由于创新资源占有、科研能力水平等方面有差异而存在合作可能性的相关资源型企业。集成单元根据自身优势的异质性，结合资源的互补性，通过协议、契约以及合作平台等显性或隐性的相关集成界面形成优势互补、风险共担、要素水平多向流动的互补型合作集成。企业间合作在技术创新的互补型集成方面主要表现为两个方面，一是通过人员、资金、设备等有形资源以及知识、技术、专利等无形资源在相关企业间的共享，形成企业资源上的优势互补；二是通过相关企业核心能力交流合作，形成技术创新能力的共同提升。因此，通过互补型集成建立企业间合作关系，资源共享和能力互补，突破了各相关企业在技术创新资源以及核心能力方面的局限性，并节约研发时间，提高成功概率，通过交流、共享和合作提升产业整体技术创新水平。

7.5.2.3　能力单元集成

　　企业能力界定为企业所拥有的，具有独特性、价值性、不可替代性、不可交易性、延伸性的物质资源，以及组织对企业拥有的资源、技能、知识的整合创新能力。对于一般性企业而言，企业技术创新活动贯穿于产品概念创造、产品设计、产品制造等各个环节以及企业整体生产工艺与生产方式的更新等各个方面。因此，企业能力是通过由战略能力、知识能力、组织能力等各种能力要素所共同组成的能力体系来体现。

技术创新管理能力是企业能力的一个重要组成部分，是企业组织实施创新战略活动所拥有的，由资源获得与配置能力、产业与技术发展预测能力、企业组织结构和创新文化基础、战略管理能力等众多能力所形成的综合性能力。出于课题研究重心以及研究对象特征的分析，我们认为技术创新管理能力的提升是企业技术创新管理水平提升的直接驱动力，而以资源应用角度的企业自然资源的获取能力、技术创造能力和市场整合能力，共同构成影响西部资源型中小企业技术创新管理的企业能力体系。因此，对于西部资源型中小企业，其技术创新管理能力的提升与技术创新管理模式的优化，需要通过企业能力体系中关键能力的集成作用考虑技术创新管理模式的优化，如图7-7所示。

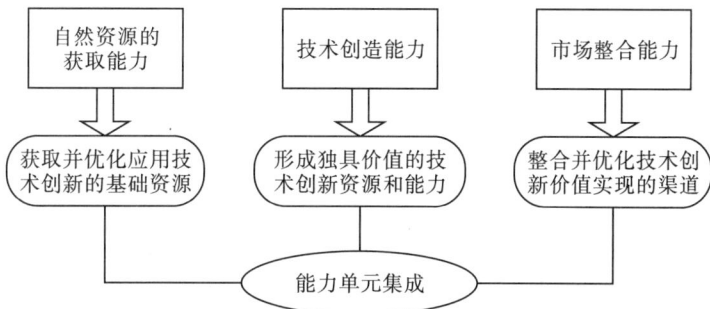

图 7-7　能力单元集成结构示意图

资源型中小企业最突出的特征是自然资源对企业起着决定性作用，自然资源的获取能力是企业在资源应用过程中顺利进行技术创新以及相关管理活动的基础，决定着资源型中小企业能否形成以难以模仿性、独特性、价值性和动态性为特征的核心竞争力。技术创造能力是衡量企业在资源应用过程中技术创新能力的直接体现，是资源型中小企业可持续发展的驱动力。市场整合能力是企业根据自身战略发展目标，通过关系网络、营销策略、经营技巧等对市场资源进行调动和调配，从而对市场资源进行的资源整合的能力，是资源型企业有效利用外援协同力量进行技术创新以及相关管理活动，进而实现企业战略发展目标的保障。

西部资源型企业内部层面技术创新相关能力的集成是整个优化系统的核心。这一层面的集成过程，以自然资源的获取能力、技术创造能力和市场整合能力作为技术创新集成优化系统企业内部层面的集成单元，以企业技术创新管理模式的优化为主导，应用聚合型集成模式，基于集成作用获得单元的功能改善，并通过企业内资源整合、流程优化等管理界面形成积聚企业竞争优势的集成体，从而以企业内部层面的能力集成实现企业技术创新的优化过程。

7.5.2.4　创新机制集成

集成管理作为企业一种全新的管理模式，围绕科技时代的企业特点，强调对资源、技术、知识、组织、人员等各种管理要素进行全方位集成式研究，从而使企业更好地适应科技发展日新月异的环境要求，实现超速成长，并推动经济增长方式的集约化。从理论上看，集成管理可视为现代各种具体管理思想、方法及先进管理技术的一次集成和集合。从实践角度来说，随着各种西部资源型产业的发展以及市场环境的动荡多变，企业实践日益朝着复杂性、动态性、即时性、精密性、知识性等方向发展，竞争的焦点和格局已经与从前大不一样，传统的管理思想及方法日渐落伍，越来越无法满足新的环境背景的要求。随着管理集成理论研究的兴起，大量存在于社会组织和经济组织中的集成现象为深入研究管理集成提供了广泛的素材，多角度、大量的理论研究成果为管理集成的深入研究奠定了基础。

技术创新管理模式集成系统构建是基于日趋成熟的管理集成理论和系统理论，创新性提出的一种与当前时代背景相适应的全新的思路。因此，运用管理集成的思想观点、理论与方法，研究集成系统的内涵、特征、要素、运行机制等，运用科学的理论与方法，深入研究技术创新管理模式的集成式优化相关内容，构建技术创新管理模式集成系统是实现西部资源型中小企业技术创新管理模式优化与提升的重要路径。

技术创新的过程是各种资源要素尤其是知识资源要素的综合运用过程，更是创造性的融合过程。技术创新过程的集成促进了各种资源要素经过优选，并以适宜的结构形成一个有利于资源要素优势互补的有机整体。从西部资源型中小企业技术创新管理实践来看，集成系统的作用机制本质在于，系统外部环境层面中相关支持主体对系统整体的运行形成综合性影响作用；在产业环境层面，通过企业整体的集成活动形成技术创新管理的集成优化过程，即在企业间合作界面的连接作用下，通过企业组织构架的演进、企业间某种形式的合作和联盟等方式形成产业内企业间技术创新管理的集成；而企业内部层面，则是通过企业能力单元的集成活动获得企业技术创新管理的集成优化过程，即通过对优化和集聚影响企业技术创新管理能力的能力单元，促进企业技术创新管理能力提升的技术能力、知识储备、信息传递、资源配置等要素的优化和提升。

7.5.2.5　系统整体集成

根据上述研究，西部资源型中小企业技术创新管理模式集成系统总体来说分为环境、企业间和企业内三个层面，而各个层面的集成单元通过特定的集成界面以合理的结构共同构成的一个整体。因而基于集成系统的思想考虑技术创新管理模式的优化路径，既要考虑包括环境层面的环境支持集成、企业间层面的合作界面集成以及企业内部层面的能力单元集成等一定组织边界内的横向集成，又需要考虑系统内在创新机制集成作用下的各层次间的综合性整体集成。系统整体集成结构如图7-8所示。

西部资源型中小企业技术创新管理模式集成系统的构建原理是从全面性和综合性的角度，考虑企业技术创新管理模式的整体优化，通过上述集成系统的架构、要素分析，以及对系统环境支持集成、合作界面集成、能力单元集成和创新机制集成的相关路径探析，运用系统的思想和集成的原理个集成要素最合理的结构形式存在于系统之中。本书认为，西部资源型中小企业在外部环境和内部集成机制作用下，从企业战略决策层面实施集成，通过对企业内部和企业外部组织的集成，实现技术创新资源要素层面的集成，迅速汇集企业内外的创新资源（如能力、资产、技术、知识等），将技术创新活动有关的各个环节和相关的要素以适宜的形式集成起来，形成一个综合性优化企业技术创新管理的过程。

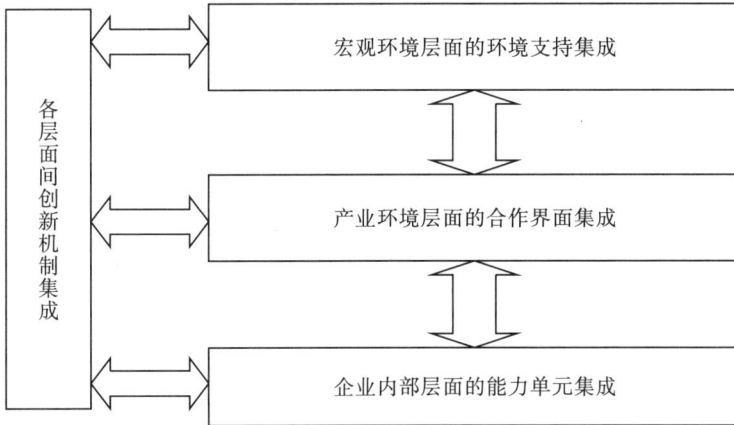

```
┌──────────┐        ┌────────────────────────────────┐
│ 各       │◄──────►│  宏观环境层面的环境支持集成       │
│ 层       │        └────────────────────────────────┘
│ 面                            ▲
│ 间                            │
│ 创                            ▼
│ 新       │        ┌────────────────────────────────┐
│ 机       │◄──────►│  产业环境层面的合作界面集成       │
│ 制                └────────────────────────────────┘
│ 集                            ▲
│ 成                            │
│          │                    ▼
│          │        ┌────────────────────────────────┐
│          │◄──────►│  企业内部层面的能力单元集成       │
└──────────┘        └────────────────────────────────┘
```

图 7-8　系统整体集成结构示意图

　　通过西部资源型中小企业技术创新管理模式集成系统的环境、单元、界面、机制、模式等相关要素，以及集成系统对于企业技术创新管理模式的综合性优化作用分析，结合西部资源型中小企业技术创新管理实践，西部资源型中小企业技术创新管理模式集成优化路径的总体思路是：按照由宏观到微观的逻辑，分别探索分析系统内从外部环境到产业环境再到企业内部各个层面影响要素集成的关键影响要素，探析其优化路径，从而通过系统内逐层进行的综合性集成优化过程完成系统整体优化的过程。

7.6　系统集成优化案例分析

　　为了验证西部资源型中小企业技术创新管理模式优化路径的可行性，本书对甘肃省陇南市田园油橄榄公司进行了深度调研，分析企业技术创新管理现状和特征，从行业特征、企业间合作和企业能力三个视角，分别分析企业技术创新管理模式的优化路径，并依据技术创新管理模式集成系统的研究结论，探析企业技术创新管理模式的综合性集成优化路径。

7.6.1　企业背景与技术创新现状

　　甘肃省陇南市地处长江流域、嘉陵江上游，位于甘肃省东南部。由于西秦岭山系的屏障作用，沿川河谷及缓坡地带形成了温度、降雨量、空气相对湿度和日照等条件适宜的冬暖谷地，为性喜温暖的油橄榄生长提供了良好的气候环境。陇南市于 1975 年引进 38 个油橄榄品种 6 万多株树苗，通过引种试验和示范推广，现已实现规模化栽植。截至2011 年底，陇南市油橄榄种植面积已达到 20 万亩[*]，成为我国油橄榄主产区之一，在油

---

　　*　数据来源：甘肃省陇南市统计局

橄榄产业发展方面形成了明显的资源优势和区位优势。

依托陇南市油橄榄这一独特的优势资源，田园油橄榄公司自 1998 年成立以来，对油橄榄产业进行全方位开发，形成了贸、工、农、研一体化，产、加、销一条龙的经营格局。公司拥有油橄榄种植基地 11000 余亩，栽植优质油橄榄 350000 余株，已有 200000 多株进入盛果期。配套建成了集油品加工、系列产品生产、产品研发为一体的油橄榄综合加工厂一座，进口意大利的"阿法拉伐"榨油流水线加工橄榄油能力达 350 多吨，2011 年实现销售收入 2060 万元。公司组建了专业技术人员和企业管理人员为核心的科研团队，协同中国林科院、英国欧标化妆品有限公司、北京营养源研究所共同开发具有自主知识产权的橄榄油系列产品，形成了"田园品位"食用橄榄油、"田园年华"保健软胶囊和"田园物语"橄榄油系列化妆品等多样化的油橄榄配套产品。

在油橄榄资源获取方面，公司主要采用三种方式：一是以保护价收购当地油橄榄种植户采收的鲜果；二是通过土地流转，果园反租倒包的方式形成油橄榄种植基地，即公司从村集体、农户以土地流转的方式租赁、承包土地，由企业提供技术、物资后倒包给农户经营；三是以合作方式带动农户种植，吸纳产区农民和种植户参与合作经营，即在鲜果收获后，产区农民、行业合作组织以及企业以自产的鲜果数量进行入股，加工企业仅收取加工费，对加工后获得的产品，由企业、农户及行业合作组织共同定价，统一销售。为了维护产品品牌和保证产品质量，公司在政府部门和当地油橄榄协会的协助下，通过组织当地油橄榄种植户参观种植基地，学习种植技术，开设种植培训班等方式进行技术指导和培训工作，提升种植户的生产技术水平，并通过提高油橄榄优良品种鲜果的收购价激励种植户的品种意识。

在配套产品开发与创新方面，公司于 2006 年委托北京市科威华食品工程技术有限责任公司开展科技攻关，现已完成橄榄叶提取物工业生产研究，申报了国家专利。2007 年5 月，产品在甘肃省科技厅通过了油橄榄叶有效成份提取分离纯化技术为"国内领先"的成果鉴定，公司与中科院兰州化物所合作开展对油橄榄叶提取物工业生产技术的深入研究，研究成果于 2010 年经甘肃省科技厅鉴定为"国际先进"，依托本技术，已开工建成年产 50 吨油橄榄叶有效成分提取物生产线。同时公司和西北师范大学等单位合作的"陇南油橄榄资源利用技术研究"成果经甘肃省科技厅鉴定为国际先进。

7.6.2　单一视角下企业技术创新管理模式优化路径

从行业特征的视角分析，田园油橄榄公司属于典型的西部农业资源型企业。依据本书的相关结论，农业资源型中小企业技术创新管理模式的核心影响因素为市场需求和政府政策，技术创新的关键目的在于优化资源以及配套新产品开发，通过资源优势向产品优势的转化形成产品差异化竞争优势。田园公司目前主要是与专业的科研院所、高校以及行业内科技企业合作进行技术创新活动，在行业内并未形成产品差异化竞争优势，因而其优化的方向在于培育企业基于市场需求的技术预见能力和提升企业自主产品创新能力，田园公司行业特征视角的技术创新管理模式优化路径如下。

路径一：通过培育企业技术预见能力，分析油橄榄资源及其配套加工产品的市场机会与需求变动，及时调整和变动产品定位与市场定位，并以此确定企业技术创新的发展方向以及企业产品竞争的差异化优势。

路径二：提升企业自主产品创新能力，对企业自身技术创新的重要资源进行有效组合与优化配置，开发生产出具有全新功能特征的且首次上市的产品，依托品种创新能力优势创造出符合市场和技术发展趋势的全新产品，从而获得产品差异化优势。

从企业间合作的视角分析，田园公司主要是通过委托或者协同专业的科研院所、高校以及行业内科技型企业进行专项研发，或者引进其先进的技术创新资源和成果的方式完成企业技术创新活动。据此判断，田园公司技术创新水平及其管理能力处于最基础的技术识别层次，其技术创新管理与突破式以及平行式合作技术消化吸收再创新管理模式的特征表现相符合。依据本书的相关结论，田园公司企业间合作视角的技术创新管理模式优化路径如下。

路径一：通过引进高素质技术人才、技术人员专业化培训、技术信息资源渠道的拓展、技术研发投入比重的增加等基础性措施提升企业技术识别能力和企业实力，从企业实际出发，引进高价值的技术创新资源和成果，提高企业技术选择和引进的成功率。

路径二：分析和评估企业自身关键性管理能力的优劣势，利用技术识别能力，寻找能与其自身管理能力有机结合的合作伙伴，通过分工协作实现消化吸收再创新的合作技术创新过程，保证合作伙伴选择的合理性和持续性，并获得合作技术创新绩效的提升。

从企业能力的视角分析，田园公司具有较强的自然资源获取能力和市场整合能力，但是技术创造能力相对较弱，与市场引导性技术创新管理模式的特征表现相符合。依据本书的相关结论，田园公司企业能力视角的技术创新管理模式优化路径如下。

路径一：利用企业自身的自然资源获取能力和市场整合能力优势，选择具有全面技术创新能力优势和深厚技术基础的科研院所或者行业内科技企业，应用委托或者协同的方式进行新产品开发，从而获得产品差异化竞争优势，同时在协同合作过程中通过交流、模仿、学习等方式获得自身技术能力的突破与提升。

路径二：培育和提升技术选择和整合能力，考虑油橄榄资源种植与加工的相关技术创新阶段，从企业实际出发选择有发展前景和创新价值的领先技术，整合企业技术创新的优势资源，集中研发这一创新单元，并可以此发展成技术创新骨干业，逐步成为资源型产业链中的技术带头企业。

7.6.3　集成系统内企业技术创新管理模式优化路径

出于企业技术创新战略规划和长远发展考虑，田园公司应基于技术创新管理模式集成系统探析多个视角下的综合性优化路径，即从公司实际情况出发，按照由宏观到微观的逻辑分析，形成企业技术创新管理的集成机制，从环境支持集成、合作界面集成和能力单元集成三个层面探析关键集成要素及其优化路径，从而通过系统内逐层进行的综合性集成优化过程完成公司技术创新管理的整体优化。

根据技术创新管理模式集成系统的结构层次，田园公司从宏观到微观各个层面的技术创新管理现状如下所述。在环境层面，田园公司与环境层面政府部门、科研院所、金融机构和中介组织均有比较良好的协同关系。第一，田园公司作为陇南市油橄榄产业的龙头企业之一，获得市区两级政府以及相关部门在资金和政策方面的较多支持；而田园公司亦与政府职能部门保持良好的沟通，定期汇报公司科研情况，争取政府部门的相关政策支持与帮扶。第二，通过政府部门的关系引导以及公司自身运作，田园先后与中国林业科学研究院、中科院兰州分院、西北师范大学、北京营养源研究所等科研院所，在产品开发和种植方面进行了科学研究，取得了一定的技术创新成果并成功的应用于企业生产实践。第三，公司积极争取农发行陇南支行的在科研项目上的资金支持，减轻公司技术创新资金压力。在企业间层面，田园公司与种植农户间的合作关系较为紧密，配合政府相关科技部门对种植农户进行技术推广和培训，而产品品种创新和结构创新方面，目前仅选择行业内专业的科技企业进行合作。而在企业内部层面，田园公司通过油橄榄种植基地建设，具有较强的资源获取能力，并且通过对种植和采收各流程阶段的控制保证油橄榄资源获取的质量稳定性；田园公司采用在一线城市建立品牌直营店的方式进行产品营销与推广，对于创新产品有一定的销售能力；公司拥有一定的技术创新资源，具备基本的技术识别能力，技术资源的创新能力有待提升和发展。

通过公司技术创新管理现状分析，田园公司基于集成系统的技术创新管理模式优化路径如下所述。

1. 环境层面的环境支持集成路径

路径一：公司应利用企业自身地位和优势，选择具有差异化特征和高附加价值的科研项目，争取政府相关部门的专项政策、资金及其他资源的支持。

路径二：公司应重视当地以及其他区域油橄榄协会等中介机构的相关支持，特别是当地油橄榄协会，一方面作为油橄榄产业关键环节代表的联合组织，具有灵敏的信息资源，对于企业把握技术创新方向具有重要意义；另一方面，协会作为联合政府部门、科研单位、农户组织和龙头企业的纽带，对于企业技术创新成果在产业链上的应用具有重要作用。

路径三：公司在争取国家政策性银行资金支持的同时，也可以考虑与商业银行、以民间资本为主体的风险投资事业进行合作，建立多层次的投融资体系。

2. 企业间层面的合作界面集成路径

路径一：通过订单合约、基地建设等方式，与种植农户间的形成关系更为紧密的合作界面，优化生产链上游的技术创新管理过程。

路径二：随着油橄榄产业链上整体技术水平以及产品市场成熟程度的发展和提升，沿着行业内核心产品价值链方向上同类或互补性企业之间的集成合作将成为未来产业环境下企业技术创新的首选模式。田园公司应该考虑在产业内选择与自身技术创新资源条件形成优势互补的关联企业，通过产品或服务尝试基础性合作创新活动，为未来实现战略联盟、优势互补、资源共享、流程对接和文化融合等方式的深度合作奠定良好的基础。

3. 企业内部层面的能力单元集成路径。

田园公司应保持并发挥资源获取能力的优势作用，通过技术人才、技术设备等技术创新资源引进，以及技术交流、模仿、合作等方式提升企业技术创造能力，通过多渠道的营销体系构建、品牌建设与推广等方式提升企业市场整合能力，并通过三项能力的优化综合作用于公司内外部资源整合、流程优化等技术创新活动的关键环节，从而实现公司内部层面关键能力的集成优化过程。

7.7　小　　结

　　本章分别对行业特征、企业间合作和企业能力视角下的西部资源型中小企业的技术创新管理模式的本质特征和影响因素做了深入分析，结合西部资源型中小企业技术创新管理实践，探析各个视角下技术创新管理模式优化的基本思路，并依据各自的特征分别探讨适合企业发展特征的技术创新管理模式优化路径。本章研究认为，第一，由于资源、技术、市场、组织、环境和政策等技术创新要素对于行业特征视角下三类管理模式的影响各有侧重，因而其优化的基本思路是，逐步改善和优化农业资源型中小企业和矿业、能源业资源型中小企业以及旅游业资源型中小企业的三类技术创新管理模式的关键驱动因素，取得相应的技术创新管理优势并获得长远发展。通过对三类模式本质特征的解析，提出其各自优化的基本思路和方向，并结合各行业企业技术创新管理实践提出相应的优化路径。第二，分析技术引进、技术整合和技术创造三个合作层次标准下的各类别企业间合作技术创新管理模式的本质性特征，提出各类模式优化的基本思路和方向；并在每一类别中依据企业间合作技术创新的管理能力和绩效提升方式的差异性，结合西部资源型企业间合作技术创新实践，对应九种合作技术创新管理模式提出相应的优化路径。第三，由于自然资源获取能力、技术资源整合能力、市场整合能力三项直接影响西部资源型中小企业技术创新能力的要素存在不同程度的组合，因而其管理模式优化的基本方向是巩固和强化自身已经具有的能力优势，开拓和改善相对较弱的能力，提升技术创新及其管理能力。基于这一基本的优化思路，结合企业技术创新实践，分别提出基础型、技术突破型和市场引导型三类技术创新管理模式的优化路径。

　　通过西部资源型企业技术创新管理的复杂性、多样性以及协同性特征分析，本章从集成的理念出发，以技术创新管理、集成管理、协同管理等相关理论为支撑，分析行业特征影响、企业间合作和企业能力等各视角下西部资源型中小企业技术创新管理模式的可集成性，从宏观环境层面、产业环境层面和企业内部层面，全面而综合地考虑影响西部资源型中小企业技术创新管理模式优化的关键因素，解析集成背景、集成单元、集成界面、集成模式和集成环境等集成系统的构成要素，构建西部资源型中小企业技术创新管理模式集成系统，通过集成系统整体优化以及系统内部各层次的有效集成实现西部资源型中小企业技术创新管理模式的优化过程。

　　集成论的出现为企业管理提供了一个崭新的视角，而从集成的理念出发构建技术创新管理模式集成系统，则是从全面性和综合性的角度考虑西部资源型中小企业技术创新管理的整体优化，是对原有的各个单一视角下的技术创新管理模式进行优化和选择搭配，使其相互之间以最合理的结构形式结合在一起，最终形成一个由适宜要素组成的、优势互补的集成系统，并通过系统整体的顺利运行以及系统内部各层次的有效集成实现西部资源型中小企业技术创新管理模式的优化过程。这为西部资源型中小企业技术创新管理模式优化的理论研究和实践应用提供了较为系统化和综合性研究思路。

第八章 结论与展望

我国西部地区资源型中小企业是我国西部地区国民经济发展的重要"助推器"和促进产业升级的"转换器",一方面起着制约并影响国民经济资源关联产业的联动作用,另一方面起着支撑并推动资源产业的升级作用。西部资源型中小企业在推进西部大开发战略加速发展阶段(2010~2030年),承担着充分利用资源优势,培育特色产业,促进产业的生态化,提高产业布局科学化的重任,扮演着非常重要的角色。

本书从复杂系统协同理论出发,在梳理我国西部资源型中小企业发展现状和技术创新管理现状,剖析我国西部地区资源型中小企业技术创新和技术创新管理的特征的基础上,通过广泛的实地调研和严谨的数理统计分析,分别从典型行业特征、企业间合作和企业能力三个角度研究西部资源型中小企业技术创新管理模式及其运作机制,并依据集成思想和系统理论研究技术创新管理模式的优化路径,对于西部资源型中小企业的发展以及其技术创新管理水平的提升具有重要的理论研究意义和实践参考意义。本章将总结归纳本书的主要结论和创新之处,并提出未来的研究方向。

8.1 研究结论

本书从复杂系统协同理论出发,剖析我国西部地区资源型中小企业技术创新和技术创新管理的特征,基于不同的视角构筑西部地区资源型产业不同行业中小企业的技术创新管理模式,并基于集成理论研究技术创新管理模式的优化与提升路径。据此,本研究获得了如下结论和创新点。

通过分析研究,形成以下基本结论。

1. 西部资源型中小企业技术创新管理存在复杂性及协同性的特征

本书以复杂系统理论和协同理论作为技术创新管理模式研究的理论基础,并构建协同技术创新管理系统作为其研究框架。

资源型中小企业技术创新活动本身在技术、层次、过程、环境等多个方面均表现出复杂性特点,加之技术创新管理活动中技术与经济结合的互动性,以及技术创新管理对技术创新绩效的路径模糊性和非因果依赖性,导致技术创新管理的复杂性尤为突出。这种复杂性主要体现在创新决策管理、创新过程管理、创新要素管理、创新组织管理、创新机制管理和创新知识管理中。而应对技术创新管理复杂性的关键是构建协同创新系统。在这个系统中,创新环境、创新主体和主体内部层面各个层次、各个环节、各个创新要素之间联结互动，整合贯通，形成以协同为手段，快速捕捉企业内外部技术机会、有效整合和重构企业创新资源并努力实现创新的管理控制系统。

资源型中小企业协同创新管理系统受到不同层面序参量的引导，形成不同的子系统，在环境层面序参量的引导下形成企业技术创新与环境的协同即环境支持系统，在企业间层面序参量的引导下形成企业间的协同即合作创新系统，在企业内部层面序参量的引导下形成企业内部协同即能力系统。通过系统的协同，资源性中小企业实现子系统之间的共享和互补，使得不同创新要素系统间的差异充分融合和协同，形成合力与动力，推动各子系统协调一致发展，从而使整个资源型中小企业技术创新管理系统按照相互协同的基本规律顺序演化发展。创新系统的构建为西部资源型中小企业技术创新能力提升以及技术创新管理模式的设计提供了理论框架和依据。

2. 不同行业特征对西部资源型中小企业技术创新管理模式有重要的影响作用。

本书通过识别不同行业的技术创新关键驱动因素，提出行业特征差异化驱动下的农业、矿业、能源业和旅游业四个典型行业资源型中小企业技术创新管理模式。

我国西部地区资源型企业主要包括农业资源型、矿业资源型、能源业资源型和旅游业资源型企业四类。本书从上述四个典型行业出发，从研究支撑、激励和保护技术创新的各种内外部环境因素视角，厘清自然资源、技术氛围、市场竞争与需求、组织能力、环境保护、政策等技术创新要素的作用机理，有针对性地提出了不同导向的技术创新管理模式。

针对农业资源型企业，构建"资源优化"导向的农业资源型中小企业技术创新管理模式。该模式的主体是农业资源型中小企业，从源头农业企业以技术实现对传统资源的利用与优化，通过整合科研院所、地方政府、推广机构和农业协会等各类相关资源，促使农业高科技成果沿着技术研发、孵化到大规模产业化经营的路径实现转化和增值。

针对矿产和能源行业企业，构建"资源挖掘"导向的矿业和能源资源型中小企业技术创新管理模式。该模式以企业自身技术为依托，通过资源综合利用、精细化开采和寻找替代资源等生产加工活动，不断提高资源转化率，实现资源型企业的快速发展。

针对旅游产业企业，构建"资源展示与保护"导向的旅游资源型中小企业技术创新管理模式。该模式以所在地域内的自然资源为依托，通过提升顾客体验，依靠营销优化，产品展示优化及加强环境保护等活动，不断提高旅游产品的市场渗透和游客满意度，注重实现产品的顾客体验价值，以支持旅游企业可持续发展。

3. 企业间合作对西部资源型中小企业技术创新管理具有重要的影响作用

本书基于企业间合作的视角，通过企业合作技术创新管理的动机、模式和绩效研究提出西部资源型中小企业间合作技术创新管理模式。

结合西部资源型中小企业合作技术创新的发展现状和存在的问题，基于市场结构因素、自然资源因素、技术能力因素和政府政策因素等关键要素分析西部资源型企业间合作技术创新的动机、模式和绩效。将企业间合作技术创新管理能力分为技术引进、技术整合和技术创造三个层次，并在影响西部资源型企业合作绩效的外部因素、内部因素和企业间合作关系导向的三维空间中提出突破式的提升路径、平行式的提升路径和立体式的提升路径。

以技术创新管理能力和绩效提升路径为维度提出西部资源型中小企业合作技术创新管理模式，共划分三大类型九种模式。第一大类型是基于技术识别能力的消化吸收再创新管理模式，具体模式可分为突破式消化吸收再创新管理模式、平行式消化吸收再创新管理模式和立体式消化吸收再创新管理模式；第二大类型是基于技术整合能力的集成创新管理模式，具体模式可分为突破式集成创新管理模式、平行式集成创新管理模式和立体式集成创新管理模式；第三大类型是基于技术预见能力的原始创新管理模式，具体模式可分为突破式原始创新管理模式、平行式原始创新管理模式和立体式原始创新管理模式。

4. 企业能力对西部资源型中小企业技术创新管理模式的选择具有重要的影响作用

本书基于企业能力的视角，通过解析西部资源型中小企业技术创新管理的关键能力体系提出不同能力维度组合下的企业技术创新管理模式。

构建西部资源型中小企业的能力体系，包含作为资源型中小企业核心竞争力根基的自然资源获取能力、作为资源型中小企业可持续发展驱动力的技术创造能力和作为资源型中小企业实现战略发展目标保障的市场整合能力，并根据这三种能力不同强弱程度的组合，构建企业能力视角下西部资源型技术创新管理模式。

一是基础型技术创新管理模式，其特征为：自然资源获取能力弱、技术创造能力弱和市场整合能力弱。这种模式下，企业要外部依靠政府的正确引导，建立完善的技术创新管理服务体系，使中介服务机构参与提供资源型中小企业的支撑性服务。

二是类能力型技术创新管理模式，其特征为：市场整合能力弱，技术创造能力和自然资源获取能力强；或技术创造能力弱，自然资源获取能力和市场整合能力强。前者是技术突破型技术创新管理模式，该模式资源型中小企业本身的自然资源获取能力强，需要借助其他的企业来合作开拓市场。后者是市场引导型技术创新管理模式，该模式资源型中小企业借助外源科研院所、大学来提高自身的技术创新与资源的高效利用。

三是战略规划型技术创新管理模式，其特征为：自然资源获取能力强，技术创造能力强和市场整合能力强。这种模式下，资源型中小企业产品技术逐步进入成熟化，同类企业的产品以相同或相似的资源技术优势逐步进入市场，市场竞争日趋激烈。资源型中小企业要进行统筹规划，以战略调整、战略的重新定位并实施战略管理，发现市场的新机会，并迅速抢占市场，形成行业壁垒，形成技术优势以及技术创新能力优势。

5. 不同视角下西部资源型中小企业技术创新管理模式的集成优化具有可行性

本书分别探析行业特征、企业间合作和企业能力三个视角下技术创新管理模式的优化路径，并通过构建集成系统对西部资源型中小企业技术创新管理模式进行综合性优化。

本书分别对行业特征、企业间合作和企业能力三个不同视角下西部资源型中小企业技术创新管理模式的本质特征和影响因素进行分析，结合企业实践探析影响技术创新管理模式优化的关键点，探讨适合企业发展特征的优化路径。西部资源型中小企业根据自身技术创新管理现状以及企业资源的约束条件，考虑短期内对企业技术创新管理有关键影响作用或者能够使企业获得重大技术突破的因素，从行业特征、企业间合作和企业能力中选择适宜的角度,选择并确定适用于当前企业技术创新特征的管理模式,并基于此分析模式的优化要点和相应的优化路径,实现企业短期内在某一特定方面对自身技术创新管理模式的优化和提升。

出于技术创新管理的复杂性和多样性特征以及西部资源型中小企业技术创新管理模式在应用实践中的可行性考虑,本书从集成的理念出发,以技术创新管理、集成管理、协同管理以及一般系统理论等相关理论为支撑,综合考虑影响西部资源型中小企业技术创新管理模式优化的宏观环境、产业环境以及企业内部三个层面的关键因素,构建技术创新管理模式集成系统,并探析集成系统内各个层面的集成优化路径,以期通过集成系统的顺利运行以及系统内部各层次的有效集成实现西部资源型中小企业技术创新管理模式的优化,为企业实现技术创新管理水平的跃升以获得可持续创新发展提供一种全新的思路。

8.2 主 要 创 新

本书立足于企业微观视角,综合考量区域与产业的宏观因素,基于西部资源型中小企业发展现状以及技术创新管理现状,创新性地从多个角度探讨了适用于西部资源型中小企业的技术创新管理模式。本书的创新之处主要体现在以下几个方面。

(1)系统性思维的运用。基于系统整体的观点对技术创新管理展开协同研究。作为一个较新的研究领域,目前学术界的相关研究基本上还处于理论探索分析阶段,本书在深入分析技术创新管理的复杂性及协同理论在技术创新管理中应用的基础上,梳理并探讨了影响西部资源型中小企业技术创新管理的各个层面的因素,并以协同理论中的序参量概念构建了以环境支持系统、企业合作系统、企业内部系统为支撑的企业协同技术创新系统,从而形成了协同技术创新管理模式框架体系,为我国西部资源型中小企业进行协同技术创新提供了具有实践指导意义的参考框架。

(2)多层面的研究视角。从不同的视角研究西部资源型中小企业技术创新管理的主要特征、影响要素和运行机制,多角度构筑了资源型中小企业技术创新管理模式。基于典型行业视角探索自然资源、技术氛围、市场竞争与需求、组织能力、环境保护、政策等要素对西部资源型中小企业技术创新管理的作用机制,并据此提出了分别适用于农业资源型、矿业资源型、能源业型、旅游业中小企业的技术创新管理模式;基于企业间合作视角探索分析市场结构因素、自然资源因素、技术能力因素和政府政策因素等关键要素对西部资源型企业间合作技术创新的动机、模式和绩效的影响机制,以技术引进层次、技术整合层次和技术创造层次的三种企业间合作技术创新管理能力和突破式、平行式和立体式三种企业间合作绩效提升路径为维度构筑适用于不同技术能力水平和企业间合作关系层次的合作技术创新管理模式;基于企业能力视角研究提出以自然资源获取能力、技术创造能力和市场整合能力共同构成的西部资源型中小企业能力体系,并基于不同能力维度组合构筑适用于不同企业能力水平的技术创新管理模式。上述研究为我国西部地区不同行业领域、不同发展阶段的资源型中小企业技术创新管理的提升和优化提供了多角度、多方位的指导。

(3)集成管理思想的运用。基于集成管理思想构建了技术创新管理模式集成系统。综合考虑影响西部资源型中小企业技术创新管理模式优化的宏观环境、企业间合作关系以及企业内部三个层面的关键因素,从全面性和系统性的角度考虑了西部资源型中小企业技术创新管理的整体优化,通过集成系统的整体运行以及系统内部各层次的有效集成实现西部资源型中小企业技术创新管理模式的整体优化,为西部资源型中小企业技术创新管理水平和绩效的有效提升并获得可持续创新发展提供了一条可行的、系统化和综合性的路径。

8.3   研究启示及应用价值

面对巨大的环境与竞争压力,虽然目前资源型中小企业已经意识到只有通过开展技术创新才能获得竞争优势,但是还很少有企业能够系统地进行技术创新环境的识别、合作机制的建立以及创新能力的培育,更未系统地就企业技术创新管理所应遵循的模式进行深入研究。本书基于复杂性理论、协同理论、系统理论、技术创新管理理论和集成管理理论等方面的最新研究成果,结合西部资源型中小企业发展现状以及技术创新管理实践特征,理性认识现实中存在的诸多问题,从多层面多角度深入剖析了西部资源型中小企业的技术创新管理活动,得出了有价值的研究结论,获得了有意义的研究启示。同时,本书所提出的基于系统集成的技术创新管理模式,充分考虑了我国西部资源型中小企业的地域特征和经营特点,因循技术创新管理活动的固有规律和轨迹,通过整个创新集成系统的合理构建、协调发展和有效调控,有针对性地解决资源型中小企业创新实践中对创新资源认识不足、创新协作不力以及自身创新能力低下、创新机制不健全等一系列突出问题,以切实提升企业的技术创新绩效,为西部资源型中小企业技术创新管理的理论研究和实践活动开辟一条有效路径,并为政府制定环境与创新政策、诱导资源型中小企业积极主动地开展创新活动提供理论依据和决策参考,因而具有重要的应用价值。

8.3.1   多视角理性选择创新管理模式

出于技术创新管理的复杂性和多样性特征以及西部资源型中小企业技术创新管理现状与问题考虑,西部资源型中小企业技术创新管理模式的选择需要基于企业的发展现状和实际需求综合考虑行业特征、企业间合作和企业能力等多个方面。企业在技术创新管理实践过程中可以通过客观分析自身行业特征、合作技术能力与企业能力,选择适合的技术创新管理模式以促进企业全面提升技术创新管理能力,并实现可持续性技术创新发展。

1. 从典型行业的视角选择适合的技术创新管理模式

根据本书获得的结论,在分析典型行业特征的基础上,提取了支撑、激励和保护技术创新的六项重要影响因素,即自然资源、技术氛围、市场竞争与需求、组织能力、环境保护、政策等要素对于不同行业中企业技术创新管理活动的作用力呈现差异性。因此,西部资源型中小企业可以根据自身的行业特征分析各驱动因素的影响层次和程度，并选择相应的技术创新管理模式。

（1）农业资源型中小企业技术创新管理的关键驱动因素为市场需求和政府政策，因此可以选择构建"资源优化"导向的农业资源型中小企业技术创新管理模式，即以农业资源型中小企业为主体，通过整合科研院所、地方政府、推广机构和农业协会等各类相关资源，以技术创新进行资源优化，将资源优势转化为产品优势，通过产品创新形成差异化竞争优势。从而在多方主体的共同研发、应用和推广作用下，促使农业资源型技术创新成果沿着技术研发、孵化到大规模产业化经营的路径实现转化和增值，进而以技术推进西部农业资源型产业对传统资源的综合集约性利用与优化。

（2）矿业、能源业资源型中小企业技术创新管理的关键驱动因素为自然资源和政府政策，因此可以选择构建"资源挖掘"导向的矿业和能源资源型中小企业技术创新管理模式，即以西部矿产和能源业资源型中小企业自身的技术为依托，通过技术创新推进资源综合利用、精细化开采和寻找替代资源等生产加工活动的进行，实现矿产和能源资源的深度挖掘，并获得资源转化率的持续提升，从而将资源优势转化为低成本竞争优势，实现西部矿业和能源业资源型中小企业的快速发展。

（3）旅游业资源型中小企业技术创新管理的关键驱动因素为政府政策和资源因素，因此可以选择构建"资源展示与保护"导向的旅游资源型中小企业技术创新管理模式，即西部旅游业资源型中小企业以所在地域内的自然资源为依托，通过技术创新成果在资源展示与资源保护中的有效应用提升顾客体验，依靠营销优化、产品展示优化及加强环境保护等活动，不断提高旅游产品的市场渗透和游客满意度，注重实现产品的顾客体验价值，从而将资源优势转化为顾客体验价值增值与优化，实现西部旅游资源型中小企业可持续发展。

2. 从企业间合作的视角选择适合的技术创新管理模式

本书通过实证分析论证了企业间合作技术创新是促进西部资源型中小企业技术创新能力与创新绩效提升的重要方法，而企业间合作技术创新绩效与企业拥有的自然资源因素、技术能力因素和政府政策因素都呈正相关关系。因此，对于西部资源型中小企业而言，通过客观评价自身与合作方内外部的相关技术创新资源与能力的条件，选择适合双方技术创新管理现状与企业成长的合作模式，可以有效提高企业间合作技术创新管理绩效。

（1）通过分析各影响因素，科学预测合作伙伴合作动机。在西部资源型企业间的合作技术创新过程中，正确选择合作伙伴是合作成功的重要前提。参与企业的合作动机越复杂，越会增加合作的障碍。西部资源型中小企业进行合作技术创新之前首先需要根据合作企业市场结构、自然资源、技术能力和政府政策等因素的评估来预测其参与合作的动机。一般而言，既拥有自然资源和市场竞争优势，又具有良好的政府关系及政策支持的资源型企业，其参与企业间合作技术创新的战略动机相对较强。而对于希望通过企业间合作技术创新与合作伙伴共同提高研发效率的企业往往具有较好的政府关系和政策支持，同时具有自然资源优势，但其技术能力水平往往不高。具有市场竞争优势的企业，如果其技术条件和政策条件都不好时，往往更希望通过企业间合作技术创新来学习合作伙伴的先进技术和知识。因此，对于大多数中小规模的西部资源型企业，要想寻找到忠实的合作伙伴来实现提升研发效率或学习先进技术的目标，除非能够提供非常丰厚的合作利益，否则应尽量避免选择在各方面都远优于自身的合作企业。

（2）正确认识政府政策的影响，制定积极的合作技术创新政策。政府部门对促进西部资源型中小企业技术能力进步、提升区域企业技术竞争力等具有重大的促进作用，但是，区域相关政策对于西部资源型企业间合作技术创新方面，尤其是资源和技术不占优势的中小企业的鼓励作用还很有限。当前，西部区域地方政府的鼓励政策和合作技术创新绩效评估往往以某些有形指标做参考和指标，如企业规模的扩大、利润的提高、纳税的增多、专利的获取等，忽视了企业间相互学习和技术交流的重要性，限制了企业从根本上解决自身技术创新能力不足的问题。西部资源型企业对于区域经济发展的意义重大。西部地区各地方政府应该充分认识到积极引导资源型企业间开展合作技术创新的重要性，制定切实有效的相关政策，积极引导企业间的合作技术创新行为向有利于企业技术创新效率提升、利于企业技术竞争力培养、利于国家和地方经济繁荣的方向发展。

（3）重视企业各项条件的优化，提高企业间合作技术创新绩效。西部资源型中小企业应该通过科学合理地、可持续地开发和利用自身所拥有的自然资源来获取更好的自然资源条件，培养企业的资源优势；或者通过在合作技术创新中获得的知识和技术溢出的消化、吸收和转化能力的培养提升企业自身技术能力，获得企业的技术优势，进而创造出更具技术含量和市场前景的创新产品；另外，企业也要重视对各级政府相关政策的学习和解读。西部资源型中小企业只有通过上述努力优化自身的各项关键因素，才可能在企业间合作技术创新中取得优势地位，在企业间合作技术创新的成果分配上起主导作用。

3. 从企业能力的视角选择适合的技术创新管理模式

本书通过相关理论文献分析和西部资源型中小企业实地调研，发现并验证了以自然资源获取能力为核心竞争力形成基础、技术创造能力为可持续发展动力、市场整合能力为战略目标实现保障的西部资源型中小企业能力体系，而这三项关键能力不同强弱程度的组合形成了差异化的企业技术创新能力水平。因此，西部资源型中小企业应该依据能力体系对自身的三项关键能力的强弱程度进行客观评估，并以此为依据选择企业能力视角下适应企业技术创新能力水平与企业成长的技术创新管理模式。

（1）不具优势能力的西部资源型中小企业。这一类企业的突出特征是自然资源获取能力、技术创造能力和市场整合能力都相对较弱，直接表现为自然资源获取的质量和数量都相对有限，技术创新能力和技术综合能力水平相对较低，同时销售网络不够健全，产品的市场占有率较低，产品知名度较低，新产品或技术的配套服务不够成熟等状况。这类企业应该应用企业能力视角下的基础型技术创新管理模式，即在企业内部通过制度规范进行合理化和高效化的基础管理，改变企业当前各种技术能力维度普遍偏弱的局面，争取在某一个或几个创新能力维度方面得到根本性改善，形成自己独特的竞争优势；外部则依靠政府的正确引导，建立完善的技术创新管理服务体系，使中介服务机构参与提供资源型中小企业的支撑性服务。

（2）具有一定优势能力的西部资源型中小企业。这一类企业的突出特征是市场整合能力弱，技术创造能力和自然资源获取能力强；或技术创造能力弱，自然资源获取能力和市场整合能力强。两类企业都能够获取质量标准和数量供应相对稳定的所需自然资源，前一类企业优势在于自身技术创新能力和技术整体水平较强，但是需要借助其他机构和组织协同开拓市场。这类企业需要应用企业能力视角下技术突破型技术创新管理模式，即在保持技术创造能力和自然资源获取能力优势的前提下，突破市场整合能力劣势导致的企业技术创新能力发展的瓶颈，通过三项能力维度的平衡发展获得该类型西部资源型中小企业技术创新管理能力和绩效的提升。后一类企业的优势在于，对有关市场资源配置和整合的能力较强，直接表现为市场占有率和市场竞争力都较强，但是企业自身技术创新能力和技术水平相对较弱。这类企业需要应用企业能力视角下市场突破型技术创新管理模式，即在保持自然资源获取能力和市场整合能力优势的前提下，突破技术创造能力劣势导致的企业技术创新能力发展的瓶颈，通过三项能力维度的平衡发展获得这类型西部资源型中小企业技术创新管理能力和绩效的提升。

（3）具有全面优势能力的西部资源型中小企业。这类企业的突出特征是自然资源获取能力、技术创造能力和市场整合能力都相对处于优势地位，应该选择企业能力视角下战略规划型技术创新管理模式，在西部资源型中小企业整体产品技术逐步进入成熟化。同类企业的产品以相同或相似的资源技术优势逐步进入市场，市场竞争日趋激烈的现状下，要充分利用企业各项能力优势，进行统筹规划，以战略调整、战略的重新定位并实施战略管理，发现市场的新机会，并迅速抢占市场，形成行业壁垒，并保持企业在这一领域中小企业群体中的技术优势和领先地位。

8.3.2 多种保障支撑体系协同运作

西部资源型中小企业技术创新管理过程中需要不断地与环境之间进行能量、物质、信息的交流，这些创新资源的协同运作构成创新保障支撑体系，可以改善资源型中小企业技术创新环境，从而有效提升企业技术创新管理绩效并获得可持续发展，具体而言，主要是通过建立资源型中小企业人才和资金的多元化协同保障机制来确保与促进企业技术创新资源的获取和管理能力的提升。

1. 建立多元化协同的西部资源型中小企业技术创新资金保障体系

基于西部资源型中小企业发展现状和技术创新管理现状分析，资金是制约企业技术创新管理水平提升的最突出的问题，而中小企业内部有限的资金资源限制了技术创新资金投入的比例。因此，西部资源型中小企业技术创新相对更依赖于外部资金的支持。当前，企业外源性资金的渠道主要包括政府(或其他社会团体)资助、股权融资、债务融资。据此，建立政府部门、科技部门与金融机构共同形成的多元化协同保障机制能够有效的改善西部资源型中小企业技术创新管理中面临的资金困境，具体而言，多元化协同的资金保障措施有以下几个方面。

（1）鼓励探索科技金融支持方式的多样化，可以由政府部门组织和倡导，联合科技部门与金融机构共同组织和创新支持企业技术创新管理的资金专项发放方式，实现西部资源型企业、金融、政府和社会多赢共利的目标。例如，鼓励西部资源型中小企业与风险投资相关机构以及政府部门组建的科技类担保机构合作获取创新基金，利用科技与金融的合作形成西部资源型中小企业技术创新管理的支撑平台。

(2)建立西部资源型中小企业的贷款担保制度。西部资源型中小企业由于规模与资产相对有限,往往较难获得银行的贷款支持,因此需要由政府部门出资设立资源型中小企业技术创新专项贷款的担保基金或者组织成立专门的担保机构,从而有效地降低商业银行贷款风险,并促进金融机构以及相关民间组织资金的合理利用,对西部资源型中小企业技术创新管理形成有力的资金支持。

(3)建立合理的信用评级和监督体系。西部资源型中小企业资金获取的一大障碍在于企业信用程度的限制,因此,需要由政府部门组织审计机构、担保机构和金融机构等相关单位共同投入西部资源型中小企业信用记录信息与信用等级评定标准以及相关监督体系的建设,以此培养和建立资源型中小企业良好的信用环境,并为金融机构提供透明化、标准化的企业信用状况,减少金融部门资金风险的同时降低企业风险资金的获取成本。

2. 建立多元化协同的西部资源型中小企业技术创新人才保障体系

技术创新人才匮乏是制约西部资源型中小企业技术创新管理水平提升和企业成长的重要因素之一,引进高层次领军技术人才和培养适宜企业发展需求的核心技术人才已成为当前西部资源型中小企业人才保障的重心。因此,建立多元化协同的西部资源型中小企业技术创新人才保障体系,要以企业的技术人才需求为基准,需要政府部门在宏观规划与专项政策制定中予以战略性引导,以及人才培养、科研机构等相关组织进行多元化协同合作,以此改善西部资源型中小企业技术创新管理中面临的人才匮乏问题,具体而言,多元化协同的人才保障措施主要包括领军技术人才引进机制和核心技术人才培养两个方面。

(1)战略性引导、多元化协同的领军技术人才引进机制的形成。出于西部地区地理位置与经济环境以及中小企业资源有限性特征的考虑,高层次领军技术人才的引进需要政府部门制定优惠性和鼓励性政策予以宏观层面的战略引导。例如,针对企业设置西部资源型中小企业技术创新人才引进的专项扶持资金、贷款或奖金,鼓励企业引进高层次的技术创新人才;或针对人才流动设置地域差异化的补贴性政策,鼓励高端技术人才向西部地区发展。而这一过程中需要相关的科研院校和人才培养机构等组织与企业进行紧密合作,通过多元组织的协同作用共同形成西部资源型中小企业技术创新领军技术人才引进机制。

(2)从企业实际需求出发协同培养实践性核心技术人才。在技术创新人才保障机制的战略性引导下,可以通过在高等学校和科研机构中设置面向西部资源型企业技术创新人才专项培训的偏应用型课程,或者通过企业与高等院校共同建立的专业化技术创新项目的实习、实训基地等措施,建立起以企业的实际需求为导向,科研院校、人才培训机构等组织协作发展的西部资源型中小企业技术创新人才培训机制。

8.4　研究展望

目前,高新技术企业技术创新以及技术创新管理模式在国内已进行了广泛深入的研究，同时，对于西部煤炭及农牧资源等各类资源型企业的可持续发展研究也有着较为丰富的研究成果，但将两者结合起来，对我国西部地区资源型企业尤其是中小企业的技术创新和技术管理模式进行研究，目前尚处于空白。本书正是基于我国西部资源型中小企业现状为现实起点，以技术创新协同理论为逻辑起点，探讨资源型中小企业的技术创新管理模式，并进行技术创新路径的优化和设计。课题组设计和规划的技术创新管理模式，将会对我国西部地区资源型中小企业技术创新能力的提高、技术创新绩效的提升起到积极的推动作用。但是，资源型中小企业技术创新及技术创新管理模式的研究，是"行业性"和"区域性"特点突出的研究领域，这也意味着为了使得本书设计的技术创新管理模式在我国数量众多的西部资源型中小企业中推广应用，并真正创造出显著的经济效益和社会效益，必须围绕该主题进行必要的延伸和更广泛的研究。

（1）资源型企业技术创新的开展与区域经济的发展紧密联系，应有效利用经济学与生态学等理论，构建起有利于资源型中小企业开展技术创新的产业生态环境，在当前大型资源型企业控制甚至垄断技术创新活动的前提下，如何有效地营造创新氛围，调动中小企业创新积极性，鼓励企业家创新精神的不断涌现，是一个具有现实意义的拓展研究。

（2）围绕技术创新网络构建西部资源型中小企业技术创新网络集群模式。随着产业升级和融合发展，企业已经从单个个体的形式到相互依存的形式，资源型中小企业合作技术创新将逐渐向创新网络集群模式演变，依托创新网络集群，依靠自然资源、社会资本、政府干预等，培育企业创新能力，达到高科技、高效益、高附加值、高节能环保的要求，可以促进资源型中小企业真正走上发展循环经济的道路。交易费用节约、知识溢出、专业化分工以及所带来的各种协同效应是创新网络集群产生的核心要件，可以从技术创新网络理论、技术创新网络的演变与结构、技术创新网络集群治理、创新网络资本、技术创新知识流动、组织结构与企业网络结构的整合、技术创新网络集群管理协调机制等角度去剖析，探讨西部资源型中小企业技术创新集群的嵌入方式，以充分利用技术创新网络集群的各种资源，获得技术创新效益。从而构建西部资源型中小企业的技术创新网络集群模式，促进西部资源型中小企业的技术创新向高层次跃进。

（3）积极探索西部资源型中小企业技术创新风险管理模式。西部资源型中小企业技术创新与其他产业企业技术创新一样存在风险。企业的技术创新活动本身存在各种风险，它是由系统风险如外部宏观经济环境和市场环境的不确定性，及非系统风险如组织内部研发技术人员和管理者的能力与创新资源的有限性、技术创新项目本身的难度和复杂性等原因引起的，可以导致技术创新活动达不到预期目标。这就要求西部资源型中小企业管理采取必要的措施，预测系统风险和规避非系统风险，以实现最大的技术创新绩效，通过研究并构建"风险识别-风险预测-风险评价-风险控制"的风险管理模式，可为西部地区资源型中小企业技术创新风险决策和管理提供理论和实践依据。

主要参考文献

白俊红，江可申，李婧，等．2008．企业技术创新能力测度与评价的因子分析模型及其应用［J］．中国软科学，(3)：108-114.

卞谦，邓祝仁．2000．技术创新与制度创新在旅游行业的应用——关于桂林市旅游产业发展的个案研究［J］．社会科学家，15(1)：27-32.

荼娜，王锋正，郭晓川．2007．高技术支持下西部资源型企业成长模式转变［J］．商业时代，(32)：102-103.

陈光．2005．企业内部协同创新研究［D］．西南交通大学博士学位论文.

陈弘．2006．企业价值增长的机理与模式研究［D］．武汉理工大学博士学位论文，(10)：41-43.

陈劲，王方瑞．2005．再论企业技术和市场的协同创新——基于协同学序参量概念的创新管理理论研究［J］．大连理工大学学报(社会科学版)，(6)：1-5.

陈琳．2007．企业技术创新的制度环境分析［M］．北京：中国经济出版社：79.

陈明政，方思敏．2008．我国资源型企业可持续发展制约因素分析［J］．企业改革与发展，(4)：170.

陈明政，方思敏．2008．资源型企业可持续发展制约因素分析田［J］．理论月刊，(4)：170-172.

陈明政，王会青．2009．我国资源型企业可持续发展对策研究［J］．理论月刊，(11)：147-150.

陈伟，冯志军，康鑫，等．2011．区域创新系统的协调发展测度与评价研究——基于二象对偶理论的视角［J］．科学学研究，(2)：306-313.

陈晓萍，徐淑英，樊景立．2008．组织与管理研究的实证方法［M］．北京：北京大学出版社.

陈耀，汤学俊．2006．企业可持续成长能力及其生成机理［J］．管理世界，(12)：111-114.

陈耀年．2003．企业能力的系统分析［J］．系统工程，(11)：14-17.

陈钰芬，陈劲．2008．开放式创新：机理与模式［M］．北京：科学出版社.

戴卫明．2009．集群环境对企业技术创新能力的作用机理［J］．生产力研究，(22)：207-211.

杜彦坤．2004．农业企业技术创新与管理［M］．北京：经济科学出版社，12：222-223.

高建．1997．中国企业技术创新分析［M］．北京：清华大学出版社，131.

高建，汪剑飞，魏平．2004．企业技术创新绩效指标：现状，问题和新概念模型［J］．科研管理，(25)：12-22.

高启杰．2008．农业科技企业技术创新能力及其影响因素的实证分析［J］．中国农村经济，(7)：32-38.

高岩．2005．资源型企业持续科技创新的内部动力分析与思考［J］．中国矿业，14(7)：41-43.

官建成，张爱军．2002．技术与组织的集成创新研究［J］．中国软科学，(12)：57-61.

国务院西部发展研究中心．2005．西部应建立十大特色产业基地［R］．西部地区经济结构调整和特色优势产业发展研究.

海峰．2001．企业管理集成的理论与方法［D］．武汉理工大学：10.

海峰，冯艳飞，李必强．2000．管理集成理论的基本范畴［J］．系统辩证学学报，(10)：44-48.

赫尔慢哈肯．1989．协同学［M］．郭治安译．北京：科学出版社.

胡坚强，姜辽，郑庆林，等．2010．乡村休闲旅游技术创新研究——以浙江临安白沙村为例［J］．浙江树人大学学报，10(1)：46-62.

华锦阳．2007．技术创新管理理论与案例［M］．北京：清华大学出版社.

华锦阳，张钢．2000．试论界面管理发展的三个阶段［J］．科研管理，(2)：36-43.

华锦阳，陈劲，许庆瑞．2000．企业创新过程中的界面问题成因探析［J］．科研管理，(4)：97-103.

黄娟，杨昌明，杨力行．2005．资源型企业发展面临机遇与挑战分析［J］．中国矿业，14(6)：33-36.

霍根．2002.21世纪的钢铁工业竞争重塑世界钢铁工业新秩序［M］．北京：冶金工业出版社.

吉海涛，楚金华．2009．基于资源基础理论的资源型企业社会责任特殊性分析［J］．辽宁大学学报(哲学社会科学版)，7，第37卷(4)：122-125.

解学梅. 2010. 中小企业协同创新网络与创新绩效绩效的实证研究 [J]. 管理科学学报, 13(8)：51-64.

金星. 2010. 高技术企业合作创新的绩效研究-基于企业技术和规模视角 [D]. 浙江大学.

柯小玲, 杨昌明, 诸克军. 2009. 资源型企业核心竞争力评价方法研究 [J]. 矿业研究与开发, 29(4)：102-104.

李柏洲, 董媛媛. 2009. 企业原始创新动力系统构建 [J]. 科学学与科学技术管理, (1)：56-60.

李宝山. 1998. 集成管理——高科技时代的管理创新 [M]. 北京：中国人民大学出版社, 56-69.

李必强, 等. 2004. 关于集成和管理集成的探讨 [J]. 管理学报, 1(1)：10-13.

李成标. 2000. 面向产品创新的管理集成理论与方法 [D]. 武汉理工大学.

李芳勇. 2002. 企业能力整合的途径探讨 [J]. 科研管理, (11)：25-31.

李志刚, 李国柱. 2008. 农业资源型企业技术突破式高成长及其相关理论研究——基于宁夏红公司的扎根方法分析 [J]. 科学管理研究, 6(3)：111-120.

厉无畏, 王振. 2006.21 世纪初中国重点产业的发展与前景展望 [M]. 北京：学林出版社.

林毅夫. 2000. 现代制度经济学——诱致性制度变迁与强制性制度变迁 [M], 北京：北京大学出版社.

刘天宇. 2008. 我国资源型企业可持续发展的途径 [J]. 企业管理, (12)：90-91.

柳卸林. 1993. 技术创新经济学 [M]. 北京：中国经济出版社.

楼高翔. 2009. 供应链技术创新协同研究 [D]. 上海交通大学博士学位论文.

卢启程. 2006. 企业管理模式的理论与发展研究 [J]. 时代经贸, (10)：71-74.

陆园园, 郑刚. 2009. 基于复杂性理论的企业创新要素协同研究 [J]. 科技进步与对策, (2)：66-70.

罗若愚. 2002. 我国区域间企业集群的比较及启示 [J]. 南开经济研究, (6)：52.556.

罗炜, 唐元虎. 2001. 企业合作创新的组织模式及其选择 [J]. 科学学研究, 19(4)：103-108.

麦肯齐. 2000. 生态学(中译本, 第2版) [M]. 孙儒泳等译. 北京：科学出版社.

茅宁莹. 2005. 论企业技术能力 [J]. 现代管理科学, (8).

米都斯. 1997. 增长的极限 [M]. 李宝恒译. 长春：吉林人民出版社.

苗东升. 1990. 系统科学原理 [M]. 北京：中国人民大学出版社.

穆鸿声, 晁钢令. 2011. 企业组织能力对技术创新速度影响的实证研究——以上海工业企业为例 [J]. 科技管理研究, (1)：1-6.

穆荣平, 赵兰香. 1998. 产学研合作中若干问题思考 [J]. 科技管理研究, (2)：31-34.

尼科里斯·普利高津. 1986. 探索复杂性 [M]. 陈奎宁, 罗久里译. 成都：四川教育出版社.

欧阳新年. 2007. 企业合作创新：模式选择与利益分配 [J]. 北京市经济管理干部学院学报, (3)：20-25.

潘文安. 2006. 供应链伙伴间的信任、承诺对合作绩效的影响 [J]. 心理科学, 29(6)：1502-1506.

潘文宇. 2000. 浅析信息技术对资源型企业作用机理 [J]. 中国林业经济, (01).

戚安邦. 2002. 多要素项目集成管理方法研究 [J]. 南开管理评论, 5(6)：70-75.

齐建国, 等. 1995. 技术创新国家系统的改革与重组 [M]. 北京：社会科学文献出版社：27.

钱书华. 2003. 中国企业技术联盟 [M]. 武汉：华中科技大出版社：9-10.

钱旭, 等. 2001. 基于供应链的现代生产集成系统体系研究 [J]. 中国矿业大学学报, (2)：170-173.

切萨布鲁夫. 2005. 开放式创新——进行技术创新并从中赢利的新规则 [M]. 金马译. 北京：清华大学出版社：4.

秦书生. 2004. 技术创新系统复杂性与自组织 [J]. 系统辩证学学报, (4)：62-67.

任正晓. 2009. 生态循环经济论-中国西部区域经济发展模式与路径研究 [M]. 北京：经济管理出版社：31.

芮延年. 2007. 创新学原理及其应用 [M]. 北京：高等教育出版社：12.

森谷正规. 1985. 日本的技术——以最少的消耗取得最好的成就 [M]. 上海：上海翻译出版社.

单保庆, 刘红磊. 2008. 生物/生态技术协同修复城市景观水体的现场试验研究 [J]. 环境工程学报, (5)：702-706.

石艳霞. 2007. 企业技术创新成果实现机制 [J]. 科技管理研究, (7)：203-205.

史世鹏. 1999. 高技术产品创新与流通 [M]. 经济管理出版社：49.

首藤信彦. 1993. 超越国际技术联合 [J]. 世界经济评论, (8)：25-27.

宋超英, 朱强. 2006. 资源型企业发展路径研究 [J]. 经济纵横, (9)：75-76.

宋超英, 张乾. 2011. 循环经济视角下的资源依赖型企业创新路径研究 [EB/OL]. http：//wenku. baidu. com/view/95737bf1f90f76c661371aad. html.

宋慧林，马运来. 2010. 我国旅游业技术创新水平的区域空间分布特征——基于专利数据的统计分析 [J]. 旅游科学，24(2)：71-76.

苏敬勤，王延章. 1999. 产学研合作创新的交易成本及内外部化条件 [J]. 科研管理，20(5)：68-72.

孙利辉，高山行，徐寅峰. 2002. 研究合作组织的影响因素及激励模式研究 [J]. 研究与发展管理，14(3)：26-31.

孙凌宇，何红渠. 2011. 基于演化博弈的资源型企业生态产业链形成研究 [J]. 青海社会科学，(2)：96.

孙淑生. 2003. 企业集成系统和企业管理集成研究 [D]. 武汉理工大学，(8)：96.

孙议政，吴贵生. 1999. 国家创新系统的界定与研究方法初探 [J]. 中国科技论坛，(3)：93.

汤尚颖，孔雪. 2011. 区域空间形态创新理论的发展与前沿 [J]. 数量经济技术经济研究，(2).

田富军，杨昌明，王军. 2010. 资源型企业重组中的委托代理关系研究 [J]. 技术经济与管理研究，(5)：73-74.

田家华，刑相勤，曾伟，等. 2008. 基于GEM模型的资源型企业可持续发展障碍因素分析 [M]. 北京：中国行政管理，(3)：68.

王成慧. 2003. 市场背销理论的演进逻辑，创新研究 [M]. 北京：中国财政经济出版社：193-198.

王殿举，齐二石. 2003. 技术创新导论 [M]. 天津：天津大学出版社：14.

王发明，毛荐其. 2010. 产业技术链及其升级：以我国电视机产业发展为例 [J]. 中国地质大学学报(社会科学版)，10(6)：95.

王锋正. 2007. 生态经济视角下西部资源型企业自主创新能力的培育机理研 [D]. 内蒙古大学，(06)：31.

王锋正. 2007. 资源型企业自主创新研究 [M]. 北京：经济科学出版社，12：121-122.

王锋正，郭晓川. 2006. 西部地区资源型企业应走自主创新之路 [J]. 工业技术经济，25(7)：10.

王国印，王动. 2011. 波特假说、环境规制与企业技术创新——对中东部地区的比较分析 [J]. 中国软科学，(1)：100-112.

王海山. 1993. 技术进步经济学 [M]. 大连：大连理工大学出版社.

王晖. 2010. 基于文化创新的企业持续自主创新能力提升路径 [J]. 中国科技信息，(6).

王慧军. 2010. 企业间合作创新运行机制研究 [D]. 吉林大学博士学位论文，(6)：172.

王娟茹，潘杰义. 2002. 技术创新能力评价探讨 [J]. 科技进步与对策，(2).

王来喜. 2006. 资源转换论 [M]. 北京：中国经济出版社：9-10.

王林清，蔡继彪，熊英. 2007. 论循环经济发展模式下资源型企业核心竞争力的培育 [J]. 企业改革与发展，(1)：153.

王玲玲，方润生. 2009. 产品研发过程中不同类型企业能力的相互关系研究 [J]. 现代生产与技术管理，(4)：19-25.

王美霞，高海清. 2011. 西部地区生态环境的破坏及其保护 [J]. 农业经济，(9)：14.

王卫中. 2005. 中国种业整合研究 [D]. 中国农科院博士论文，6.

王伟光，吉国秀. 2007. 知识经济时代的技术创新 [M]. 北京：经济管理出版社.

王祎. 2011. 企业动态能力的二阶多维模型——模型构建及量表开发 [J]. 汕头大学学报(人文社会科学版)，(1)：60-68.

魏江. 1999. 企业核心能力的内涵与本质 [J]. 管理工程学报，(1)：53-55.

吴国胜. 2002. 科学的历程 [M]. 北京：北京大学出版社.

吴季松. 2003. 循环经济 [M]. 北京：北京出版社.

吴秋名. 2004. 集成管理理论研究 [D]. 武汉理工大学：90.

吴雪梅. 2007. 企业核心能力论 [D]. 四川大学博士学位论文.

向希尧，蔡虹，裴云龙. 2010. 跨国专利合作网络中3种接近性的作用 [J]. 管理科学，(5)：43-52.

熊彼得. 1990. 经济发展理论 [M]. 杜贞旭，郑丽萍，刘昱岗译. 北京：商务印书馆：73-74.

徐菲菲，宋平，万绪才. 2003. 旅游风景区技术创新研究——以南京玄武湖旅游风景区为例 [J]. 桂林旅游高等专科学院学报，14(6)：10-13.

徐晓飞，战德臣，等. 1998. 动态联盟的建立及其集成支撑环境 [J]. 计算机集成制造系统(CIMS)，(1)：9-13.

徐之舟，蔡仲秋. 2011. 资源型企业群落界定与构造的系统分析——基于网络的视角 [J]. 科技进步与对策，28(5)：83-87.

许鹏. 2009. 旅游企业技术创新能力的要素构成与综合评价 [J]. 工业技术经济，28(3)：142-145.

许庆瑞. 2000. 研究发展与技术创新管理 [M]. 北京：高等教育出版社：114.

杨昌明，王林清，陈爵. 2009. 资源型企业核心竞争力 [M]. 北京：地质出版社.

杨帆. 2011. 向技术密集型发展建设世界一流 [N]. 中国企业报.

杨贺盈，黄娟. 2005. 技术创新模式选择与资源型企业发展 [J]. 中国矿业，14(7)：82-84.

杨永福，黄大庆，李必强. 2001. 复杂性科学与管理理论 [J]. 管理世界，(2)：167-174.

曾国屏. 1996. 竞争与协同：系统发展的动力和源泉 [J]. 系统辩证学学报，(7)：7-13.

张华胜，薛澜. 2002. 技术创新管理的新范式：集成创新 [J]. 中国软科学，(12)：6-22.

张玉利，赵都敏. 2008. 新企业生成过程中的创业行为特殊性与内在规律性探讨 [J]. 外国经济与管理，30(1)：8-16.

张哲. 2008. 基于产业集群理论的企业协同创新系统研究 [D]. 天津大学博士学位论文.

赵海东. 2007. 资源型产业集群与中国西部经济发展研究 [M]，北京：经济科学出版社，12.

中国环境报. 2011. 全面防治生态破坏时不我待 [EB]. http://www.zhb.gov.cn/zhxx/hjyw/201109/t20110901_216817.htm.

钟海生. 2000. 旅游科技创新体系研究 [J]. 旅游学刊，(3)：9-12.

周芳. 2010. 资源型企业可持续发展路径探析 [J]. 生产力研究，(7)：200-202.

Achril R S. 1997. Changes in the theory of inter-organizational relations in marketing: toward a network paradigm [J]. Journal of The Academy of Marketing Science, (25): 56-71.

Adam Smith. 1776. Wealth of Nations [M]. London: Penguin Classics.

Adner R. 2006. Match your innovation strategy to your innovation ecosystem [J]. Harvard Business Review, 84(4): 98-107.

Agrawal A. 2002. Technology Acquisition Strategy for Early-stage Innovation [M]. Canada: Queen's University.

Amram R S. 2006. Measuring innovation: beyond revenue from new products [J]. Research-technology Management, 49(6): 42-51.

Anne-Mette Hjalager. 2010. A review of innovation research in tourism [J]. Tourism Management, (31): 1-12.

Baptista R, Swann G M P. 1998. Do firms in clusters innovate more [J]. Research Policy, (27): 525-540.

Barney J B. 1991. Firm resources and competitive advantage [J]. Journal of Management, (17): 99-120.

Barton D L. 1992. Core capability & core rigidities: a paradox in managing new product development [J]. Strategic Mgt, (13): 56-61.

Brown W B, Karagozoglu N. 1993. Leading the way to faster new product development [J]. Academy of Management Executive, 7(1): 36-37.

Bullinger H J, Auemhammer K, Gomeringer A. 2004. Managing innovation networks in the knowledge-driven economy [J]. International Journal of Production Research, 42(17): 3337-3353.

Bénédicte Aldebert, Rani J D, Christian Longhi. 2011. Innovation in the tourism industry: the case of tourism [J]. Tourism Management, (32): 1204-1213.

Capello R. 1999. Spatial transfer of knowledge in hi-tech milieux: learning versus collective learning progresses [J]. Regional Studies, (33): 352-365.

Carlsson B, Jacobsson S. 1997. Diversity creation and technological systems: a technology policy perspective [C]. In: Edquist C, editor. Systems of Innovation: Technologies, Institutions and Organizations. London: Pinter.

Chen Y, Zhu J. 2004. Measuring information technology's indirect impact on firm performance [J]. Information Technology and Management, (5): 9-22.

Chesbrough Henry. 2003. Open innovation: the new imperative for creating and profiting from technology [M]. Cambridge: Harvard Business School Press.

Cooke P, Hans Joachim B H J, Heidenreich M. 1996. Regional Innovation Systems: The Role of Governance in the Globalized World [M]. London: UCI Press.

Cooke, Schienstock. 2000. Structural competitiveness and learning regions [J]. Enterprise and Innovation Management Studies, (3): 265-280.

Craig Meyers, Patrieia Obemdorf. 2005. Managing Software Question: Open Systems and COTS Products [M]. New Jersey: Addison Wesley: 31.

Cé sar Camisén, Vicente M, Monfort-Mir. 2012. Measuring innovation in tourism from the schumpeterian and the dynamic-capabilities perspectives [J]. Tourism Management，(33)：776-789.

D' Aspremont C，Jacquemin A. 1988. Cooperative and non-cooperative R&D in duopoly with spillovers [J]. AER，(78)：1133-1137.

Elodie Paget，Fré dé ric Dimanche，Jean-Pierre Mounet. 2010. A tourism innovation case：an actor-network approach [J]. Annals of Tourism Research，37(3)：828-847.

Elwood L，Shafer，Youngsoo Choi. 2006. Forging nature-based tourism policy issues：a case study in pennsylvania [J]. Tourism Management，(27)：615-628.

Erlend Nybakk，Eric Hansen. 2008. Entrepreneurial attitude，innovation and performance among norwegian nature-based tourism enterprises [J]. Forest Policy and Economics，(10)：473-479.

Fang J Q，Chen G. 2000. Some general features of complexity and its control and anti-control stragegies [J]. Proceedings on Sino-German Symposium on Complexity Science，(10)17-18：163-172.

Gordon Waitt，Ruth Lane，Lesley Head. 2003. The boundaries of nature tourism [J]. Annals of Tourism Research，30(3)：523-545.

Gupta A K，Raj S P，Wilemon D. 1985. The R&D-marketing interface in the high-tech firms [J]. Journal of Product Innovation Management，2(2)：12-24.

Hagedoom Schakenraad. 1992. Leading companies networks of strategic alliance in infomattion techonologies [J]. Research Policy，21：163-190.

Hallenga-Brink S C，Brezet J C. 2005. The sustainable innovation design diamond for micro-sized enterprises in tourism [J]. Journal of Cleaner Production，(13)：141-149.

Honggen Xiao. 2009. Nature-based tourism，environment，and land management [J]. Annals of Tourism Research，36(3)：540-541.

Iordanis P，Christos G. 2005. Process versus product innovation in multiproduct firms [J]. International Journal of Business and Economics，4(3)：231-248.

Joe Tidd，John Bessant，Keith Pavitt. 1997. Managing Innovation：Integrating Technological，Market and Organizational Change [M]. New York：John Wiley.

Jovo Ateljevic. 2007. Small tourism firms and management practices in new zealand：the centre stage macro region [J]. Tourism Management，(28)：307-316.

Julianna Priskin. 2001. Assessment of natural resources for nature-based tourism：the case of the central coast region of western australia [J]. Tourism Management，(22)：637-648.

KanterR. 1999. Moss，change is everyone's job：managing the extended enterprise in a globally connected world [J]. Organizational Dynamics，28(1)：7-23.

Katz，Ordover. 1990. R&D cooperation and competition [J]. Brookings Paper on Economic Activity，Special Issue，20：139-191.

Kenneth K. 2001. Market orientation，interdepartmental integration，and product development performance [J]. Journal of Product Innovation Management，18(5)：314-323.

Kessler E H，Chakrabartia K. 1996. Innovation speed：a conceptual model of context，antecedents and outcomes [J]. Academy of Management Review，(21)：1143-1491.

KroghG，Nonaka I，Aben M. 2001. Making the most of your company's knowledge：a strategic framework [J]. Long Range Planning，34(4)：421-439.

Lei D，Slocum. 1997. Building cooperative advantage：managing strategic alliances to promote organizational learning [J]. Journal of World Business，32(2)：203-223.

Leydesdorff L，Meyer M. 2006. Triple helix indecators of knowledge-based innovation systems：introduction to the special issue [J]. Research Policy，35(10)：1441-1449.

Link A N，Tassey G. 1989. Strategies for Technology-based Competition：Meeting the New Global Challenge [M]. Lexington，MA：Lexington Books.

Luca L，Sougata P，Dan S. 2002. Research joint ventures，product differentiation and price collusion [J]. International Journal of Industrial Organization, 20(6): 829-854.

Makadok R. 2001. Toward a synthesis of the resource-based and dynamic-capability views of rent creation [J]. Strategic Management Journal, 22(5): 387.

Marco I, Jonathan W. 1997. Technology integration: turning great research into great research into great products [J]. Harvard Business Review, (6-7): 69-79.

Marina Novelli, Birte Schmitz, Trisha Spencer. 2006. Networks, clusters and innovation in tourism: a UK experience [J]. Tourism Management, (27): 1141-1152.

Moenart, Rudy K, et al. 1994. R&-D-marketing integration mechanisms, communication flows and innovation success [J]. Journal of Product Innovation Management, (3): 31-45.

Mohr J, Sepkman R. 1994. Characteristics of partnership success: partnership attributes, communication behavior and conflict resolution techniques [J]. Strategic Management Journal, (15): 135-152.

Murmann P A. 1994. Expected development time reductions in the german mechanical engineering industry [J]. Journal of Product Innovation Management, 11(3): 236-52.

Peteraf M A. 1993. The Cornerstones of competitive advantage: a resource-based view [J]. Strategic Management Journal, (14): 170-181.

Robert W, Rycroft, Don E K. 1999. The Complexity Challenge: Technological Innovation for the 21St Century [M]. Pinter: London and New York.

Robert W. Rycroft, Don E K. 1999. The Complexity Challenge: Technological Innovation for the 21st Century [M]. Pinter, London and New York.

Russell D, Archibald. 2004. Managing-technology Programs and Projects [M]. BeiJing: Tslnghoa University Press: 36.

Stephen J. 1986. An Overview of Innovation in the positive Sum Strategy: Harnessing Technology for Economic Growth [M]. Washington D. C. : National Academy Press.

Sudi S, Kulwant S P. 1996. Product design as a means of integrating differentiation [J]. Tec novation, (5): 255-264.

Sycra K P. 1998. Multi-agent systems [J]. AI Magazine, 19(2): 79-92.

Tang H K. 1998. An integrative model of innovation in organization [J]. Techno-innovation, 18(5): 297-309.

Tansley A G. 1935. The use and abuse of vegetational concepts and terms [J]. Ecology, (16).

Tazim Jamal, Brian Smith, Elizabeth Watson. 2008. Ranking, rating and scoring of tourism journals: interdisciplinary challenges and innovations [J]. Tourism Management, (29): 66-78.

Teece D J, Pisano G, Shuen A. 1997. Dynamic capabilities and strategic management [J]. Strategic Management Journal, 18(7): 509-533.

Thomas M. 1990. Teece. Innovation and cooperation: implications for competition and antitrust [J]. The Journal of Economic Perspectives, 4(3): 75-79.

Wheel Wright S C, Clark K B. Competing through development: capability in a manufacturing-based organization [J]. Business Horizons, 36(4): 29-43.

Yeoryios Stamboulis, Pantoleon Skayannis. 2003. Innovation strategies and technology for experience-based tourism [J]. Tourism Management, (24): 35-43.

附录1：西部资源型中小企业技术创新调查问卷

尊敬的先生、女士，您好！

感谢您在百忙之中接受我们的问卷调查，本问卷是关于西部企业技术创新的调查，旨在探索企业内外部环境、技术创新行为和技术创新绩效三者之间的作用关系。您的回答仅用于学术研究，请根据您个人真实感受作答。

谢谢您的支持！

一、请评价技术创新影响因素的程度（请在适宜选项上打"√"）

序号	技术创新影响因素的描述	对技术创新的影响程度						
		非常低	低	较低	一般	较高	高	非常高
1	自然资源重复利用程度							
2	自然资源的控制程度							
3	获取自然资源的难易程度							
4	自然资源利用效率							
5	自然资源附加价值							
6	技术人才激励制度							
7	企业技术人才素质							
8	企业技术创新知识积累							
9	企业创新管理经验							
10	企业资金实力							
11	与大型企业建立合作或契约关系							
12	与科研院校建立合作关系							
13	行业技术创新成果转化平台							
14	市场竞争压力							
15	客户需求增长							
16	政府优惠及扶持政策							
17	政府强制性法规							
18	资源综合利用效率							
19	减少能源消耗							
20	降低环境污染							

二、本企业技术创新的投入与产出情况

序号	本企业技术创新绩效描述（1~7 表示程度逐渐升高）	1	2	3	4	5	6	7
1	近三年技术创新引起的产品销售额增长率							
2	近三年新产品占销售额的比率							
3	单位产品成本降低率							
4	生产周期的降低率							
5	近三年技术创新成果的市场占有率							

三、企业基本情况

1. 公司名称：＿＿＿＿＿＿＿＿＿＿＿＿＿，公司成立于＿＿＿年，注册资金：＿＿＿＿＿＿＿万元

2. 公司的经营范围是：＿＿＿＿＿＿

3. 目前公司员工人数为：＿＿＿＿＿其中，大专以上学历人数：＿＿＿＿人，研发人员：＿＿＿＿人

4. 公司所有制形式：

□国有及国有控股企业　　□民营企业　　　　□集体企业

□外资投资企业　　　　□其他：＿＿＿＿

如果您愿意接受我们的访谈，请留下您的联系方式，再次感谢您的合作！

姓名：＿＿＿＿　E-mail：＿＿＿＿＿＿＿＿　电话：＿＿＿＿＿＿＿＿

附录2：西部资源型中小企业技术创新管理访谈提纲

一、基本资料

1. 简述一下企业的基本情况？
2. 企业发展历程如何？
3. 贵企业的技术创新通常是采用什么方式？
4. 贵企业的技术创新费用通常是通过什么渠道获得？
5. 行业内主要技术或产品的更新换代的周期一般是多久？
6. 目前资源型中小企业的效益提升较其他行业慢，您认为原因是什么？

二、生产与销售方面

1. 新产品的销售渠道有哪些？贵企业是怎样打造和推广新产品？
2. 贵企业的产品或服务的技术含量如何？
3. 作为一家资源型中小企业，在生产、技术创新管理方面有何独特优势？

三、技术创新方面

1. 贵企业有无专门的研发部门？您认为这个对企业重要吗？
2. 贵企业是否有明确清晰的新产品开发思路？
3. 贵企业有无与其他机构合作开发与创新的经历？
4. 贵企业对提高资源附加价值和资源利用效率的技术创新是否重视？
5. 影响你们企业技术创新活动的主要因素（促进或阻碍）有哪些？
6. 您认为提高企业技术创新能力最有效的方式有哪些？
7. 近年来贵企业在技术创新管理方面做了哪些有效的改进？
8. 贵企业的技术创新管理模式是否与外部环境保持协调？如何协调和整合政府、供应商、下游客户、同行、科研机构、项目合作者、战略联盟等利益关系？
9. 企业在研发和推广新产品的过程中，政府给贵公司提供了哪些扶持？
10. 政府对本行业有哪些限制政策？

四、发展规划

1. 与其他资源型中小企业相比，贵企业所具有的竞争优势有哪些？
2. 目前，贵企业最近几年的发展规划是怎样的？

附录3：旅游创新影响因素调查问卷（一）

尊敬的先生、女士，您好！

感谢您接受我们的问卷调查，本问卷是关于西部旅游业资源型中小企业创新的调查，包括西部省市的中小型自然风景区及景区内提供生活服务的生活方式型企业。您的回答仅用于学术研究，请根据您个人真实感受作答。谢谢！

请评价这类企业技术创新影响因素的程度（请在适宜选项上打"√"）

序号	技术创新影响因素的描述	对技术创新的影响程度						
		非常低	低	较低	一般	较高	高	非常高
1	自然资源的重复利用程度							
2	自然资源的控制程度							
3	获取自然资源的难易程度							
4	自然资源利用效率							
5	自然资源附加价值							
6	技术人才激励制度							
7	企业技术人才素质							
8	企业技术创新知识积累							
9	企业创新管理经验							
10	企业资金实力							
11	与大型企业建立合作或契约关系							
12	与科研院校或其他机构组织建立合作关系							
13	行业技术创新成果转化平台							
14	市场竞争压力							
15	客户需求增长							
16	政府优惠及扶持政策							
17	政府强制性法规							
18	资源综合利用效率							
19	减少能源消耗							
20	降低环境污染							

附录 4：旅游创新影响因素调查问卷（二）

尊敬的先生、女士，您好！

感谢您接受我们的问卷调查，本问卷是关于西部旅游业资源型中小企业创新的调查，包括西部省市的中小型自然风景区及景区内提供生活服务的生活方式型企业。您的回答仅用于学术研究，请根据您个人真实感受作答。谢谢！

请评价这类企业技术创新影响因素的程度（请在适宜选项上打"√"）

序号	技术创新影响因素的描述	对技术创新的影响程度						
		非常低	低	较低	一般	较高	高	非常高
1	企业技术人才素质							
2	企业技术创新知识积累							
3	企业创新管理经验							
4	与科研院校或其他机构组织建立合作关系							
5	市场竞争压力							
6	客户需求发展							
7	政府强制性法规							
8	资源综合利用效率							
9	减少能源消耗							
10	降低环境污染							

附录5：资源型中小企业技术创新
管理能力调查问卷

尊敬的先生、女士，您好！

非常感谢您在百忙之中抽出时间填写我们的调查问卷。本问卷的调查目的是探讨资源型中小企业技术创新、成果转化、企业绩效与资源应用等变量之间的关系。本问卷所得的全部资料仅限学术研究之用，不涉及商业用途，我们将对问卷及贵公司提供所有的信息保密。恳请你尽量真实填答，谢谢！

一、企业基本资料：

1.公司名称：＿＿＿＿＿＿＿＿＿＿＿＿，公司所在地域，＿＿＿省＿＿＿市(县)；
公司主营业务：＿＿＿＿＿＿＿＿＿＿＿＿

2.您的职务：＿＿＿＿＿＿，您的任职时间：＿＿＿＿年

3.请问贵公司成立于：＿＿＿＿＿年，公司的资产规模：＿＿＿＿＿

4.本企业申请的专利数量：＿＿＿＿＿，其中自主研发的专利数量：＿＿＿＿＿＿

5.企业的创办形式(请选择)

　□国有及国有控股　□科研院所转制　□民营　□其他(请填写)：＿＿＿＿＿＿

6.企业目前拥有的员工数约为(请选择)

　□50 人以下　□51～100 人　□101～300 人　□301～500 人　□501 人以上

7.近三年的销售额平均约为(请选择)：

　□1000 万元以下　□1000 万～3000 万元　□3000 万～5000 万元　□5000 万～1 亿元

　□1 亿元以上

8.您公司已经与哪些组织开展了项目合作？（可多选）

　□政府部门　□同行企业　□中介组织　□高等院校　□科研院所
　□咨询机构　□资源合作组织　□其他合作伙伴，具体是：＿＿＿＿＿＿

9.您公司曾采用过哪几种方式获取外部技术资源？（可多选）

　□直接购买　□委托开发　□共建实体　□战略联盟　□项目合作
　□其他＿＿＿＿＿＿

二、企业技术创新管理能力

题号	题 项 内 容	很低	低	一般	高	很高
		1	2	3	4	5
1	自然资源获取相关人员的总体素质					

题号	题 项 内 容	很低	低	一般	高	很高
		1	2	3	4	5
2	员工进行自然资源获取工作的积极程度					
3	企业内部人员持续学习的能力					
4	企业自然资源相关知识的积累程度					
5	自然资源获取激励机制的完善程度					
6	管理层对技术资源创造的重视程度					
7	技术资源创造的成本					
8	研发投入费用占企业销售收入的比例					
9	企业技术知识的积累程度(知识与经验的积累)					
10	研发投入费用占企业销售收入的比例					
11	市场营销人员对本企业产品的熟悉程度					
12	市场营销人员促进客户掌握技术/产品的能力					
13	客户对产品的满意度					

如果您愿意接受我们的访谈，请留下您的联系方式再次感谢您的合作！

姓名：＿＿＿＿＿　E-mail：＿＿＿＿＿＿＿＿　电话：＿＿＿＿＿＿

附录6：资源型中小企业技术创新管理能力访谈提纲

一、基本资料

1.简述一下企业的基本情况？

2.企业发展历程如何？

3.贵企业的技术创新通常是采用什么方式？

4.贵企业的技术创新费用通常是通过什么渠道获得？

二、生产销售

1.新产品的销售渠道有哪些？

2.贵企业的产品或服务的技术含量如何？

3.作为一家资源型中小企业，在生产方面有何独特优势？

4.如果贵企业开展技术创新活动，生产流程可否配合？

5.贵企业是怎样打造和推广新产品？

三、技术资源创造

1.影响你们企业技术资源获取的主要因素有哪些？

2.影响你们企业技术创新能力充分发挥效率的主要因素有哪些？

3.贵企业新技术、新产品的研发周期一般需要多长时间？

4.你们行业内主要技术或产品的更新换代的周期一般是多久？

5.贵企业是否有明确清晰的新产品开发思路？

6.贵企业主导产品的技术水平达到哪一级（国内先进、国内领先、国际先进、国际领先）？

四、外界资源协同

1.贵企业的技术创新管理机制是否能与外部环境保持协调？

2.贵企业如何协调与客户之间的关系？

3.企业在研发和推广新产品的过程中，政府给贵公司提供了哪些帮助（资金，技术，政策方面）？

4.贵企业如何协调与科研院校的关系？

5.贵企业有无与其他机构合作开发与创新的经历？

6.您是怎样认识技术、市场、资本、政府和客户之间的关系？

7.贵企业是否有过资产投资、并购、剥离、合并等活动？

五、经营管理

1.贵企业所具有的内部优势有哪些？

2.目前资源型中小企业的效益提升较其他类型的中小企业慢，您认为原因是什么？

3.您认为提高企业技术创新动力最有效的方式有哪些？

4.在企业发展过程中，贵企业认为发展最大的障碍是什么[障碍：资金，经验，加工技术，人脉关系(技术人员，营销人员，政府人脉)]

5.贵企业有无专门的研发部门？

6.近年来贵企业在技术创新管理方面做了哪些有效的改进？

7.企业最近几年的发展规划是怎样的？